考试评价改革研究丛书

普通高中
综合素质评价
区本化实施
研究

王连照/著

Putong Gaozhong Zonghe
Suzhi Pingjia Qubenhua Shishi Yanjiu

浙江教育出版社 · 杭州

总　序

党的十九届五中全会明确提出“建设高质量教育体系”的目标，为“十四五”教育改革发展指明了方向，提出了要求。教育评价事关教育发展方向。习近平总书记高度重视，在2018年9月10日全国教育大会上明确提出健全立德树人落实机制，扭转不科学的教育评价导向，要坚决克服唯分数、唯升学、唯文凭、唯论文、唯帽子的顽瘴痼疾，从根本上解决教育评价指挥棒问题。2020年10月，中共中央、国务院印发《深化新时代教育评价改革总体方案》，对教育评价改革进行了系统设计，明确了党委和政府、学校、教师、学生、社会五类主体的评价办法，努力构建富有时代特征、彰显中国特色、体现世界水平的教育评价体系。

考试评价是评价改革的关键环节，特别中高考一直是我们国家人才分流培养的重要渠道，学生、教师、家长和社会都高度关注。自2001年基础教育课程改革启动以来，国家就开始进行考试评价改革的探索。2014年9月，国务院发布了《关于深化考试招生制度改革的实施意见》，标志着新一轮考试招生制度改革全面启动。2016年9月，教育部印发《关于进一步推进高中阶段学校考试招生制度改革的指导意见》，对中考改革进行了系统设计，全面部署。新一轮的中高考改革由此拉开了序幕。

基于上述背景，围绕中高考改革，浙江教育出版社推出了“考试评价改革研究”丛书。丛书共六本，分类设计，在国际教育评价改革的视野里，系统化地对我国考试评价改革成果进行总结梳理，尤其注重从国家、地方、学校等不同层面的改革实践探索过程中，总结各类考试评价改革可借鉴的经验，并对未来考试评价走向进行综合研判。尤其值得一提的是，全套丛书立足建设高质量教育体系的总体目标，接轨课程教学改革要求，凸显考试评价改革的实践性、整体性、协同性，致力于完善立德树人机制，服务基础教育考试评价改革研究和实践。

其中，《为了教育的考试——中外“高考”改革之道与中国新高考未来之路》一书在世界主要国家和地区的大学入学考试制度构成的分析框架下，聚焦人才选拔和分流的热点、难点和痛点，在梳理我国高考改革历程的基础上，剖析了我国新高考改革的重难点问题和可能出路。众所周知，新高考改革作为考试评价改革的“牛鼻子”，2014年以来新一轮高考综合改革试点正式启动并向纵深推进，全面实施综合评价多元录取、扭转唯分数的政策指向非常明确。该书对我国新高考改革的问题与对策的深入探讨，将为“十四五”期间“高等教育进入普及化阶段作为决胜全面建成小康社会的标志性成就之一”提供具有操作性的实践借鉴和政策建议。

《中考改革新走向》一书系统回顾和总结了改革开放40余年来我国中考改革的政策演变和实践探索，逐一深入探讨和分析了此次中考改革强调的学业水平考试、综合素质评价、高中招生录取模式与管理体制等主要改革任务，同时参考借鉴有关国家中等教育考试评价改革的先进理念和经验，提出了深化和完善我国中考制度的政策建议和改进措施，为各地中考改革的科学推进提供政策理论与实践经验方面的参考。

《普通高中学业水平考试研究》一书，基于区域样本梳理了部分地区普通高中学业水平考试改革的实践探索，对全国普通高中学业水平考试的现状及其改革效应，尤其是改革过程中暴露的问题进行了综合分析，并尝试对这一衡量学生“达到国家规定学习要求的程度”，“促进高中、高校人才培养的有效衔接”的考试评价制度的改革方向和下一步改革路径进行前瞻性的研判。

《撬动未来的杠杆——学生综合素质评价改革研究》一书，直面综合素质评价改革难点，在总结梳理学生综合素质评价理论与实践经验、反思现有评价活动背后关于“人”和“育人”的预设基础上，研究提出基于具体个人假设的综合素质评价改革的主要特征、实践路径、分类评价体系和合理性模型，期望以此撬动未来人才培养和选拔改革机制。

《普通高中综合素质评价区本化实施研究》一书则聚焦普通高中综合

素质评价区本化实施问题，通过理论建构和策略优化，创造性地构建普通高中综合素质评价区本化实践模型，为全面推进综合素质评价改革提供理论支撑和实践思路。该书与《撬动未来的杠杆——学生综合素质评价改革研究》一书均以“综合素质评价”这种通过观察、记录、分析、评判学生全面发展状况，发现和培育学生良好个性的重要制度为突破口，对切实促进评价方式改革，从根本上转变高校招生录取以考试成绩为唯一标准评价学生的做法，构建新时代高等学校根据学校办学特色和人才培养要求、科学规范的综合素质评价体系和实施办法，具有理论和现实意义。

《中小学教材评价的理论与实践》一书，从“教材建设是国家事权”的政治高度，以习近平新时代中国特色社会主义思想为指引，立足维护国家意识形态安全、培养社会主义建设者和接班人，以“铸魂育人”为基本遵循，聚焦加快推进教材治理体系和治理能力现代化这一时代命题，从教材工作体制机制创新，教材领导体制和工作体系、规划和管理体系、研究和保障体系等维度，对我国中小学教材改革成果进行梳理，涵盖教材评价的现状、基本理论和方法、评价标准与指标体系以及中小学教材一体化建设和管理等内容，为教材体系的建设和完善提供了针对性建议。

百年大计，教育为本。在中华民族伟大复兴的征程上，必须紧紧围绕立德树人根本任务，坚持推进改革创新，加快推进教育现代化、建设教育强国、办好人民满意的教育。我们要紧紧抓住教育评价的指挥棒，落实好党中央和国务院关于新时代评价改革的总体要求，建设科学、公正、有效的考试评价制度，顶层设计要整体谋划、协同推进，实施层面需科学合理、具体可行。此套丛书在政策理论分析与基层实践探索的基础上，紧紧围绕国家考试评价改革的重点，积极回应社会关切的热点难点，为深入推进考试评价改革提供参考，为建设高质量教育体系贡献智慧和力量！

是为序。

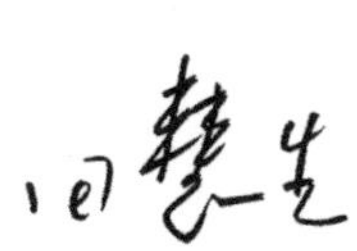

2021年1月

前　言

21世纪以来，国家对素质教育的重视与期待不断增强。作为教育评价体系的重要组成部分，综合素质评价以促进学生全面而有个性的发展为根本目的。新时代背景下，其丰富的理论内涵和深远的现实意义不断得到理论论证与实践检验，且随着改革的逐步深入，普通高中阶段的综合素质评价逐步分化为两种实践取向：一是倾向于学生发展取向，二是倾向于高校招生取向。本研究的重点是前者。

综合素质评价实施十余年间，区域层面的综合素质评价研究逐步成为必然。作为提供理论指导、消解实施症结的关键，普通高中综合素质评价区本化实施是对综合素质评价改革和发展形势的基本判断，是为综合素质评价改革营造健康区域秩序、建立稳定区域构架的积极探索。基于对核心概念、发展历程、理论基础的深入考究，本研究从路径总结、问题梳理与归因、要素提炼、模型构建、策略优化、反思展望等多个角度对当前普通高中综合素质评价区本化实施进行了重点探讨，以期为全面推进综合素质评价改革提供理论准备和实践思路。

普通高中综合素质评价区本化实施具备丰富的理论基础。协调发展理论强调要素协同、关注差异及可持续；多中心治理理论强调共建共享；自组织理论强调事物从无序到有序的演化与更迭、强调机制运作中的动力驱动、强调竞争与协同。据此，普通高中综合素质评价区本化实施需要遵循协同、多元、有序、常态等基本理论，即：需要在以人促事与化事成人中实现协同共进；需要在共同愿景与差异样态中践行多元治理；需要在稳定发展与动态革新中寻求有序推进；需要在过程实施与阶段调整中促进常态发展。这是理解普通高中综合素质评价区本化实施的重要起点。

本研究同时指出：当前普通高中综合素质评价区本化实施强调实施主体的职能发挥，关注实施动力的多重驱动，力求实施方式的选项多元，重视实施条件的宏观统筹，确保实施成效的全程监管；但同时也面临着一些突出问题，如顶层设计中疏于机制聚合、实施进程缺少规律性探究、结果应用受困于主客两难等。追本溯源，这些问题集中源于实施主体缺乏系统思考、实施程序中信息反馈不充分、实施动力缺少配套机制驱动、实施条件难以构筑区域协同、实施方式单一影响效能发挥等。在上述分析中，普通高中综合素质评价区本化实施的主体、动力、程序、方式、条件等核心要素逐步凸显，故此，本研究构建出普通高中综合素质评价区本化实践模型。这是一种超越经验的信息解释与工作处理机制，目的在于以多元化的协商参与，逐步消解单一化的权威行使，缓冲变革阻力，提升综合素质评价改革的区域自洽，确保普通高中综合素质评价的规范化、常态化实施。

普通高中综合素质评价区本化实施基本是这样一种实践场景：在区本化实施前台、后台的共同作用下，通过以统筹规范为主要诉求的自上而下、以反馈调整为主要诉求的自下而上两种路径构筑出区本化实施主场，各实施主体在此以谁来实施、为何实施、如何实施、如何持续的互动样态展开利益博弈，最终实现普通高中综合素质评价区本化实施的持续进行。其中区本化实施前台重在凭借省级行政布局营造氛围、维护秩序；区本化实施主场有赖于市县区级教育行政领导的情境智慧、实施主体的利益表达对区本资源进行优化重置，进而实现策略优化等；区本化实施后台重在通过学校的网络位置分析、主体认同强度提升来构建校本实施网络。总体看来，普通高中综合素质评价区本化实践模型，致力于全面发掘区域内潜在的校际互补互利机会，使“单打独斗”的校本化实施转化为校际联盟，从而汇聚区域内普通高中综合素质评价实施力的更大动能，并转化为综合素质评价改革的动力机制，驱动效能升级，最终突破当前的实施困局。故此，这一模型的践行关键在于：一方面基于普通高中综合素质评价区本化实施核心要素分析，正确面对普通高中综合素质评价区本化实施带来的利益重置，在如何营造实施环境、构建实施机制的理论设计中以“协调”为旨归，深入思考理论与现实之间的张力问题；另一方面要合理调控在普通高中综合素质评价区本化实施中省、市县区、学校的三方互动，在如何促进互动博弈的具体实践中以“高效”为旨趣，创造性地消解现实与愿景之间的差距问题。

策略优化是在更大的问题域和解答域中回应时代诉求，展望未来愿景。新时代背景下，普通高中综合素质评价区本化实施应当通过完善制度设计落实主体责任，通过信息闭环反馈来精准治理问题，以共同体意识强化区域协同，以双向合力诱发充沛动力，以长效机制构建确保愿景呈现。这是普通高中综合素质评价常态化、规范化实施的必需，也是深化综合素质评价改革的必然。

本书历经五年沉淀，共有七个章节，内容涉及普通高中阶段综合素质评价区本化实施之为什么、是什么、应然如何、实然如何、如何持续等相关问题，是在全面实施综合素质评价之际，对区域层面，即综合素质评价改革的“中间层”何能与何为的思考与探讨，以期为教育改革提供绵薄之力，有不当之处，敬请读者批评指正。对在本书形成过程中各位专家（包括引文作者）的指导启发、各位领导的关注信任、出版社各位老师的细心编辑、各位亲友的鼓励帮助，表示衷心的感谢！本书也是河南省高等学校哲学社会科学应用研究重大项目“教育国际化背景下学生能力培养模式研究”（项目编号：2016-YYZD-17）的阶段性成果。

目录 Contents

第一章　绪　论

一、问题提出

（一）综合素质评价实施存在深层症结

21世纪以来，国家对素质教育的重视与期待不断增强，新一轮基础教育课程改革不断深入，旨在“反映学生德智体美劳全面发展情况”、强调“成长过程中突出表现”的综合素质评价逐步在国家教育文件中得到体现、认可，最终尘埃落定，成为基础教育评价体系的重要组成部分。综合素质评价以促进学生的全面而有个性的发展为目的，以更加关注学生成长与发展过程为重心，新时代背景下，其丰富的理论内涵和深远的现实意义在具体实践中不断得到检验。

综合素质评价改革最终要落实在学校日常教育教学中。当前，综合素质评价实施中存在着深层症结，需要从区域层面进行有效指导，综合素质评价改革向纵深发展的重要起点也在于此。总体来讲，这些深层症结突出显现在以下三个方面：

1. 制度设计不够完善，实施相对低效，整体效果不明显

常态化、规范化是综合素质评价实施到一定阶段的应然状态，是高质量校本化实施的重要体现，一些规范性策略得到逐步验证。例如，把实施

综合素质评价上升为职务行为，建章立制保障评价理念渗透到教育教学各个环节等。但由于缺乏区域层面的统领设计，这些规范性策略难以在实践层面得到有效落实，导致综合素质评价实施长期以来一直处于低效重复、低端徘徊的状态。

2.“落地”机制少有配套，实施后劲乏力

综合素质评价有效实施远不止对校内事务的协调与处理，它是校内外资源统筹、全社会氛围共建的良性结果。随着校本化实施的不断深入，校内外资源的优化整合成为顺利开展综合素质评价的重要前提，需要牵扯学校层面很多精力进行协调与思考，很多时候甚至超出了学校的能力范围与职责范围。由于缺少相关配套机制，学校与学校之间、学校与社会之间对接无力、沟通低效，直接影响校本化实施的有效持续，工作落实基本限于实施文件的上行下效，给综合素质评价常态化、规范化实施造成了很大的障碍和困扰，亟须借区域层面的研究来实现理论突破与实践突围。

3.目标逐步分化，影响了对理念的持续认同

中国有着悠久的重视考试的传统，对考试结果的追求已内化到人们的文化心理之中，相应地对综合素质评价的关注也过多地集中在如何使用结果上，且对结果使用有着较为固化的认识：能被高一级学校招生使用即为“正当有用”。学生全面而有个性的发展是一个长期、复杂的过程，普通高中阶段甚至学校教育全过程都属于这一目标的某个阶段。所以，“高考能用即有用”的主观意念便显得颇为功利，它与教育的效能延迟相悖，与综合素质评价的改革初心有别。这种过于急切的、单一的价值追求直接影响了人们对综合素质评价理论的价值认同，理解不够、信任不足、参与不深、配合不力逐步影响到对综合素质评价校本化实施的理念认同。

总体来讲，2006至2014年，普通高中综合素质评价处在一种初步探索状态；2014至2017年，浙江、上海两地试点的校本化实施，更多地聚焦学校内部的自主探索，难以营造综合素质评价改革氛围、打开综合素质评价实施局面。综合素质评价实施症结的消解，有赖于有组织、上规模的统筹联动，以区域为单位逐步推进综合素质评价，是一种较好的实践性解决方案。这一方案利于统一谋划综合素质评价实施的整体思路，利于协同各级

教育行政部门、研究机构、高校、中小学校等利益相关群体，集中资源、合力共促，最大限度地规避政府及其相关部门“独角戏”式的被动的、僵化的区域合作，形成多主体参与的、主动的、生动的区域联动，方便对相关热点、难点问题进行深入探讨，方便对有效经验进行规律性把握。这是促使综合素质评价改革更加符合社会发展需求的重要环节。

（二）区域层面推进是综合素质评价改革的必然要求

综合素质评价区本化实施是对综合素质评价改革的有力助推，区域层面的作用发挥不好，综合素质评价改革质量难有保障。2008年，教育部颁布《关于普通高中新课程省份深化高校招生考试改革的指导意见》（教学［2008］4号），明确提出把普通高中综合素质评价纳入高校招生选拔评价体系，为高校招生选拔提供参考依据。文件颁布之后，各省市开始对综合素质评价进行理论思考与实践探究，并在各自的政策文件中有所体现，但大多只停留在框架设计层面，没有更为具体的实施意见。由于缺少实践氛围，相关实践浅尝辄止，没有触及真问题，或者遇到问题便难以为继。这些都与综合素质评价区域层面研究没有开展到位有很大关系。再者，已有的实施主要集中在学校内部，实践场域较为单一，即便出现了一些典型经验，但由于缺乏区域层面的高位思考与高阶视角，致使其缺少足够的科学性和充分的普适性。如此一来，更大范围、更深层次的综合素质评价改革举步维艰，对区域层面的研究需求呼声不断。

2014年，国务院办公厅下发《关于深化考试招生制度改革的实施意见》（国发［2014］35号，以下简称《意见》），标志着普通高中综合素质评价正式与高考挂钩。同年12月，教育部颁布《关于普通高中学业水平考试的实施意见》（教基二［2014］10号）和《关于加强和改进普通高中综合素质评价的意见》（教基二［2014］11号）作为配套文件，其中教基二［2014］11号文件对综合素质评价的意义、内容、程序、使用、保障等方面做了明确指示，同时，以浙江、上海为试点开始对综合素质评价进行更深层次的实践探索。这一时期，学校成为综合素质评价实施的基本单位。由于新高考制度改革的倒逼，无论是出于自身育人定位的需要，还是出于为高一级学校选拔提供信息参考的需要，全国大部分省区市，尤其是试点区域开始对综合素质评价进行更为深刻、专业的思考与探索，校本化实施成为这一时期主要的实践范式，区域层面助推的重要性也逐步得到认可。从区域层面关注综合素质评价实施有利于从更大范围进行整体统筹、调配优质资源，有利于及时解决前期校本化实施中单个学校“势单力薄”引发的相关问题，能为改革进程提供更多的理论指导与实践借鉴。区域层面做得好，整体改革才能做得更好，综合素质评价常态化、规范化实施也才能更有希望。

2018年，习近平总书记在全国教育大会上强调，培养什么人，是教育的首要问题，并明确要在增强学生综合素质等六个方面下功夫。这充分揭示了新时代人才培养和评价的新内涵和新的发展路径，体现了国家教育方针关于人的全面发展的目标价值。2019年6月，国务院办公厅颁布《关于新时代推进普通高中育人方式改革的指导意见》（国办发［2019］29号），明确要求把综合素质评价作为招生录取的重要参考。2020至2021年，全国范围陆续进入全面实施状态。综合素质评价改革导向愈加明确，综合素质评价改革全面实施在即，区域层面应当有何种站位、改革潜能如何有效发挥等相关问题亟须得到回应与反思。进入综合素质评价改革的新阶段，区域层面研究必然成为综合素质评价改革的基础。

（三）综合素质评价全面实施亟须更多区域层面研究

作为综合素质评价改革的新阶段，仅仅用“历史的必然”来做解释是远远不够的，还需要充分的价值证成与理论引领。综合素质评价改革区域研究的阶段属性有着一定的战略意义和执行逻辑，但当前无论是服务宏观的改革战略还是指导具体的改革实践，教育改革区域层面理论研究供给明显不足，突出体现在研究的数量和质量两个方面。综合素质评价改革全面实施在即，经验与问题共存，需要有更多的理论思考与更多规律性的把握：已有的实践探索需要做理论层面的反思与提升；未来的实践探索也需要得到更多引领与指导。对这一主题的思考与探讨显得尤为紧迫。

当前综合素质评价研究主要集中在两个方面：一是基本理论研究，重在讨论综合素质评价的概念、目的、功能、定位等；二是校本化实施研究，重在讨论综合素质评价的操作程序、方法步骤等。少有关注区域层面综合素质评价的实施，少有展望综合素质评价区域化发展态势，导致对综合素质评价实施的规律性探究意识不强，前期的综合素质评价整体效果不尽如人意。

对照现实，当前综合素质评价区域层面实施的理论架构研究相对较少，亟须相应的理论引领。例如，区域层面的综合素质评价实施涉及哪些核心要素、它们之间的互动呈现什么样态、基于什么样的理念遵循和相关原则等。综合素质评价全面实施在即，区域层面实施的相关理论研究亟须得到关注。作为综合素质评价改革的重要方面，区域层面实施具备特殊的战略意义和执行逻辑，如何在合理预设、深入探讨、充分论证的基础上构建综合素质评价区域层面实施理论架构，是对综合素质评价实施新阶段、新问题的有效回应，体现了国家政策导向和区域发展需求，也是以往综合素质评价研究少有思考的。

有了顶层设计不代表改革就能顺利实现，还需要有中间落实、终端实施两个层面的合力共促。所以，改革的落地与落实同样是关键，如果顶层设计向下延伸不足，就会出现细节流失、落实偏移的情况。如何把顶层设计落实下去，中国问题治理专家郑永年先生认为，不能仅在微观层面找原因，还要到顶层设计和中间落实两个层面寻找。对于综合素质评价改革来讲，也是如此。中间层，或者说综合素质评价的区域层面，汇聚信息最多，有效经验最多，对于消解综合素质评价实践症结、体现综合素质评价改革导向、促进综合素质评价全面实施有着重要的研究价值和现实意义。

小学、初中、高中阶段都需要综合素质评价理论探究和实践探索，本研究选取“普通高中”为切入点，主要基于两个方面的原因。一方面，在政策层面，2014年国发［2014］35号文件及其配套文件的颁布，意味着国家考试招生制度改革从“普通高中”切入，倒逼评价生态改善。高中学段与高考联系最为紧密，这一角度体现了国家教育改革要求。另一方面，从现实角度考虑，跟进考试招生制度改革，首先面临的就是普通高中阶段综合素质评价实施相关问题研究，这一角度满足了现实教育实践需要。所以，普通高中阶段综合素质评价实施研究对于综合素质评价改革整体发展、系统治理有着关键意义，这是本研究选取“普通高中”为对象的主要原因。

基于以上分析，在综合素质评价改革的新阶段，从区域层面高位探究、系统思考普通高中综合素质评价实施，有着重要的理论价值与现实意义，可以为综合素质评价改革提供更好的发展视角和系统反馈，是实践发展的必然，是改革发展的趋势，是时代发展的要求。

随着综合素质评价改革的不断深入，普通高中综合素质评价区域层面实施日益成为关注热点。一方面是自上而下、由外而内的理论吁求在综合素质评价理念发展中的合理延伸；另一方面，也是综合素质评价改革进展到一定阶段汇聚而成的理论自觉。实践证明，仅从校本视角难以认识综合素质评价改革的全部图景，对区域层面问题的关注以及从区域视角出发，可以为综合素质评价改革汇聚更多的发展合力、孕育更新的发展基点、拓展更宽的发展格局。所以说，普通高中综合素质评价区域层面实施之所以在当前一定时期内具有适切性、现实性和紧迫性，不仅是因为这一普遍议题抓住了当前教育改革中的共性问题，更重要的是，当前综合素质评价实践中所面临的诸多根本性、内生性的问题，也能在这一议题中得到深刻诠释，进而获得新的理论拓展和实践启发。

总体来讲，本研究聚焦普通高中综合素质评价区域层面实施难点，主要目的在于通过理论探讨“是什么”“为什么”“应该如何”及实践反思“实施如何”“如何提升”，对作为综合素质评价改革新阶段的普通高中综合素质评价区域层面实施做出解读、解释，并对相关问题进行深入分析与及时回应，为全面推进综合素质评价改革、提升实施的规范性和科学性、更加有效地促进学生全面而有个性的发展提供理论准备和实践思路。

二、研究意义

（一）理论意义

1.丰富普通高中综合素质评价理论研究

综合素质评价改革深入推进在即，本研究以普通高中为切入点，通过背景分析、概念界定、理论基础探讨，系统思考了这一阶段综合素质评价实施的相关理论问题，并做出了相应的问题回应，丰富、充实了普通高中综合素质评价理论研究。

2.丰富教育改革理论研究

区域层面实施是教育改革向纵深发展的必然，深厚的区域层面理论研究是有效发挥改革成效的条件保障。本研究重点梳理了与教育改革区域层面实施相关的理论观点，从普通高中综合素质评价常态化实施切入，对教育改革区域层面实施所涉及的理论问题进行反思，丰富了教育改革领域理论研究。

（二）实践意义

1.为区域层面实施综合素质评价提供实践思路

从实践中来，到实践中去，是本研究自始至终坚守的基本价值取向。基于普通高中综合素质评价区域层面实施的现状考察，本研究梳理出了当前普通高中综合素质评价区域层面实施的经验与问题，为深入推进普通高中综合素质评价提供了一定的实践思路，对于促进综合素质评价常态化、规范化实施具有重要的现实意义。

2.助推区域层面高中学生评价生态的革新

对评价生态的改善是综合素质评价改革的应有之义。本研究切中当前综合素质评价改革的新阶段、新现象、新目标，通过方案比较、经验梳理、问题分析、理论诠释、模型构建，较为全面地考量了普通高中综合素质评价区域层面实施的相关实践问题，对于助推区域层面普通高中阶段学生评价生态革新有着积极的现实意义。

三、文献综述

（一）国外研究现状

1.教育改革区域实施研究

（1）教育改革区域层面实施模式研究

广义上讲，教育改革区域层面实施事关教育理念的区域贯彻、落实、协调、扩散、传播等行为。结合已有文献，本研究对当前的改革有启发意义的相关认识进行了如下梳理：

一是“知识转移”说。这种观点的启发意义在于：区域层面实施是公共知识的区域内或区间转移。在苏兰斯基（Szulanski）（1996）等人看来，知识转移的过程包括四个阶段：初始阶段（initiation）、执行阶段（implementation）、实施（蔓延）阶段（ramp-up）和整合阶段（integration）。

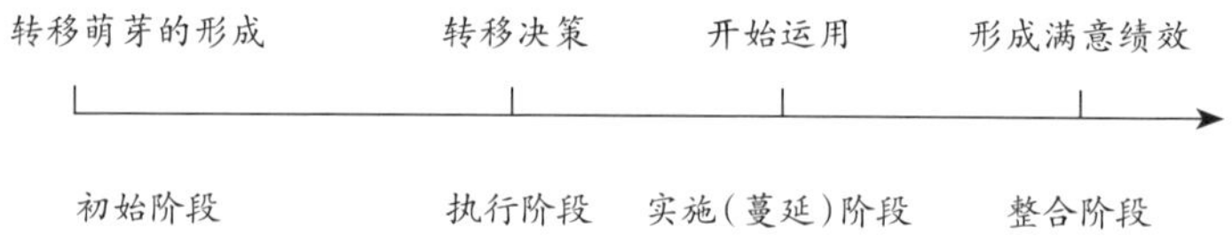

图1-1　苏兰斯基的知识转移过程模型①

如图1-1所示，初始阶段重在识别知识差距以寻求适切知识；执行阶段重在双方共建转移渠道，开始知识和资源的交换和流动；实施（蔓延）阶段重在根据知识接受者的执行反馈适时调整并逐步铺开；整合阶段重在以深入推进形成满意绩效。教育改革区域层面实施就是在这四个阶段的知识转移中实现改革理念的逐步更新与逐步深化。

二是"政策协调"说。国际政策协调（international policy coordination）指基于对自身的利益认知、目标偏好和政策行动的相互调整，由各行为主体（主要指国家）做出，最终在国际层面实现一定程度的政策趋同。②国际政策协调机制是推动政策变化、形成政策趋同的一种动力。它通过什么样的协调机制导致了各国在国际层面最终实现政策趋同？其中的相互作用机制究竟有怎样的表现？③杨启光（2013）对不同流派理论持有的不同的国际政策协调机制进行了总结。在无政府状态下，新现实主义强调在霸权稳定的前提下胁迫协调；自由制度主义强调国际组织和机制的重要作用，突出制度在国际政策协调中的作用；建构主义者认为，国家可以本着适当性逻辑或合法性逻辑单边实现政策趋同。④

李昕蕾、任向荣（2012）对上述三大流派之后的国际政策协调机制进行了梳理，把国际政策协调机制分为强制、合作及扩散三种模式，如表1-1

① 郑健壮，叶峥．基于资源观的产业集群政策研究［M］．上海：上海三联书店，2007：6.
② 李昕蕾，任向荣．国际环境政策协调中的扩散机制［J］．社会科学，2012（6）：15-25.
③ 杨启光．全球教育政策转移比较研究［M］．杭州：浙江大学出版社，2013（12）：77.
④ 杨启光．全球教育政策转移比较研究［M］．杭州：浙江大学出版社，2013（12）：77-78.

所示。[①]

表1-1 国际政策协调机制模式

模式	内涵特征
强制模式	强调制约。从上到下、由点到面迅速扩散，易形成多元环境之下的统一政策。
合作模式	强调互惠。基于社会建构主义理论基础。
扩散模式	自下而上的政策协调模式，指在外界的强制力以及国际协定约束力缺失的状态下形成的一种较为理想的新政策协调模式。基于理性的政策学习，依据本地具体的政策环境适度调整，追求最佳的政策实施效果，比较突出内部的自主进程。

三是“政策传播”说。这种观点的启发意义在于：改革中的区域层面实施指改革举措在区域内或区域间的扩散、转移、相互借鉴等。杨启光（2013）认为，被用来描述、解释不同层次上的政策传播（spreading of policy）的相近概念主要有：政策借鉴（policy borrowing）、政策扩散（policy diffusion）、经验总结（lesson drawing）、政策学习（policy learning）、政策趋同（policy convergence）、政策继承（policy succession）、政策模仿（policy emulation）等。[②]20世纪90年代中期，政策分析研究初具规模，但少有系统的体系给予统整。英国学者大卫·多罗维兹（D. Dolowitz）和大卫·马什（D. Marsh）开始尝试将政策转移的整个过程放在更大的概念框架下进行探讨，并在《谁从谁那里学习什么：政策转移文献回顾》一书中提出了关于政策转移的8个关键问题[③]，相关解读如表1-2所示。

① 李昕蕾，任向荣. 国际环境政策协调中的扩散机制［J］. 社会科学，2012（6）：15-25.
② 杨启光. 全球教育政策转移比较研究［M］. 杭州：浙江大学出版社，2013（12）：21.
③ 杨启光. 全球教育政策转移比较研究［M］. 杭州：浙江大学出版社，2013（12）：79-80.

表1-2　政策转移的8个关键问题的相关解读

关键问题	相关解读
1.为何移植 自愿性(想移) ↕ 混合性 强迫性(必须移)	汲取经验(完全理性)
	(1)汲取经验(有限理性) (2)国际压力(象征、共识、认知)(3)外部性 (4)制约性(借贷和企业活动相关的条件)(5)义务
	直接强迫
2.谁参与移植	(1)政务官 (2)官僚或文官 (3)压力团体 (4)政党(5)政策企业家或专家 (6)顾问或智库(7)跨国企业或组织 (8)超国家性机构
3.移植了什么	(1)政策(目标、内容、工具) (2)方案 (3)制度(4)意识形态 (5)态度或文化价值 (6)负面教训
4.从哪里移植	(1)过去经验:①内部的 ②整体的
	(2)国家层次:①州政府 ②市政府 ③地方政府
	(3)跨国家层次:①国际性组织 ②国家或地方政府
5.移植的程度	(1)复制 (2)模仿 (3)混合 (4)启发
6.移植的限制	(1)政策复杂度 (2)过去政策 (3)结构制度 (4)可行性(意识形态、文化相近程度、技术、经济、官僚作风) (5)语言 (6)过去关系
7.政策移植的信息来源	(1)大众媒体(报纸、杂志、电视、广播、网络) (2)报道(委托的、非委托的) (3)会议 (4)参访 (5)报告书(书面和口述)
8.导致政策失败的移植	(1)制式移植 (2)不完全移植 (3)不适当移植

上述研究指出，导致政策转移失败的三个因素分别是政策运作信息相对缺乏、政策本土化意识淡薄、少有关注政策的区域适应性。这一分析框架的最大意义是把政策转移研究完整化、系统化，给予其最大限度的包容性。但也有一些明显不足，有学者认为主要有三个方面的缺陷：其一，该框架相对静态、断续，未能建立起明显的因果联系；其二，没有明确的理论基础，这也是产生缺陷的原因之一；其三，缺少对移植成效的评估。没有完整

描述移植政策成败，且没有明确分析解释政策移植成败原因与政策移植过程间的关系。[①]

四是“政策扩散”说。20世纪60年代以来，该学说强调政府间围绕一项新的政策进行互动交流，从而实现新政策在政府间的传播[②]，以贝瑞夫妇(Frances S. Berry、William D. Berry)地方政策创新与传播模型为代表。20世纪90年代，贝瑞夫妇谈到政策传播模型本质上存在于政府间的相互效法。他们认为政策在地方的传播主要有以下几种模式：

第一种是全国互动模型。这一模型默认政策的已实施区域与未实施区域的官员之间可以进行完全自由的互动，且这种互动与实施政策的概率是正向比例关系。所以，这一模式下的制度安排需要大量、多样的地方官员会议，定期会晤、互学互鉴。但它同时也把各区域视为无差异的单位，即忽视了区域间的差异性。

第二种是区域扩散模型。该模型认为相邻的行政区域或同一行政区域内的政策执行相互影响最为明显。同时，它们之间的政策竞争也更为明显。

第三种是领导跟进模型。该模型认为政策执行与经济发展水平相关最大，领导特征和跟进次序多是从经济最发达区域到最不发达区域。它的缺陷在于没有理论可以预测谁会是领导，谁会跟进。

第四种是垂直影响模型。该模型认为政策的移植是自上而下的权力推动，或直接强制，或间接暗示，激发地方政策创新。

(2)教育改革区域层面实施策略研究

在探讨教育改革区域层面实施策略之前，有两个根本问题需要引起关注：第一，随着社会的发展、制度的更迭，究竟是什么因素决定了事物演化的不同模式？第二，如何解释持续的低效推进？

关于第一个问题，道格拉斯·诺斯(Douglass C. North)在谈到制度变迁与经济绩效时提到一个词“路径依赖”。他认为制度变迁的路径不具有必然性、绝对性。例如：电脑键盘上的字母排列，是因为一个偶然的原因被

① 杨启光. 全球教育政策转移比较研究[M]. 杭州：浙江大学出版社，2013 (12)：81.

② 靳亮，陈世香. 横向自发与纵向推动：我国政策扩散的双重逻辑——以地方文化体制改革为例[J]. 广西社会科学，2017 (11)：124-129.

确立，此后一直沿用，没有被更具有效率的排列方式所取代。[①]所以，他认为正是制度变迁中的路径依赖效应才演化出不同的发展模式。

针对第二个问题，诺斯提到另一个词“报酬递增”。他认为“报酬递增和以交易费用为特征的不完全市场”是制度变迁路径的两种力量，在报酬递增情况下，只要市场是竞争的，经济增长就是有效率的。反之，如果交易费用十分显著，受不完全信息回馈、意识形态的影响，可能产生长期低绩效的制度安排。所以，诺斯感叹道“在报酬递增的动态世界里，行为人用不完美或笨拙的努力来辨识复杂的环境是很困难的。……发展路径一旦被设定在特定进程上，就会受到来自网络外部以及来自历史的主观模型的强化”。[②]

制度，一直站在所有行动的制高点，具备改造现实的重大可能。国家发展是决定教育改革时机、影响教育改革态势的主要因素。教育改革的产生不外乎三种因素：自需、外需与理论渗透。在复杂性科学的视域下，三者不可能独自成因，但必有主次，依据教育改革进程的复杂性与发展性相互交织，合力实现教育改革区本化实施愿景。

20世纪70年代，经济合作与发展组织（OECD）概括出三种教育改革策略：政治—行政策略、经验—合理性策略、规范—再教育策略。[③]如表1-3所示，规范—再教育策略强调：统一各参与群体对改革的认识与态度，通过规范性再教育，形成合力，共同革新，避免出现某一参与群体统领，进而破坏革新要素间的协同性。经验—合理性策略，着眼于如何结合教育理论与实践，以便有计划地迅速普及新思想和新做法，这需要缩小研究者和研究成果使用者之间的距离，以有效合作取代它们之间传统的疏远关系。政治—行政策略，即依赖行政力量，自上而下地推行策略。地方政府、地方教育行政机构、督学甚至教师等各种群体组织的改革均会不同程度地采用政治—行政策略。

---

① 制度、制度变迁与经济绩效［EB/OL］. https: //book.douban.com/review/4161194/.

② 制度、制度变迁与经济绩效［EB/OL］. https: //book.douban.com/review/4161194/.

③ 吴忠魁，张俊洪. 教育变革的理论模式［M］. 成都：四川教育出版社，1988：133-137.

表1-3 20世纪中外学校变革策略分类表[①]

分类维度	主要类别			备注
作用方向	自下而上（非集中化运动）	上下结合	自上而下（集中化运动，如美国课程标准运动）	普遍见于欧美国家
动力来源	自发自动	内外合力	外力干预	—
变革范围	区域内重建	区域间协作	区域推进	—
指向对象	个别变革 核心设计	组织变革 综合设计	系统变革 系统设计	波尔·达林（Per Dalin）、沙思金（Sashkin）、伊格梅尔（Egermeier）、斯特林菲尔德（Stringfield）
方式或手段	规范—再教育策略	理论—经验策略	权力—强制策略	罗伯特·秦（Robert Chin）、肯尼斯·D.班尼（Kenneth D. Benne）、鲍斯顿（R.G.Paulston）
	规范—再教育策略	经验—合理性策略	政治—行政策略	OECD策略
其他	以人为中心的对策变革学校文化	以任务和技术为中心的对策改变游戏规则	以组织结构为中心的对策，将“自上而下”与“自下而上”结合	组织行为学理论

上述三种变革策略与理论体系的关系如表1-4所示：

① 杨小微.社会转型时期学校变革的方法论初探[D].上海：华东师范大学，2002：123.

表1-4　变革策略与理论体系对应表

主题	主要分类	主要策略	归纳人
社会变革理论	均衡理论	理论—经验策略（经验—合理性策略）	罗伯特·秦、肯尼斯·D. 班尼
		规范—再教育策略	
	冲突理论	权力—强制策略（政策—行政性策略）	鲍斯顿

表1-4中的“均衡理论”，指对社会环境、各种价值以及研究方法上有着共同的假设，但针对的问题、现象、具体方法却不尽相同的诸种理论。这种理论范型主张在肯定社会现实的前提下实现教育的均衡变动，以适应或追随社会的变化。“冲突理论”（或矛盾范型）中的各种理论有着不同的假设，但都强调社会制度的内在不稳定性，以及由此派生出的各种价值、权利等方面的矛盾或冲突。[1]

20世纪80至90年代，美国关于教育改革的策略研究有了新发展，主要体现在以下几点：一是标准本位的改革，它具备政治策略属性，意味着教育标准由州决定，层层传达到学校执行，并通过强制化、标准化管理监控实施情况；二是市场本位的改革，作为一种经济策略，它认为教育改革应从政府管理转向人民管理，进而转向由市场间接管理，应当向家长发放教育券，实现家长择校、市场择校；三是学校本位的改革，这种教育改革的理论前提源于20世纪80年代中后期的两个基本共识：依赖自上而下、命令—控制实施的教育改革不能充分证明其提高了学校效力，相反，自内而外的学校改革可以提高学校效力。[2]

库姆斯（Coombs）（1988）认为比较有前途的教育改革会关注人的信念，重视过程，确定重要事项，从本地的实际出发，消除改革障碍，鼓励变革。

1996年，斯特林菲尔德（1996）等人对十多所学校改革典型案例进行了分析，杨小微（2002）把它们总结为三种策略设计：核心设计（core design）、综合

① 杨小微. 社会转型时期学校变革的方法论初探［D］. 上海：华东师范大学，2002：131.
② 杨小微. 社会转型时期学校变革的方法论初探［D］. 上海：华东师范大学，2002：65.

设计(comprehensive design)、系统设计(systemic design)。一方面，系统设计由于牵涉面大，在具体实施中挑战最大，进度最慢；另一方面，系统设计通过影响外在的政策与管理，具备影响区域内学校发展的巨大潜力。

20世纪90年代末，针对美国的教育改革，沙思金和伊格梅尔提出了四种策略：以部分带动全局；以人为本，即改变人的态度、知识、技能；变革个别学校；改革整个系统，即以改变整个学校系统功能为方式进行变革。①

挪威学者波尔·达林在1998年的著作《学校发展：理论与策略》中阐述了学校变革的三种取向，基本代表了当时教育改革区本化实施的生成逻辑，如表1-5所示。

表1-5　三种变革观点比较②

观测点	技术的	政治的	文化的
焦点	创新因素、效果。	特殊背景下的革新、权力和影响。	情境与背景，意义与价值。
价值	普遍价值，目标是预定的，寻找达到目标的最佳方式。	价值不与每个人分享，经过协商可能达成一致。	价值在小团体内分享，团体之间的价值存在差异并经常发生冲突。
道德标准	标准是权威主义的，每个人都为变革尽最大努力。	标准仅是契约约束，革新并非对每个人的利益都是必要，可以寻求和解。	标准是相对的，革新的结果不可预测。强迫他人革新是不正当的。
总体印象	生产，产品导向。	协商，冲突导向。	社区，意见导向。
基本原则和假设	系统理性的、过程明确的知识能被运用，消费者是被动的。效率和责任是最基本的，假设是普遍利益和价值。	部分地经历冲突与和解，影响经说服和强制取得，权力运作占支配地位，合作成问题，合法性是基本的，有利益冲突。	参与者被看作是文化和亚文化意义上的。革新要求独立团体之间的互动。革新效果是扩散的、不被注意的。合作界限不明，变革有不同的意义。自治是最基本的，价值和利益会有冲突。

① 杨小微. 社会转型时期学校变革的方法论初探[D]. 上海：华东师范大学，2002：65.

② 杨小微. 社会转型时期学校变革的方法论初探[D]. 上海：华东师范大学，2002：64.

表1-5中“技术的”观点与生产相联系，革新过程较为机械，解决问题的方法关键在于技术合法且相互关联，且能被运用在不同情境中。“政治的”观点强调改进需要力量、权威和竞争利益的聚焦，利益的冲突可以体现在个人水平、团体水平和组织水平上。例如，在改革过程中谁将获益，谁支持，谁负责，变革将付出多少成本、得到什么回报等。“文化的”观点考虑的是对改进过程起决定作用的价值与标准。例如，价值和标准是怎样形成的，工作结构如何，如何发展、维持人际关系等。

2.国外学生评价区域层面实施研究

据文献分析，国外学生评价领域并没有能够与“综合素质评价”一词相对应的术语，但在实际操作中，国外发达地区在对高中学生进行评价时又都比较注重学生的综合素质。究其原因，是由于对学生综合素质的考查在国外已是教育评价中的常态，其中尤以高中学业水平考试为代表的学生评价在国外区域层面具有代表性。从国外学生评价的实施来看，区域层面实施突出体现为谁有权组织和管理、如何组织和管理两个方面。

英国学生评价的组织与管理是一种“1-2”模式：“1”指政府(包括国家和地方政府)，“2”指学校和考试机构，意思是政府统管下，学校负责内容学习，考试机构负责内容评价。英国学生评价由国家统一组织，国家依法确立考试制度，颁布考试标准，通过授权考试机构实施考试，学校自主选择考试机构，并协同相应考试机构组织实施。地方依据国家规定实施学生评价，并接受国家监督和管理。由此可见，英国的学生评价，从国家到地方，区域间和区域内推进的只是学习内容，评价部分由国家委托专门考试机构进行，国家和地方政府层面管理与监督的是学校和考试机构两个单位。英国的考试机构相对较为分散，虽由国家授权组织考试，但国家层面没有掌控考试机构的“总枢纽”。英国高中学业水平考试管理和监督机构主要有：英国教育与技能部(DFES)、资格与课程局(QCA)、国家评价局(NAA)、考试申诉委员会(EAB)和教育水准办公室(OSE)。评价政策由教育与技能部在资格与课程局和其他相关机构的协作下进行制定；资格与课程局负责国家课程开发以及资格认定与监督；国家评价局负责国家课程测试开发并对考试系统公正性进行监督。考试申诉委员会和教育水准办公室是高中学业水平考试监督机构，教育水准办公室属于半官方教育监督机构，负责监督各学区学校，并对学校参与考试的工作情况及时给出详细报告。

德国学生评价的组织与管理是一种“n-1”模式：“n”指多个地方政府，“1”指国家政府，意思是地方分权管理，最后由国家政府批复。例如，文理中学高中毕业文凭考试虽为国家考试，但并不是由全国统一组织管理，就管理模式而言，德国文理中学毕业文凭考试属于地方分权的考试管理模式，由各州出题，获批后自行组织考试，考试结果全国适用。该考试是中等教育范围内的考试，大学也不参与，是在州教育部长的监督下，由中学所设的考试实施委员会负责。这种模式下的学生评价主导权在地方，具体管理、组织和实施工作主要由州教育行政部门负责，国家负责审核、承认，即便这样，国家仍然掌握评价标准。

美国学生评价的组织与管理是一种“n-n”模式：两个“n”都代表多个州政府，意思是学生评价全权由各州自行制定法规、标准，且各州不尽相同。这种模式下的学生评价区本化实施充分体现了“分权制”特征，所谓的“区域层面实施”仅指州内的协同共进。美国宪法规定，教育的权力属于各州，因此美国的高中会考和毕业要求没有全国统一的要求和标准，公立学校是和其所在的区域横向地捆绑在一起的，学校并非主要遵从自上而下的行政命令。各州对高中毕业考试和毕业文凭都有明确要求和标准，并以法律法规的形式予以规定。考试组织领导者是各州教育行政部门，由州教育行政部门或州教育主管部门委托专业测试机构具体实施，各州不尽相同。例如，纽约州的高中学业水平考试是由州教育厅、纽约州立大学、学区和学校等主体共同组织实施。美国教育分散、多元的参与和决策机制，与其国家制度以及历史传统相符。近年来，各国对教育的重视与干预程度相继提高，美国联邦政府通过颁布法律和资金投入干预、参与对教育的管理。

俄罗斯学生评价的组织与管理是一种“1-n”模式：“1”代表国家政府，“n”指多个机构共同实施学生评价，意思是国家统一组织考试，但由多个机构负责实施。这是21世纪俄罗斯逐渐确立的国家考试制度，俄罗斯联邦政府成立了具有联邦主体性质的国家考试委员会。国家统一考试的组织工作由俄联邦教育科学督察署、各联邦主体的教育管理机构以及设立的国家考试委员会、学科委员会和冲突调解委员会共同实施。①这种模式下的学生评价区域层面实施，由国家全权负责，但评价部分专门由多个机构共同组织。俄罗斯国家统一考试面对所有中等教育机构的毕业生，无论其是否准备进入高等学校和中等专业学校学习，都必须参加国家统一考试，包括在俄罗斯中学就读的外国公民、无国籍人士和被迫迁居人员。统考覆盖俄罗斯所有地区，涉及所有学科。②

日本学生评价的组织与管理是一种“1-1”模式，前“1”指国家统管学习与评价，后“1”指国家专设评价组织管理机构。这种模式类似于我国的学生评价区域层面实施，国家统管全国高校招生考试的组织、管理、实施和研究。日本设立专业的组织管理机构：大学入学考试中心，对全国大学入学中心考试（NCTUA，简称“中心考试”）进行统一组织、管理、实施和研究。“中心考试”是日本大学入学中心组织的全国统一考试，它是日本统一考试制度发展演变的结果。1990年确立，实施至今。日本的国家级专业考试机构肇始于东京大学。1969年，东京大学成立入学考试制度委员会，后改为国立大学协会的“入学考试研讨委员会”，1977年更名为“大学入学考试中心”，隶属于文部省。大学入学考试中心是“中心考试”的专业机构，统管全国高校招生考试的组织、管理、实施和研究。

（二）国内研究现状

1.国内教育改革区域层面实施相关研究

“区本化”是从“校本化”衍生而来的一个实践语言，在当前的教育实际中较少使用，但有着与“校本化”词汇出现之初一样的理论必要性和实践可能性。

如图1-2所示，中国知网“社会科学Ⅱ辑”为基础的文献搜索，主要分为主题类、关键词类、篇名类、全文类、摘要类、被引文献类等10类。搜索结果如图1-2。

① 王婧.俄罗斯高校招生考试制度研究［M］.武汉：华中师范大学出版社，2016：89.

② 王婧.俄罗斯高校招生考试制度研究［M］.武汉：华中师范大学出版社，2016：100.

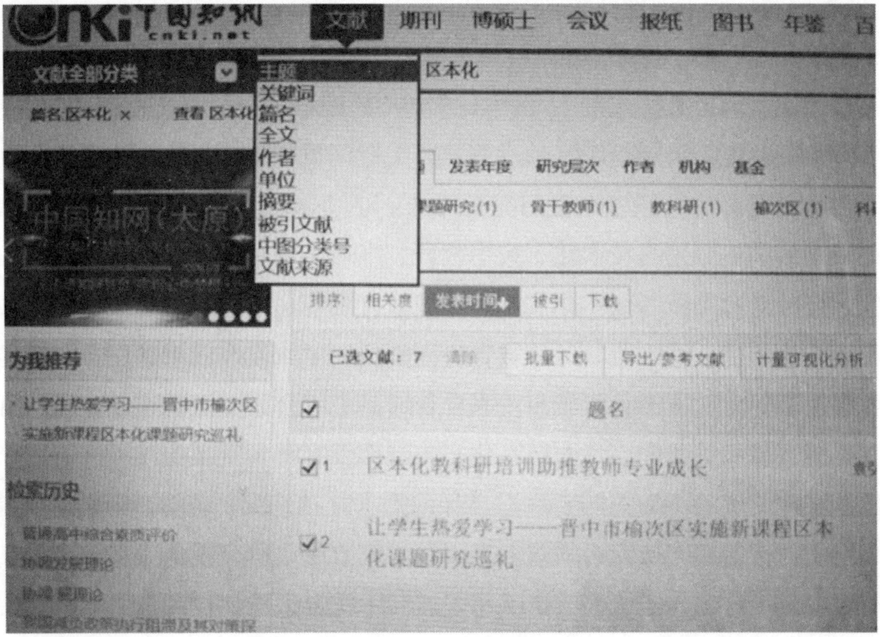

图1-2 “区本化”“区本化实施”在中国知网数据库中的搜索类别

如图1-3所示，笔者依据相关性，在主题类、关键词类、篇名类、全文类、摘要类中对“区本化”“区本化实施”进行了搜索。“区本化”的搜索结果相对较多，但也仅是在“全文类”最多：自1994至2019年间，有49份社会科学文献中含“区本化”一词；关键词搜索结果仅有1篇，袁弘（2016）

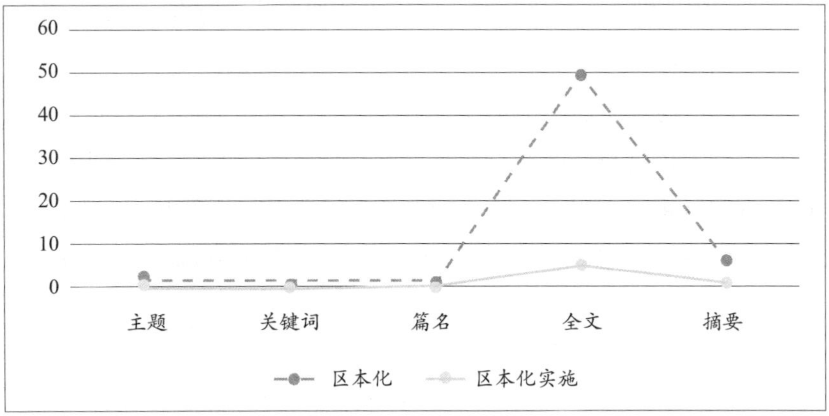

图1-3 “区本化”“区本化实施”在中国知网数据库中的多类搜索结果

《区本化教科研培训助推教师专业成长》[①]；主题和篇名搜索结果有2篇，其中一篇同上，另一篇是《让学生热爱学习——晋中市榆次区实施新课程区本化课题研究巡礼》。在对“区本化实施”的搜索中，全文类里有5份文献涉及，摘要类里有1份涉及，在主题类、关键词类、篇名类无文献涉及。

从对现有的49份文献题目分析得知：与“区本化”和“区本化实施”相关较大的词汇分别是校本化、校本教研、区域转型、区域教育持续均衡发展、区域教育实践、区本化实施、区域教育变革、市县区教研推进、区域教育文化传播、区本级、区域教育协同创新、区域教改成果推广、区域性教育生态等。从区本化实施角度来看普通高中综合素质评价实施，没有可参考的直接相关研究，证明区本化实施层面没有得到直接关注，这与国家教育文件要求的“有序推进实施”[②]导向需求存在差距。当前，普通高中综合素质评价的相关研究必须跟上来，在研究数量、研究视角等多个切入点有所突破。这也是本研究尝试从与普通高中综合素质评价区本化实施相关的教育改革基本路径研究切入的重要原因。

通常来讲，“改革”总是暗含着一种标准化且值得被投入的特质。“关于改革的共识，倾向于通过特定的政策分析或观念分析，会产生一项改革计划，并按计划依次带来实践改变，进而带来特定的结果。”[③]目前，国内教育改革有两种基本路径是可以得到印证的：其一，由上级主管部门制定基本的管理制度，用于保证教育改革进程按既定目的运行；其二，改革进程中，改革主体根据系统内部需要，内生出适切的管理制度。对此，国内教育专家有不同论述。

刘志军、杨会萍（2010）认为，变革的抗风险能力可以通过区域推进的方式逐步增强，这是当前变革性教育实践研究模式的创新。区域推进的变革性教育实践主要有以下三个路径：专业研究人员主导型、专业研究人员参与型、区域自主探索型。在具体实施中，每个区域要把握自身的实际和

① 袁弘.区本化教科研培训助推教师专业成长[J].大连教育学院学报，2016（4）：31-33.
② 国务院.关于深化考试招生制度改革的实施意见[Z].国发[2014]35号.
③ 刘复兴.国外教育政策研究基本文献讲读[M].北京：北京大学出版社，2013：276.

特点，采取恰当的变革方式，提高变革的有效性。[①]

李孔珍、任虹(2013)在分析了不同的教育组织在县域基础教育政策执行中的关系和功能后认为：自主模式呈直线形执行架构，即以学校普遍发展为取向，适用于资源统一分配型政策执行；竞争模式呈网络形执行架构，即以区域教育战略性整体发展为取向，适用于资源重点分配型政策执行。二者特征是上级决策发挥重要作用、基层组织执行很受重视、执行过程中政策不断修订和重构。[②]

王艺军(2004)对政策执行中的敷衍、附加、曲解、截留等问题进行了剖析，指出主要原因在于缺乏充分的利益协调、公共政策方案不合理、政策执行者的素质缺陷、政策执行体制的缺陷、政策执行缺乏监督机制等方面，并对相关对策进行了多角度探讨，提出以下建议：完善公共政策执行体制、提高公共政策执行者素质、加强政治资源整合、建立公民参与机制和责任监督机制等。[③]

国内对于教育改革路径的研究还集中在策略优化上。例如，怎样才能实现组织成员参与改革的自觉性与自发性。周雪光(2017)认为，激励设计直接影响着组织成员的晋升、收益和地位获得等，旨在帮助激励出符合组织目标和组织利益的行为。上级部门设计激励机制的能力大小是影响下级部门执行效能的重要因素。因此，激励设计成为组织研究的一个关注点。由于存在有限理性和多个委托人之间的利益兼容问题，激励设计不合理常常产生始料未及的后果、诱发出背离组织设计初衷的组织行为。[④]寻租行为是对改革秩序最大的侵蚀。

图1-4说明，要在维护政策权威和调动成员积极性方面取得平衡，应遵照激励相容原则，既体现政策的统一意志又发挥成员积极性。这是教育政策区本化实施的有效前提。

---

① 刘志军，杨会萍．区域推进：变革性教育实践的必然选择［J］．中国教育学刊，2010（10）：20-23.

② 李孔珍，任虹．县域基础教育政策执行：自主模式与竞争模式［J］．首都师范大学学报（社会科学版），2013（3）：129-135.

③ 王艺军．中国公共政策执行研究［D］．郑州：郑州大学，2004：89.

④ 周雪光．中国国家治理的制度逻辑：一个组织学研究［M］．北京：生活·读书·新知三联书店，2017：44.

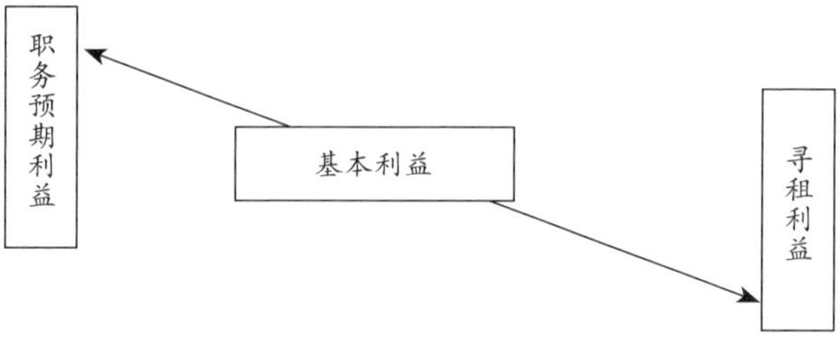

图1-4 教育决策者个体利益结构图①

丁煌、周丽婷(2013)认为，随着我国社会利益主体多元化格局的形成，公共行政实践中出现了地方政府公共政策执行力不足引发的政策执行规划力畸变、服从力缺失、公信力低下、监控力纰漏等问题。而多中心治理理论对政策执行的规划力、监控力、问责力和调整力的提升均有参照价值。所以，以该理论为分析视角，通过培育多元政策执行主体、创新政策执行技术和手段、鼓励公众参与和沟通、建立政策执行监督机制以及构建政策执行的利益博弈模型等途径，能够有效提升地方政府公共政策执行力。②

所以，规范工作机制，以持续的激励设计来尽量降低教育职能部门对职务寻租利益的追求，对教育政策的有效实施是一种极大促进。

王淑莲(2019)在谈到城乡教师共同体区域推进策略时指出：应在价值、路径、技术三个层面，在“融入城市化、就地城镇化、农村现代化”三个路径选择中，分地域类、实体类、虚拟类、学科类、管理类、混合类等建构分类发展制度框架；通过明晰城乡教师共同体发展愿景，各利益相关主体可以通过制度供给主体、制度形式要件、制度环境、制度执行创新，进行点面结合、多元策略、模式移植与建构等多种方式的分阶段实施的推进实践。③区域推进的策略转换是从区域视角对教育问题“适切性”的探讨，

① 周彬.决策与执行：制度视野下的学校变革[M].北京：教育科学出版社，2005：163.
说明：当教育决策者追求职务预期利益的边际效用大于寻租利益时，他就会追求职务预期利益；反之，就可能追求寻租利益。这两种利益是互相冲突的，且前者是正向激励，后者是负向激励。尽管教育决策者有价值偏好，但真正决定教育决策者追求的是规范的决策机制，因为它决定着教育决策者在决策过程中的收益与成本。

② 丁煌，周丽婷.地方政府公共政策执行力的提升——基于多中心治理视角的思考[J].江苏行政学院学报，2013(3)：112-118.

③ 王淑莲.从整体搭建到分类发展：城乡教师共同体区域推进策略转换[J].教育研究，2019(6)：145-151.

可以为教育问题区本化实施提供有益借鉴。

2.国内普通高中综合素质评价相关研究

图1-5是对2004至2019年间以“综合素质评价”“普通高中综合素质评价”“普通高中学生综合素质评价”为篇名的文献数目统计。数据显示：首先，作为研究题目分开来看，几年间每个类别的文献数目少量下滑，但仍然显示三者受到持续关注，这是一种向好趋势；其次，三类篇名对比来看，对“普通高中综合素质评价”的相关研究明显少于对“综合素质评价”的关注；再次，截至2019年12月，文献全文中包含“综合素质评价”的有440663篇，包含“普通高中综合素质评价”的有79669篇，包含“普通高中学生综合素质评价”的有79201篇，所以，这也从另外一个角度说明，全文中涉及三者较多，但作为篇名进行聚焦关注较少。

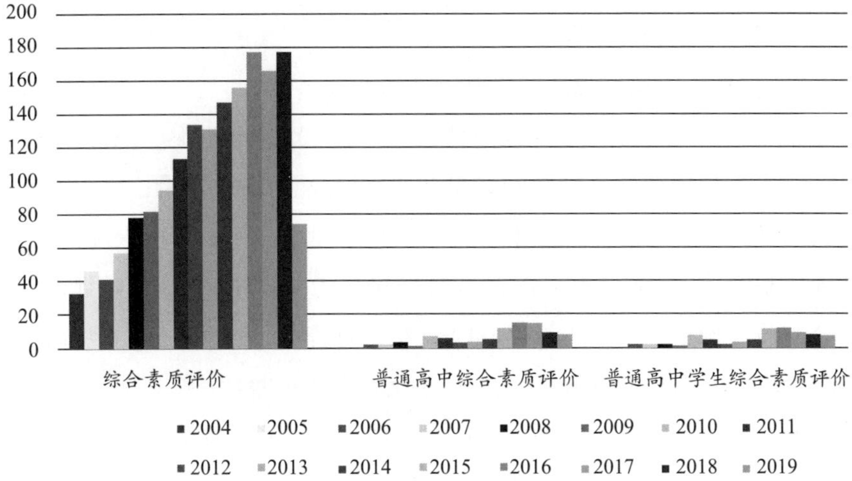

图1-5　2004至2019年间篇名文献数目搜索

从课题研究角度来看，当前有“高中综合素质评价”明确标示的重要课题如表1-6所示。

表1-6　普通高中综合素质评价重要课题名称简单汇总

序号	课题名称与编号
1	教育部哲社重大攻关项目“初高中学业水平考试和综合素质评价改革研究”（14JZD042）

续表

序号	课题名称与编号
2	国家社会科学基金教育学一般课题“普通高中综合素质评价的现实检视与理论反思”（BAA130088）
3	中国博士后科学基金第60批面上资助项目“新高考改革语境下的高中学生综合素质评价实施研究”（2016M602230）
4	全国教科“十三五”规划2016年度教育部重点课题“高校综合评价招生改革的理论和实践”（DIA160339）

由表1-6可知，普通高中综合素质评价相关问题获批国家级立项，证明了此类研究的现实意义。除此之外，还有相当一部分研究都在相关领域进行了探讨与思考。总体来讲，当前普通高中综合素质评价研究在以下几个重要问题上有着一定聚焦：

（1）普通高中综合素质评价基本认识研究

第一，综合素质评价的本质是什么？对这一问题的看法主要有以下几种：

首先，是理念还是制度？如崔允漷、柯政（2010）认为，应该“把‘综合素质评价’作为整个评价体系的一个基本理念，而不是把它理解为某一项评价制度”①；而靳玉乐、倪哲（2014）则认为“作为一种新型的评价制度，综合素质评价适应了学生发展和时代发展的需要，体现了素质教育新课改的理念”②；邢利红（2016）认为，在深化教育改革时期，作为深入推进素质教育的一项重要制度，普通高中综合素质评价是考试评价制度改革的重要举措，也是当前高中学校面临的重要挑战之一。③

其次，是革命、革新还是改革？杨向东（2011）认为，综合素质评价是对包括课堂教学模式在内的整个学校教育的彻底改革，而非单纯的教育

① 崔允漷，柯政．关于普通高中学生综合素质评价研究［J］．全球教育展望，2010（9）：3-8，12．

② 靳玉乐，倪哲．中小学综合素质评价相关制度的建立及其运用［J］．西南师范大学学报（自然科学版），2014（2）：147-151．

③ 邢利红．普通高中学生综合素质评价：高中学校的挑战与路径选择［J］．教育理论与实践，2016（11）：16-18．

评价方式的革新。[①]刘志军、张红霞(2013)认为,“学生综合素质评价……充分发挥学生作为评价主体的作用，这是一种发展性评价，旨在通过日常评价促进学生真正得到进步和提升，其实施本身就是一种评价改革的过程”。[②]柳夕浪(2014)认为,“综合素质评价是对我国已有考试招生制度的改进和完善，不是革命；经深入调研、反复论证、综合决策，不是单方面想当然；它是对整个考试招生制度改革的系统设计、全方位推进，不是单项、局部的改革”。[③]

再次，是观念还是方式？李雁冰(2011)认为,“综合素质评价既是一种评价观，又是一种评价方式。作为一种评价观，它是素质教育评价体系的基本价值取向；作为一种评价方式，它与中考、高考等外部评价互动、结合，共同构成素质教育评价体系的基本内容”。[④]王洪席(2016)认为：应将其视作鉴赏性或欣赏性评价而非等级评价；综合素质档案的活动记录应是“择优而记”，而非面面俱到；综合素质评价的主体构成应是专家评价，而非“群众评价”；其价值诉求应是“选拔”与“育人”并举，而非单一旨趣。[⑤]

关于综合素质评价的本质，期待在细节解读上取得一致是不可能的，只要对它心怀憧憬，且在教育教学基本理论上观点一致，仅在解释方式和实践方式上各持己见是可以理解的。也正是在这种对话环境中，对综合素质评价的认识、思考、追问，甚至是质疑、诘难、批评，从来都没有停止。在诸多舆论博弈、理论交涉、实践推搡中，综合素质评价逐步演变为一种教育信念直至得到制度升华。

第二，综合素质评价的基本范畴是什么？这是另一个颇有争议的领域，争议的焦点体现在以下两点：

① 杨向东. 综合素质评价：中国特色的创新[J]. 基础教育课程，2011 (4)：65-69.

② 刘志军，张红霞. 普通高中学生综合素质评价：现状、问题与展望[J]. 课程·教材·教法，2013 (1)：18-23.

③ 柳夕浪. 考试招生制度改革背景下高中教学面临的挑战与应答[J]. 中小学管理，2014 (10)：5-8.

④ 李雁冰. 论综合素质评价的本质[J]. 教育发展研究，2011 (24)：58-64.

⑤ 王洪席. 高中学生综合素质评价：误读与澄清[J]. 中国教育学刊，2016 (3)：65-67.

首先，是全面评价还是个性评价？杨向东(2011)认为，“综合素质的理论前提是将学生个体视为‘一个整体性的存在’，用以全面描述、合理解释学生个性发展的具体情况，它的本质是对一个‘整体的人’的评价”①；李雁冰(2011)认为，“素质教育的实质是个性发展教育，综合素质评价本质上就是个性发展评价。它意味着综合素质评价的对象是每一个学生的个性整体；综合素质评价的方法论是‘欣赏性评价’，即创造情境和条件让学生展示自己的个性，在彼此欣赏和体验中保护个性，在相互研讨和帮助中促进个性发展”。②刘志军(2016)认为“学生的综合素质更多地表现为个性化差异”“综合素质评价既是一种全面性评价，又是一种个性化评价，应成为在促进学生全面发展基础上的更高价值追求”。③

其次，是否包括对学术能力的评价？当前主要有两种观点：第一种是“两分法”，认为综合素质分为学术能力和非学术能力两种，这一种观点较为普遍，如刘志军(2016)认为，“学生的‘学术能力’与‘非学术能力’也就构成了其综合素质的‘双翼’，缺失任何一个，都只是一种残缺的、不完整的综合素质”。④第二种是“等同法”，直接把综合素质等同于学生的非学术能力，认为它是学科测试不能考查的所有素质之和，“指的是那些凡通过学生学业考试不能、不便测试和考查的但关系到学生全面发展的诸多基础和核心的素养”。⑤所以，综合素质评价仅指对学生非学术能力的评价。

总体来讲，当前对综合素质评价内涵理解上有如下几点共识：首先在定位上，它不是对昨天的全盘否定。综合素质评价是基于新一轮基础教育课程改革的教育革新，它不是推倒重来，而是改进、完善。其次在过程设计上，不是完成规定动作，而是在情境中的多角互证。再者在实施中，不是教育者对受教育者自上而下单向鉴定，而是在对话中、在互动中，包括其他教育参与者在内的多方互证。另外，在结果呈现上，“综合”不是机械相加，而是动态融合，旨在发现联系，感知共通。

---

① 杨向东.综合素质评价：中国特色的创新[J].基础教育课程，2011 (4)：65-66.

② 李雁冰.论综合素质评价的本质[J].教育发展研究，2011 (24)：58-64.

③ 刘志军.关于综合素质评价若干问题的思考[J].课程·教材·教法，2016 (1)：40-44.

④ 刘志军.关于综合素质评价若干问题的思考[J].课程·教材·教法，2016 (1)：40-44.

⑤ 付旭明.对于综合素质评价，不要被“假问题”吓倒[J].基础教育课程，2006 (4)：49.

第三，综合素质评价的目标指向是什么？对此，当前集中在以下三种“指向”说：

一是学生发展指向说。刘志军(2016)认为，综合素质评价的主要目的在于促进学生发展、改变学生评价生态，辅助目的在于为高校招生服务。实施综合素质评价利于帮助学生认识自我、规划人生，积极主动实现自我发展，利于促进学校把握学生成长规律，切实转变人才培养模式，利于深化评价方式改革，不再以考试成绩为唯一标准评价学生，为高校招生录取提供重要的参考。①

二是判断学生指向说。秦春华、林莉(2015)认为，综合素质评价本身不是目的，而是一个过程和手段，其重要意义并不在于罗列个体具备了多少素质内容，而是要通过这些内容，综合判断学生的整体素质。②

三是学校变革指向说。陆璟(2015)认为，综合素质评价是关于学校教育的深度变革：激发学生潜能；促进校内、校外教育结合，实现整体育人目标，重视培养灵活运用知识的能力，解决实际问题；引导学校关注人才培养特色。③

张雨强(2016)认为，综合素质评价在于促进高中学校特色发展，帮助教师改进教学，用于学生自我成长。④

对综合素质评价结果的处理也可以说明它的主要目的。“谁用谁评价”意味着综合素质评价结果的使用范畴不仅仅局限于学生、教师、高中和高校，而是对整个社会都具备使用价值，即：可以用于学生完善自我，实现个人成长；可以帮助教师改进教学，实现专业成长；可以促进高中特色发展，实现团队成长；可以团结家长携手并进，实现共同发展；可以服务社会稳中求进，实现健康发展。

(2)普通高中综合素质评价实施问题研究

为了对这一问题有一个清晰的把握，本研究分别对普通高中综合素质

① 刘志军．关于综合素质评价若干问题的思考[J]．课程·教材·教法，2016(1)：40-44.

② 秦春华，林莉．高考改革与综合素质评价[J]．中国大学教学，2015(7)：15-21.

③ 陆璟．综合素质评价推动学校深度变革——上海市普通高中学生综合素质评价试点解读[J]．上海市教育科研，2015(12)：5-8，32.

④ 张雨强．普通高中综合素质评价实施路径[N]．中国社会科学报，2016-08-04(4).

评价的关键问题、操作过程、具体方法、结果使用等问题进行分类梳理，总结如下：

第一，关键问题是什么？刘志军（2016）指出，综合素质评价在一些关键性问题上有待做进一步的梳理与澄清，在具体实施过程中，要妥善处理好“学术能力”与“非学术能力”的关系、全面性评价与个性化评价的关系、定性评价与定量评价的关系、“注重过程的评价”与“注重结果的评价”的关系。[①]程龙（2015）指出，今后亟须加强学理研究、配套制度建设研究、深化实践操作研究和重视评价结果利用研究。[②]朱哲（2014）认为：一方面高中拼命“包装”，从作品展示到教师评语，努力证明本校学生综合素质高、能力强；另一方面大学录取时却不信、不用评价结果。怎么才能让综合素质评价走出形式主义的“怪圈”，真正为培养、选拔人才服务是当前普通高中综合素质评价的突出问题。[③]柯政（2016）以综合素质评价政策为例，对考试评价制度改革的复杂性进行了分析。他认为，如何理解教育公平问题、如何理解社会差异与教育之间关系问题和如何理解诚信制度对改革的制约作用问题是与教育改革相关的三个基本问题。[④]

第二，操作过程怎么样？在过程实施层面，主要体现在对政策文本的解读与领会上，存在着对内涵认识不一、具体执行避重就轻的虚化现象；在具体实践中，相关配套政策与技术不够成熟，引发出诸如评价目的不够明确，评价指标不够合理，评价人员不够专业、规范、全面等结构与系统问题。张雨强（2016）分别从省市、高校、高中三个层面给出了综合素质评价的实施路径。省市层面：明确综合素质评价的地位并完善其指标体系；宣传现代先进评价理念，组织专门培训。高校层面：需要一批知识扎实、经验丰富的专业招生人员，理性分析学生的综合素质材料。普通高中学校层面：加大宣传，组织培训；细化指标，制订评价方案，使评价方案具有较强的激励性、引导性以及可操作性；积极探索，开展特色活动，完善综合素质

① 刘志军. 关于综合素质评价若干问题的思考[J]. 课程. 教材. 教法，2016（1）：40-44.
② 程龙. 高中综合素质评价十年回顾与反思[J]. 教育参考，2015（6）：41-46.
③ 朱哲. 综合素质评价的“怪圈”如何破解[J]. 人民教育，2014（19）：19-22.
④ 柯政.“选考”制度下的“田忌赛马”：原因与对策[J]. 教育发展研究.2016（18）：32-18.

评价监督机制。[①]李宝庆、樊亚峤(2012)指出，以“价值观形成性评价”取代“成果表现性评价”，将“表现性标准”与“完成性标准”相结合。[②]李雁冰(2011)认为，综合素质评价即真实性评价、过程性评价，在具体实施中要体现学生的校内外生活及两者的内在联系，要关注学生的学习结论和解决问题的过程及策略，设计应包含一个问题匹配多项选择的内容，基本方法和形式是档案袋评价。[③]章全武(2018)认为，核心素养背景下，普通高中综合素质评价的主体存在“不明所以”困境，内容存在“模棱两可”症结，标准存在“逻辑不明”疑虑，方式存在“适应不足”弊端，监督存在“盲人摸象”困惑。[④]

第三，具体方法有哪些？对这一问题的回答其实就是总结各省级、市县区级特色化经验的过程。陆璟(2015)对当前综合素质评价主要实施方法进行了总结。一是测量和问卷调查法：例如四川成都对各方面进行了问题调查，并附加学生学习背景因素调查。二是等级+评语法：例如浙江的评价结果分三等，用A、P、E表示，分别代表“优秀”“好”“尚需努力”，各个指标还有简单评语。三是客观记录法：例如上海采用上海市普通高中学生综合素质评价信息管理系统和上海市学生社会实践信息记录电子平台对学生的活动和行为进行客观记录，结果呈现为《上海市普通高中学生综合素质纪实报告》。[⑤]北京11所学校的做法是把“能够集中反映综合素质的具体活动和相关事实”课程化。具体地讲，首先分解育人目标，把参加社团、看电影、学校接待等活动变成30门有学分、可评价的课程。比如，社团是必修课，学生建立一个社团每学年可得2学分，参加一个社团，每学年得1学分，每学期参加社团活动不少于10小时，然后计入学分系统。[⑥]

---

① 张雨强.普通高中综合素质评价实施路径[N].中国社会科学报，2016-08-04 (4).

② 李宝庆，樊亚峤.高中生综合素质评价方案：问题及改进[J].教育发展研究，2012 (10)：25-29.

③ 李雁冰.论综合素质评价的本质[J].教育发展研究，2011 (24)：58-64.

④ 章全武.核心素养背景下高中生综合素质评价的发展路径[J].教育科学研究，2018 (2)：66-70.

⑤ 陆璟.综合素质评价推动学校深度变革——上海市普通高中学生综合素质评价试点解读[J].上海市教育科研，2015 (12)：5-8，32.

⑥ 朱哲.综合素质评价的“怪圈”如何破解[J].人民教育，2014 (19)：19-22.

第四，评价结果怎么用？这个问题的焦点在于如何处理综合素质评价与考试录取两者的关系，或者说如何使结果服务于高校招生录取。当前多数研究认为，由于评价指标分类不够全面、周密，难以对许多现有的观测点进行合理赋值，对评价结果的使用受指标、主体、实施阶段等因素影响较多，以致出现实操性与指标模糊性间矛盾、评价的发展功能与甄选功能间矛盾、主管部门主动与学校被动的矛盾。[①]由于评价工作多是集中突击，重结果轻过程，且等级评价过程与结果问题突出，致使评价结果在高校中难以被有效使用。[②]魏金宝、黄泰安、张勇（2016）认为综合素质评价的应用存在着思想理论基础不足、评价模式可操作性不强、方法技术不科学、公信力不足等问题。未来随着综合素质评价的学术研究要向纵深发展，需更加注重评价工具的开发。[③]

（3）普通高中综合素质评价实施保障策略研究

综合素质评价实施保障机制主要指组织管理制度、诚信机制、监督制度、申诉与复议、责任追究制度、为学校提供条件保障、专业技术支持、激励机制等方面。[④]当前，保障机制不健全突出表现为：地方教育部门组织管理机制不健全，部门职责权限不明，各主体职责权限不明；综合素质评价的激励机制和交流平台较少；缺少相关制度设计，相关支持系统不健全，未给予学校充分的人力、物力、财力的支持，无法有效调动主体积极性，无法保障科学、专业地开展校本实施；缺少用于相关研究、宣传、培训、指导、奖励及电子平台的开发、维护和督查等方面的专项经费。

另外，对于这一问题的研究还集中在机制创新与制度建设上，其中监督与诚信两方面的制度建设受关注最多，因为两者不健全会影响到家长和社会的支持。但这两个问题并非独立存在，而是互为因果。例如，监督制度方面，由谁监督：是应该以政府为主实施外部监督还是应该以学生为主实

① 罗祖兵，邹艳．高中综合素质评价的矛盾探析［J］．教育理论与实践，2013（8）：27-29.

② 刘志军，张红霞．普通高中学生综合素质评价：现状、问题与展望［J］．课程·教材·教法，2013（1）：18-23.

③ 魏金宝，黄泰安，张勇．中小学生综合素质评价研究综述［J］．考试研究.2016（3）：73-79.

④ 刘志军．初高中学业水平考试和综合素质评价改革研究［R］．开封：河南大学教育科学学院，2018.

施内部监督？监督什么：是公开部分信息还是全部信息？怎样监督：是网上公示还是需要舆论辅助？这几个问题的出现都与诚信机制不健全引起的监督环境“不和谐”①有很大关系。

除此之外，与评价公正性相关的其他制度建设，如“申诉制度、公开制度、听证制度、问责制度”②等也受到广泛关注。清华大学附属中学设立了“失信终身追究制”。北京师范大学附属平谷中学在学校网站的主页上设有“综合素质评价监测表”，定期检查数据，每个学期由班主任对本班学生填写“北京市普通高中学生综合素质评价电子平台”的完成质量进行监控，将检查结果反馈给学生，并将“综合素质评价监测表”上传到学校网站，学校再做质量分析，确保综合素质评价工作顺利进行。

3.普通高中综合素质评价区本化实施的方案设计

2014年12月，教育部颁布《关于加强和改进普通高中学生综合素质评价的意见》(教基二[2014]11号)，随后各省区市基本处于对新精神的领会、解读阶段，虽有一些实施方案出台，也只是停留在方案设计层面，少有实质性的实施与推进。所以，本研究从普通高中综合素质评价方案设计入手，对区本化实施普通高中综合素质评价的基本规划进行简要分析。

总体来看，各省的实施方案设计最大限度地体现了对国家政策的重要遵循，但在一些细节处理上体现着各自的倚重。下面从方案的意义与原则、内容与程序、结果使用与组织保障等方面进行简要说明。

第一，区域方案的意义与原则。在方案推进意义层面，各省区市都保持了与国家政策文本的高度一致，如河北、四川、安徽、辽宁、湖南、湖北、陕西等省份。

也有一些省份对实施原则做了发展，如广东省在实施方案中提出了“三坚持”原则③，即：一要坚持方向性和指导性，二要坚持全面发展与个性

---

① 王润，周先进.高中生综合素质评价监督机制的构建——基于新一轮高考改革的思考[J].教育理论与实践，2015(26)：9-11.

② 靳玉乐，倪哲.中小学综合素质评价相关制度的建立及其运用[J].西南师范大学学报(自然科学版)，2014(2)：147-151.

③ 广东省教育厅.关于印发普通高中学业水平考试和学生综合素质评价实施办法的通知[Z].粤教考[2016]11号.

发展，三要坚持真实客观和公正有效。福建省增加了可操作性原则，强调了普通高中综合素质评价要与学校日常教育教学活动相结合，同时，福建省还提出了要坚持统筹兼顾，即把综合素质评价与高中学业水平考试、高校招生等改革统一于学生发展、整体设计，以便积极稳妥推进，促进高中改进教学和高校科学选拔学生。这些原则突出了方案“落地”的重要性与关键性。

在指导思想与基本原则之外，陕西省又增加了“评价基本要求”环节，除了对客观、全面、指导、发展、公开公平等问题的着重要求之外，还重点提出要体现高中学校的办学特色。这与湖南省方案中增加的“普适性原则”有异曲同工之处，都强调将评价融入日常教育教学全过程，在确定评价内容、设计方法程序时，充分考虑省内城乡学校实际差异，因地制宜、因校制宜，使每一个学生都能记录自己突出的表现，得到恰当评价。两个方案都体现了对普通高中综合素质评价区域差异化推进与发展的深刻领会。

第二，区域方案的内容与程序。思想品德、学业水平、身心健康、艺术素养、社会实践是教育部《关于加强和改进普通高中学生综合素质评价的意见》的规定内容，每个方面都明确了相应的考查点，各省区市的方案制订都对上述评价内容进行了重要遵循。

关于评价程序，教育部颁布的《关于进一步加强和改进普通高中综合素质评价的意见》(教基二[2014]11号)中有着基本规定：写实记录、整理遴选、公示审核、形成档案。这四个主要步骤体现着普通高中综合素质评价实施的规范与要求，相对于评价内容，各省区市在评价程序上有着较为明显的区域差异。例如，安徽省在整理遴选与公示审核之间增加了“录入数据”的环节，对普通高中综合素质评价要求的信息进行了进一步规定与强调。辽宁省在公示审核与形成档案之间增加了“录入平台”的环节，要求学校在规定时间内把公示无误的学生入档材料、学生简述报告和班主任简要评语上传至“辽宁省普通高中综合素质评价信息管理平台”，方便学生、教师、学校、各级教育行政部门等多个群体查看，但不能进行修改。湖南省在写实记录与整理遴选之间增加了“日常记录”环节，这其实是对写实记录环节的延伸，同时重点强调了写实记录的“日常”意义。广东省在公示审核与形成档案之间增加了“陈述和评语”环节，重点对档案信息的撰写提出了要求与建议。福建省在公示审核与形成档案之间增加了“录入系统”环节，重点对信息审核、信息类型与修改程序进行了规定。山东省在形成档案之前增加了“上传确认”环节，在形成档案之后增加了“查询”环节。

第三，区域方案的结果使用与组织保障。关于评价结果使用，即对评价信息的处理与分析，不同的省区市在方案中有不同的处理方式，有的把它归入评价程序中，如河北、湖南、湖北、陕西等省份，有的把它单列一部分进行阐述，如四川、安徽、辽宁、福建、广东等省份。

“谁使用谁评价”是普通高中综合素质评价结果使用的基本原则，在这一原则规定下，各省的方案都从不同角度关注到了评价信息对于高中和高一级学校的作用与意义：有的从学校整体发展角度来谈，如河北、四川等；有的从高中阶段学生成长角度来谈，如辽宁、广东、福建、山东、安徽等；有的从教师教育教学方法改进角度来谈，如湖南、湖北、陕西等。

与此同时，还有一些省区市的方案关注到了评价结果对于各级教育行政部门的意义。例如：安徽、辽宁提出了以普通高中综合素质评价全面实施为契机，促进学校多样、特色发展；广东提出要把普通高中综合素质评价上升为评价学校办学水平的重要依据，全面落实素质教育，提高管理和教育教学水平。

普通高中综合素质评价的实施价值不但体现在对个体全面而有个性的培养上，还体现在对区域教育生态的促进与改善上，随着综合素质评价改革的不断深入，地方教育行政部门在普通高中综合素质评价区本化实施中的重要作用会得到越来越多的关注。

教育部颁布的《关于进一步加强和改进普通高中综合素质评价的意见》(教基二[2014]11号)和《关于普通高中学业水平考试的实施意见》中对普通高中综合素质评价实施组织管理的规定，主要从加强组织领导、坚持常态化实施、建立健全监督制度三个层面进行阐述。各省区市对这一部分进行了充分解读，并依据各自实际做了工作细化，最大限度地涵盖了国家要求中的应有之义。例如：河北加强组织领导、明确责任主体、开展全面培训、坚持常态实施、健全监督管理、完善技术支持等；四川加强组织领导、建立健全综合素质评价的诚信机制、坚持常态化实施、建立评价质量监控制度、建立评价公示与申诉复议制度、加大对普通高中学生综合素质评价工作的宣传力度、营造工作良好氛围等；湖北明确主体责任、加强诚信管理、建立网络管理平台等。

（三）对已有研究的分析

基于对已有相关文献的梳理、总结可以看出，现有文献虽然涉及普通高中综合素质评价区本化实施研究的理论探讨、实践探索，但与本研究所需的学理逻辑、规律探寻、模型构建等相关方面仍然存在一定的差距。主要表现在以下几个方面：

1. 实践上有待聚焦，需要有更多凝练提升

第一，经验总结少。综合素质评价实施十多年以来，代表性的、普适的、值得推广的典型经验提炼整体不足，缺乏有效积淀和焦点聚焦，整个区域教育系统的静态和动态分析有待加强，而这些都是解读综合素质评价区本化实施政策、开展综合素质评价区本化实施实践的基本前提，更是找准综合素质评价区域问题、深化综合素质评价改革的重要保障。

第二，问题梳理与原因分析少。当前普通高中综合素质评价实施困难的主要原因之一是问题缺乏系统梳理和整体思考，相应地，也缺少一定程度的原因分析，对相关问题的思考也就缺乏深度，对制约普通高中综合素质评价区本化实施的深层困境难以触及，直接影响着综合素质评价改革的顺利开展和整体进程。

2. 学理上流于表面，需要有更多逻辑论证

第一，高位思考少。当前对普通高中综合素质评价的关注集中在校本化实施层面，且相对散乱，亟须更加系统、丰富、深入的学理论证，便于对普通高中综合评价区本化实施进行理论思考与逻辑探究。综合素质评价与素质教育一脉相承，但在具体操作与基本理念上还是有所区别的。常态、规范的实施需要从学理上探究实践逻辑，需要在具体的教育教学实践中给予合理、周全、及时的理论指引，校本化实施中的诸多问题需要在更高位的层面得到回应，需要从更宽阔的视域得到解答。这些正是当前普通高中综合素质评价欠缺的。

第二，研究视域窄。当前的讨论语境较为单一，较多地关注学校内部的综合素质评价实施。同时，话语体系较为单调，较多地关注政策文本的诠释与解读，对普通高中综合素质评价的研究视域有待突破，需要有更多元的语境设定，需要更广泛的利益表达。一方面，综合素质评价虽然需要在学校内具体的教育教学中落地落实，但它不是教育领域能够独自面对的事情，它需要校内校外合力共促。另一方面，它还是一个学科互涉、部门互涉、责权互涉的社会性事务。所以，普通高中综合素质评价区本化的实施需要争取更为多元的社会参与，统筹联动，合力共促。

基于以上分析，作为综合素质评价改革的必然，普通高中综合素质评价区本化实施在概念澄清、现状分析、经验提炼、问题梳理、模型构建、策略优化等问题上亟待有所突破，需要在相关理论的指导与引领下，对深层问题进行系统思考、深入分析。

四、研究思路与方法

（一）研究思路

如图1-6所示，本研究的基本思路是：首先，提出问题。主要通过文献综述，对与普通高中综合素质评价区本化实施相关的国内外现状进行梳理，对核心概念进行界定与解读，基本澄清研究所指并给予价值研判。其次，分析问题。主要基于理论基础分析，找寻理论启示，并深入探讨理论基础对于普通高中综合素质评价区本化实施的指导意义。再次，解决问题。重在对当前普通高中综合素质评价区本化实施进行经验提炼、问题总结、

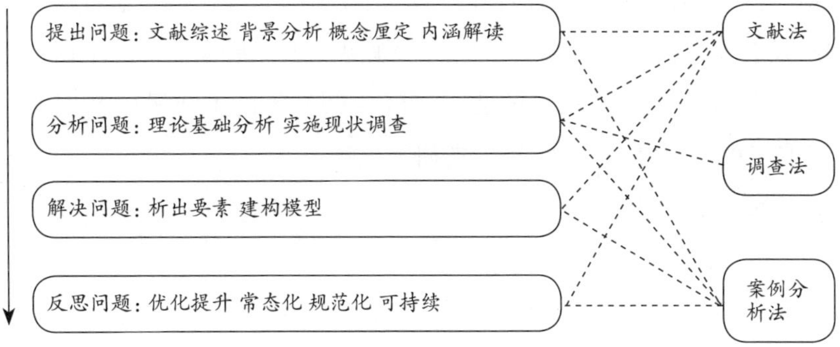

图1-6 研究基本思路

问题归因分析，并对核心要素进行提炼，建构出普通高中综合素质评价区本化实施互动模型。最后，反思问题。主要是结合实际，凝练出普通高中综合素质评价区本化实施的优化策略，并聚焦普通高中综合素质评价的常态化、规范化实施，对研究做出总结和展望。

（二）研究方法

1.主要方法选定

（1）文献法

文献法主要用于收集资料、分析文本，并由此形成研究主题所需的基本认识。具体来讲，在对国内外相关研究成果的收集、整理、分析、理解的基础上，主要从国内外教育改革区本化实施、普通高中综合素质评价、普通高中综合素质评价区本化实施等三个方面梳理、评析，逐步确定本研究的理论视角和实践基点。

（2）案例分析法

案例分析法对于普通高中综合素质评价区本化实施的经验总结与问题梳理有着重要的实际意义。本研究对全国34个省级行政区的综合素质评价实施方案进行了分析，从顶层设计了解各省区市对普通高中综合素质评价区本化实施的统筹与谋划。随后，又分析了上海市、北京D区的普通高中综合素质评价区本化实施探索，并对2012至2017年北京的案例文集进行重点分析。这一方法是形成研究主体部分的关键路径。

（3）调查法

依据研究主题需要，本人初步分析了调查对象，选取一些有代表性的典型单位进行实地调研、访谈核心人物、收集第一手资料，借以认识同类事物的发展变化规律及本质，形成科学预见。根据研究需要，本研究围绕研究主题选取实施时间较长的北京、经验较突出的上海等地开展实地调研，获取尽可能新鲜、生动、翔实的研究资料。

2.主要资料分类

（1）电子信息类

此类资料主要指借助电子检索工具在中国知网平台获取的2000至2019年相关论文类文献，基本情况如下：

一是以中国知网“社会科学Ⅱ辑”[①]为基础的文献搜索，即以“教育改革＋区本化实施”“综合素质评价”“高中综合素质评价＋区本化实施”等为关键词，查阅自有研究始至2019年的教育类期刊、博硕论文、会议等文献库，并重点对2000至2019年间的相关文献进行分析、解读。

二是以中国知网全文献库查询，即以“协调发展理论＋教育改革”“多中心治理理论＋教育改革”“自组织理论＋教育改革”为关键词，查阅自有研究始至2019年的各类期刊、博硕论文、会议等文献库，并重点对2000至2019年间的相关文献进行分析、解读。

三是以谷歌搜索引擎获取1990至2019年间出版的学术专著名录，并对相关文献进行分析、解读。

对于此类资料的分析与处理，研究者主要借助关键词、主题与教育类期刊、博硕论文、会议等文献库进行了多次交互匹配搜索，随后，依据不同程度的相关性对资料进行了年份、主题、关键词等归类分析，有效确保了研究的系统性、全面性、前瞻性。

(2)纸质信息类

一是政府文件类资料。此类资料主要指各省级、市县区级的综合素质评价实施方案、办法、意见等政府公文。研究者首先依据文件编号对颁布时间、部门级别进行初步归类，进而对同一年度、同一行政级别的文件进行同类比较，重点关注措辞、范畴、对象、指标及时间等关键信息的对比与评析。

二是论文专著类资料。主要指通过学校图书馆及单位资料室查阅收集到的2000至2019年间核心期刊、知名出版社的相关文献。此类资料内容翔实，相关主题、相关论述对本研究启发很大，如何对其中的方法及价值进行有效“移植”，是一种需要反思、沉淀的学习策略。

三是总结反思类资料。此类资料主要指调研对象的工作制度、工作计

① 中国知网文献分类之一，涉及社会科学理论与方法、社会学及统计学、民族学、人口学与计划生育、人才学与劳动科学、教育理论与教育管理、学前教育、初等教育、中等教育、高等教育、职业教育、成人教育与特殊教育、体育等13个二级分类，每类又分若干三级分类，有效规避了非紧密相关的文献信息，提高了文献信息呈现区分度。

划、教学计划、阶段总结与反思，如北京市2012至2017年综合素质评价案例集等。这类资料的生动性、丰富性与代表性是本研究的一大“财富”，但同时也意味着信息庞杂、细碎，如何从这些普通高中综合素质评价实施细节中发现区本化实施的可行性，这一点最为关键。

四是访谈资料、观察笔记与田野日记。此类资料主要指由访谈录音转录而来的相关资料，以及调研现场、访谈现场随机收集、记录的第一手资料。研究过程中，在获得受访者允许后，研究者依据研究提纲对受访者进行录音，并在第一时间与访谈录音对照，尽可能还原访谈或调研现场。另外，观察笔记中还涉及调研环境中的所有相关物理信息的记录与评析。

3.主要信息整理

资料编号、整理、分析过程是一个不断与研究目标、研究问题、研究理论等互动、对话，发现相互关系、萃取关键信息的过程。本研究通过对政府文件类资料、论文专著类资料、总结反思类资料、访谈资料、观察笔记与田野日记等资料的整理、归类，以期捕捉到与本研究最显著相关的信息，建构出研究的意义结构。例如，对案例集的信息处理，本研究的主题是区本化实施，所以，研究者重点关注市县区层面，在对市县区资料简单分类的基础上，再按年份、单位职能（主要指信息技术支持部门、教育行政部门、教科研院所等）进行二次分类，进而又针对内容进行机构构建、课题研究、专业指导、研讨会、典型示范等三次分类，并初步编码，对市县区级案例呈现出的经验、问题进行总结、类比、梳理、反思与评析，随后依据所反映的信息及时与相关的市、所属市县区综合素质评价实施方案进行比对。对于一些校级案例的处理，主要有两个维度：一是学校行政属地，重点关注上述市县区所辖学校，关注校级与市县区级实施的政策一致性、有效性、典型性；二是典型性，有的不是上述市县区所辖学校，但亮点突出、特征明显，这也是本研究重点关注的。

五、研究目标与内容

本研究的重点是普通高中综合素质评价区本化实施，要着重解决的理论层面问题是：普通高中综合素质评价区本化实施的理论依据是什么？会有什么样的理论建构？实践层面的主要问题是：普通高中综合素质评价区本化实施何以成为综合素质评价改革的新阶段？是否有政策依据？是否属于实践生发？有着什么样的发展历程？当前的现状如何？困境在哪里？深层原因是什么？在未来的综合素质评价改革中又会有什么样的路径选择？

基于对上述研究目标的梳理，本研究对主要目标、主要问题与研究要点等相关内容进行对应处理，具体如图1-7所示，以更加明确主题，最大限度地保障研究顺利进行。

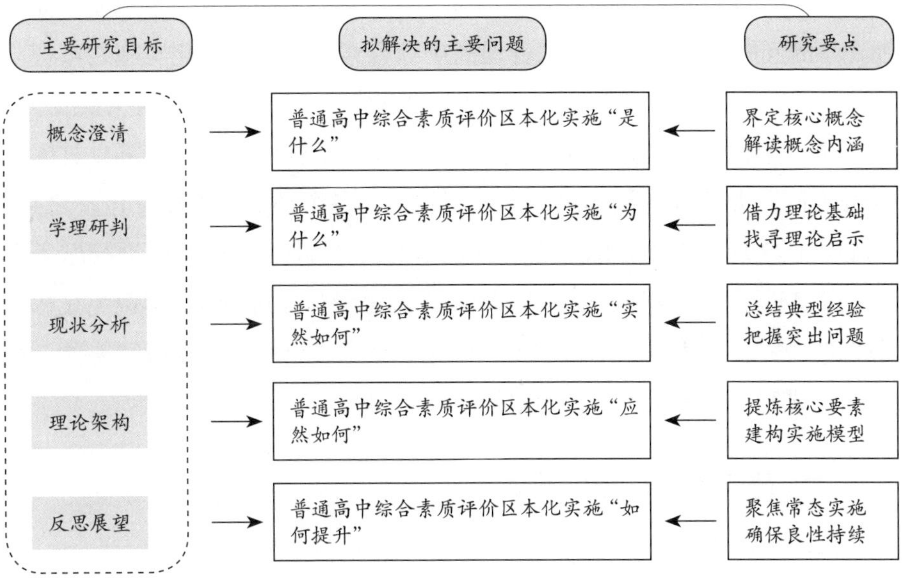

图1-7　研究目标、问题、要点对应图

第一，概念澄清，重在对普通高中综合素质评价区本化实施“是什么”的问题进行思考与分析，即结合国内外文献综述，对普通高中综合素质评价区本化实施相关问题进行梳理，相关概念进行界定。

第二，学理研判，主要从学理层面回答普通高中综合素质评价区本化实施“为什么”的问题，重点考察相关理论基础，并在对它们的观点梳理与逻辑追寻中，探讨出对普通高中综合素质评价区本化实施的理论指导与实践启示。

第三，现状分析，主要回答普通高中综合素质评价区本化实施“实然如何”的问题，即基于调研分析，全面了解当前普通高中综合素质评价区本化实施的实然状况，并对典型经验、突出问题进行总结提炼。

第四，理论架构，主要回答普通高中综合素质评价区本化实施“应然如何”的问题，即依据经验与问题原因分析，提炼出普通高中综合素质评价区本化实施的核心要素，如推进主体、推进动力、推进程序、推进方式等，并依据重要性考究、基本构成、必要性分析、主要操作路径等逻辑思路对上述问题进行学理分析，随后构建出普通高中综合素质评价区本化实施模型，为综合素质评价改革提供思考借鉴。

第五，反思展望，主要回答普通高中综合素质评价区本化实施“如何提升”的问题，重点探究未来普通高中综合素质评价区本化实施之可行与可能，并就如何聚焦常态实施、确保良性持续提出优化策略和提升路径。

上述架构主要是为了确保本研究有一个全局性的设计与统筹，具体到研究实际，尤其是在拟解决的主要问题上，各个环节有着相互包含之义。例如，在学理研判中，除了图1-7显示的对“为什么”的问题进行思考之外，其实也不可避免地涉及“应然如何”的思考与探讨，但为了避免在林林总总的研究环节中过分陷入细节，研究者从全局出发，依据研究需要，对每部分研究内容进行了重点问题的相对聚焦。

六、研究重难点与创新之处

（一）研究的重点

1.对普通高中综合素质评价区本化实施进行理论架构

教育改革是一个复杂工程，区域层面的教育发展自带独特性。所以，如何构建合理、适切的理论模型来探寻普通高中综合素质评价区本化实施应有的逻辑与规律是本研究的重点之一。

2.普通高中综合素质评价区本化实施实践经验的总结提升

综合素质评价校本化实施已有十多年，全国各省区市都有自己的探索与反思，抽丝剥茧找寻出有代表性的、普适的、值得推广的典型经验，发现深层问题、剖析深层原因是本研究的另外一个重点。

（二）研究的难点

1.提炼普通高中综合素质评价区本化实施核心要素

综合素质评价全面实施在即，需要更多的规律性把握。普通高中综合素质评价区本化实施核心要素是构成本研究分析框架的重要根基。但综合素质评价改革是一个系统工程，由诸多要素共促而成。核心要素的提炼异常困难，需要从普通高中综合素质评价区本化实施全局出发，全面理解，全方位把握。这是本研究的一个难点所在。

2.构建普通高中综合素质评价区本化实施模型

普通高中综合素质评价区本化实施模型构建是本研究重要的研究预期。模型构建的依据从哪里来？它会引导研究到哪里去？它的前景和限度分别是什么？这是本研究的另一个难点。

除此之外，随着综合素质评价改革的逐步深入，小学与初中阶段的综合素质评价区本化实施也值得关注。这是后续研究的着力之处。

（三）研究的创新之处

1.研究视角上聚焦区本化实施，对综合素质评价改革进行了系统思考

当前对综合素质评价的关注较多集中于政策解读和校本化实施层面，从区本化实施角度思考综合素质评价改革的相关研究很少。本研究基于国内外教育改革区本化实施策略与路径探究，结合普通高中综合素质评价实施的现实样态，从区本化实施切入，对综合素质评价改革新阶段、新问题进行了聚焦，为综合素质评价全面实施提供了讨论基础。这是以往综合素质评价研究少有思考的。

2.研究内容上进行了理论建构，对综合素质评价改革进行了规律性把握

本研究基于对协调发展理论、多中心治理理论、自组织理论的基本遵循，对普通高中综合素质评价区本化实施的现状、经验、问题、原因等进行了深入分析，就普通高中综合素质评价区本化实施的主体、方式 、程序、动力、条件等方面进行了核心要素提炼，并建构了普通高中综合素质评价区本化实施模型，为区域层面普通高中综合素质评价常态化、规范化实施提供了一定思路，为进一步深化综合素质评价改革提供了一定参考。

第二章　普通高中综合素质评价区本化实施的内涵与历程

当前，综合素质评价改革进入新阶段，普通高中综合素质评价区本化实施切合国家政策导向和区域教育发展需求，亟须在新时代中进行内涵解读、认识澄清，为综合素质评价规范化、常态化实施夯实基础。

一、普通高中综合素质评价区本化实施核心概念界定

（一）综合素质评价

从"综合"角度思考素质的相关问题，这一点可以追溯到很远。古希腊倡导"自由人的学科"[①]，以"勇敢、智慧、正义、节制"为四大美德。三国时期的刘劭在《人物志》中提出"八观""五视"及"接论"的考评方法，根据不同情境中的不同反应，全面判断人的综合品格与综合能力。《新唐书》卷四十五《选举志》:"择人之有四：一曰身，体貌丰伟；二曰言，言辞辩正；三曰书，楷法遒美；四曰判，文理优长。四事皆可取，则先德行，德均以才，才均以劳。"此谓身言书判，是综合考核的标准[②]，可以从宽泛的角度理解为当前我们谈的"综合素质"的雏形。

---

① 指语法、修辞、逻辑论辩、算术、几何、天文、音乐七门核心学科。

② 魏金宝，黄秦安，张勇. 中小学生综合素质评价研究综述［J］. 考试研究，2016（3）：73-79.

作为专用名词的“综合素质”，其反衬的是我国基础教育过分强调单一素质的状况。1999年，国务院颁布《关于深化教育改革全面推进素质教育的决定》(中发［1999］9号)，明确指出：“高考改革应进一步突出对能力和综合素质的考查。”这是“综合素质”一词在相关政策文件中的首次出现。①2002年12月，教育部颁发《关于积极推进中小学评价与考试制度改革的通知》，把学生的“综合素质”目标概括为“基础性发展目标”和“学科学习目标”两个方面。柳夕浪(2014)认为，素质教育应凸显教育的综合性，在于整合多种形式的活动与交往，整合各方面的教育力量，以合力培养学生实现每一个目标。②他对当前“综合素质”的理解进行了基本梳理，主要有以下几种③：

第一种，认为综合素质评价是对一个“整体的人”的评价，它的理论前提是把学生个体当作一个整体性的存在。这是一种新的教育评价内容指向，关于如何操作，没有定论。

第二种，把综合素质分为学术能力和非学术能力，但没有给出相应规范的定义，只是认为前者可以通过高考、学业水平考试来衡量，后者可以通过学习记录或研究报告来判定，以等级制呈现评价结果，并做标准化处理(如将等级折算成分数，制定评分细则与样例，加强监控，对学校的自评进行校正等④)。

第三种，将综合素质划分为道德品质、公民素养、学习能力、合作与交流能力、审美与表现、运动与健康等若干方面，作为一级指标，然后再分解形成诸多二级指标体系和相应的观测点，逐一评定、汇总，形成统一的评价表。评价过程中关注一些“标志性事件”，对应某些素养。

第四种，共性加个性的评价思路，即在上述指标体系之外，另加个性表现的评价。

---

① 魏金宝，黄秦安，张勇. 中小学生综合素质评价研究综述［J］. 考试研究，2016 (3)：73-79.

② 柳夕浪. 从“素质”到“核心素养”—— 关于“培养什么样的人”的进一步追问［J］. 教育科学研究. 2014 (4)：6.

③ 柳夕浪. 用力缓慢，但能穿透木板 —— 高中学生综合素质评价的突破点［J］. 人民教育. 2011 (17)：32-35.

④ 崔允漷，柯政. 关于普通高中学生综合素质评价研究［J］. 全球教育展望，2010 (9)：3-8，12.

基于对以上几点的分析，他指出：首先，综合素质评价指向“整体的人”，即指向人的完整个性。其次，只有一定场合下的个性化表现才是真实的、可以把握的。再次，要建立一种“有选择的标准”，允许每个人从“重要”与“次要”的选择中历史地确认“标准”，让学生自由选择任何最能发挥自己个性、潜能的方式进行展示。

刘志军、张红霞(2013)指出，当前普遍把综合素质看作是和高考、学业水平考试并列的一种评价制度，倾向于把综合素质等同于非学术能力。教育部《关于积极推进中小学评价与考试制度改革的通知》(教基[2002]26号)颁布之后，各地纷纷以文件中的基础性发展目标为依据，形成各自的综合素质评价内容维度，虽然呈现出高度一致化态势，但人们对综合素质评价内涵的认识却并未取得共识。①

各地对普通高中学生综合素质的定义主要有以下几种②：

《中国教育改革和发展纲要》里所说的综合素质指学生的思想道德、文化科学、劳动技能、身体素质和心理素质五项。

《北京市普通高中学生综合素质评价方案》把综合素质分为基础指标和发展指标两个部分。基础指标包括思想道德、学业成就、合作与交流、运动与健康等素质。发展指标只有一项素质，即个性与特长。

《天津市普通高中学生综合素质评价方案》将综合素质界定为“基础性发展目标”和“学科学习目标”。其中基础性发展目标指道德品质、公民素养、学习能力、交流与合作能力、运动与健康、审美与表现六个维度。

《广东省普通高中学生素质评价方案》将其界定为道德素养、文化素养、综合实践、身心健康、艺术素养五个方面。

结合以上分析，本研究中“综合素质评价”是指对学生进行包括学术能力和非学术能力的全面性评价和个性化评价，它是在促进学生全面发展基础上的更高价值追求。其主要目的在于促进学生发展、改变学生评价生

① 刘志军，张红霞. 普通高中学生综合素质评价：现状、问题与展望[J]. 课程·教材·教法，2013(1)：18-23.

② 赵学勤. 普通高中学生综合素质评价——基于北京市的理论与实践研究[M]. 北京：北京出版社，2012：34.

态，其辅助目的在于为高校招生服务。但随着综合素质评价改革的不断深化，上述的辅助目的逐步成为“唯一目的”，尤其是在普通高中综合素质评价结果的使用上，由于其与新高考制度改革联系最为紧密，所以同时兼有高考的高利害性。普通高中综合素质评价实施的深度与进度受到“高校招生用不用”的绝对影响，使得综合素质评价改革在当前出现了主要目的“日渐式微”、辅助目的“强势逆袭”的状况。

（二）区本化实施

“区本化实施”即以区域为单位的实施。区域，指土地的划界，一直是地理学研究的中心问题之一，但由于所处的时代和语言文化环境的不同，对区域概念的理解仍然没有得到统一。《中国大百科全书》将“区域”定义为：“用某些特定指标划分出具有一定范围的连续而不分离的空间单位。”《简明不列颠百科全书》将其定义为：“根据一定标准，区域本身具有同质性，并以同样标准与相邻诸地区或诸区域相区别。”针对区域概念的多元解构，朱建一（2015）对它的主要特征与内涵进行了总结，如表2-1所示。[①]

表2-1　区域概念的主要特征与内涵

<table>
<tr><th>主要特征</th><th colspan="2">内涵</th></tr>
<tr><td>多维度性</td><td colspan="2">多元维度和范畴的理解和认知，如地理单元、经济单元、政治单元等，即区域是经济、政治、文化、环境等多种社会要素的综合载体。</td></tr>
<tr><td>等级层次性</td><td colspan="2">从国家层面来讲，可以分为省级区域、设区市区域、县级区域；从县级层面来讲，可以分为开发区域、乡镇区域、村队区域。</td></tr>
<tr><td>相对差异性</td><td>指区域内各组成要素、形态、结构和功能的相对性和差异性。</td><td rowspan="3">区域性与非区域性的根本区别所在。</td></tr>
<tr><td>统一整体性</td><td>从区域各组成要素和要素间相互作用，以及区域由来自外部环境作用的影响而呈现的演变过程和特征，强调内部质性或功能的整体性。</td></tr>
<tr><td>开放可变性</td><td>开放性指区域要素的流动，可变性指区域划分的可变性和区域自身指标的可变性。</td></tr>
</table>

由表2-1可知，区域首先是一个空间概念，任何类型的区域都表现为

① 朱建一.区域变迁的技术论研究［D］.北京：中共中央党校.2015：31-34.

一定的地理单元；区域又是一个历史范畴，是社会生产与地域分工发展变化的产物，并随着生产与分工的变化而变化。[①]关于具体的界定标准，学界有同质性（或均质性）、系统性、独特性、共趋性、内在逻辑性、一致性等多种提法。[②]其中，同质性被认为是区域最为重要的属性。徐国利（2007）指出：组成区域的要素必须是均质（或同质）的，这已成为区域界定的首要与基本的原则。而且，这种同质（或均质）是“动态、相对的”，不应把划定区域的社会要素看作是“完全相同、单一、静止不变”的。[③]另外，系统性（有机性）也是划定区域的重要标准。然而，同质性与系统性有时是冲突的，因为后者的实现常以异质性为前提。异质性若代表互补性，则区域是同质性与异质性的协调。[④]

均质性、内聚性和空间性是区域的共同特征。区域内部各组成部分在特性上存在高度相关性。这种高度的相关性，分两种情况：一种是区域内部的一致性和相似性，此为均质区域。具体来讲，就是以一致或相似的地理、经济、社会指标划分出各种不同特征的均质区域，如自然区、经济区、文化区等。另一种是功能区、枢纽区，它由区域内的核心以及与其功能上紧密相连、具有共同利益的外围地区所组成。[⑤]

与区域概念紧密相关的是“区位”，常被理解为经济活动场所，而区域常被理解为具备一定同质性的地区。[⑥]两者作为位置、场所的属性无疑是第一位，也是最基础的，但如果把两者简单理解为位置、地理坐标，即一个没有面积的点，或者抽象为一个完全均质的空间，进而忽略空间地域丰富的内容及其变化，则是简单、片面的。事实上，除位置、地理坐标之外，区位

① 金香花，孙启林. 全球化时代中国比较教育区域研究现状与课题［J］. 全球教育展望，2006（8）：72-76.

② 孙杰，孙竞昊. 作为方法论的区域史研究［J］. 浙江大学学报（人文社会科学版），2015（6）：34-39.

③ 徐国利. 关于区域史研究中的理论问题——区域史的定义及其区域的界定和选择［J］. 学术月刊，2007（3）：121-128.

④ 孙杰，孙竞昊. 作为方法论的区域史研究［J］. 浙江大学学报（人文社会科学版），2015（6）：34-39.

⑤ 陆大道，等. 区位论及区域研究方法［M］. 北京：科学出版社，1988：67.

⑥ 张永恒，郝寿义. 从区位论的演化看区域的本质［J］. 区域经济评论，2016（4）：110-114.

或者区域还有着丰富的内涵。①

从单个学校的自主探索到区域层面的统筹联动，教育改革区本化实施的研究与探讨有着从实践发展而来的必要性与迫切性。当教育改革陷入相对的低水平重复，相关问题得不到有效缓解，深入实施得不到顺利推进时，就需要跳出问题窠臼，从更大的场域找寻突破。作为教育改革的重要路径，区本化实施的具体内容与最终目标会逐步清晰、丰富。新时代背景下，教育改革需要回应新的时代需求，需要抓住机遇、勇于改革。在深化教育领域综合改革过程中，需要以更大的担当和智慧，反思教育改革区本化实施的时代旨趣。这对于进一步实现区本化机制创新，进一步激发和凝聚社会创造力，确保教育改革区本化实施顺利进行具有重要意义。

结合以上分析，本研究的“区本化实施”指在省级行政部门指导下，市、县、区各职能部门在开放条件下，相互制约并依存，实现区域变革可持续发展的过程。对照此概念，“普通高中综合素质评价区本化实施”的历史必然需要得到更为具体的实践推演，这是理解综合素质评价改革新阶段的重要起点。

（三）普通高中综合素质评价区本化实施

综合素质评价是随着素质教育的逐步推进、演化而来的，它与素质教育的本质、原则、标准一脉相承。普通高中综合素质评价发展的关键节点如图2-1所示。

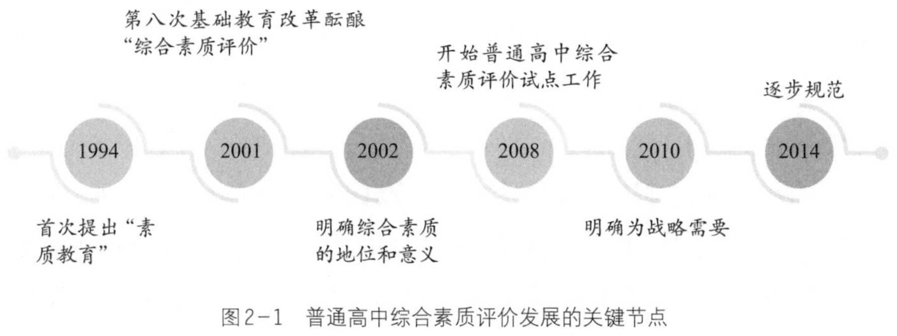

图2-1　普通高中综合素质评价发展的关键节点

① 张永恒，郝寿义. 从区位论的演化看区域的本质［J］. 区域经济评论，2016（4）：110-114.

1994年8月，中共中央发布《关于进一步加强和改进学校德育工作的若干意见》(中发[1994]9号)，提出："增强适应时代发展、社会进步，以及建立社会主义市场经济体制的新要求和迫切需要的素质教育。"这是综合素质评价前制度化阶段的开始。[①]2001年，教育部颁布《基础教育课程改革纲要(试行)》(教基[2001]17号)，指出："建立促进学生全面发展的评价体系。评价不仅要关注学生的学业成绩，而且要发现和发展学生多方面的潜能，了解学生发展中的需求，帮助学生认识自我，建立自信。"这是新一轮基础教育课程改革的重要目标之一，综合素质评价的理念孕育其中。2002年底，教育部颁布《关于积极推进中小学评价与考试制度改革的通知》(教基[2002]26号)，提出："中小学评价与考试制度改革的根本目的是为了更好地提高学生的综合素质和教师的教学水平，为学校实施素质教育提供保障。"2004年，教育部办公厅印发《国家基础教育课程改革实验区2004年初中毕业考试与普通高中招生制度改革的指导意见》(教基厅[2004]2号)，提出："应对初中毕业生综合素质进行评价，评价结果应作为衡量学生是否达到毕业标准和高中阶段学校毕业和升学的重要依据。"至此，"综合素质评价"的提法首次出现，并明确将评价结果作为学校招生的重要依据。2008年，教育部颁布《关于普通高中新课程省份深化高校招生考试改革的指导意见》(教学[2008]4号)，再次强调："各地要加快建设在国家指导下由各省份组织实施的普通高中学业水平考试和学生综合素质评价制度，切实做到可信可用。"自此，一些省份开始普通高中综合素质评价试点工作。2010年，《国家中长期教育改革和发展规划纲要(2010—2020)》把"全面实施高中学业水平考试和综合素质评价"明确为战略需要，并对综合素质评价的基本理念和改革方向进行了充分肯定。2014年，国务院颁布《关于深化考试招生制度改革的实施意见》(国发[2014]35号)，明确提出2017年全面推进考试招生制度改革，到2020年基本建立中国特色现代教育考试招生制度，综合素质评价届时会成为学生毕业和升学的重要参考。2014年底，《关于深化考试招生制度改革的实施意见》的重要配套政策《关

① 肖磊，李本友. 综合素质评价的制度化：历程回眸与系统谋划[J]. 教育研究，2018 (4)：68-74.

于加强和改进普通高中学生综合素质评价的意见》(教基二[2014]11号)为普通高中综合素质评价提出了具体要求，全面系统地阐述了它的重要意义、基本原则、评价内容、评价程序、组织管理。全国各省、市、县、区、学校按照上述五个方面统筹布局，普通高中综合素质评价区本化实施拉开序幕。

多年以来，关于综合素质评价的理论探讨与校本化实施一直没有中断，当校本化实施到一定程度，基本证明普通高中综合素质评价的基本理念和导向是正确的，是值得继续推进的，此时，就需要对普通高中综合素质评价的校本化实施进行经验总结、问题反思，需要从区域层面对普通高中综合素质评价工作进行高位筹谋。所以，普通高中综合素质评价区本化实施很大程度上是在校本化实施基础上发展而来的。

区本化，改变了普通高中综合素质评价的校本实施结构，而且借助空间的重塑将潜伏的校本化实施问题与冲突逐步凸显。如前文所述，区域是根据需要(如管理、规划、研究、描述等)在地表划出的地理单元。它与“全球”相对，范围有大有小，既可以横跨省界、国界或洲界，也可以局限于某一更小的地理单元。区本化就是某种力量在空间上的影响不断扩大，同时在本土上的渗透不断深入的过程，包括面上的拓宽和点上的深扎。泛在(ubiquitous/ubiquity)即无处不在，主要表现为空间拓展，也可以说是去地化(delocalization)。再地化(relocalization)是以原“在地化”为基础[①]，再度审视和处理普通高中综合素质评价与区域教育发展的关系，积极加强和深化两者的紧密联系与合作，旨在服务中并通过服务获取地方大力支持，实现有力推进。所以，普通高中综合素质评价区本化实施有助于推进区域内影响的泛在化和服务的再地化。根据资源依赖理论，改革动力来自有限资源的争夺中获取的更大竞争优势。长期以来，由于垂直管理、条块分割、投入体制等原因，区域内学校、教育行政部门、社会组织等多利益主体之间关系相对疏离。要顺利实现普通高中综合素质评价区本化实施目标，需要与地方教育发展达到足够默契，主动融入、积极适应，在当前教育管理

① 王铭铭.从“当地知识”到“世界思想”[J].西北民族研究，2008(4)：60-82.

重心下移、市场机制引入、学校自主权增大的历史新阶段，从形式在地化逐渐迈向实质在地化，以综合素质评价改革理念的前瞻性、先进性，来感染、服务于地方教育发展和经济社会发展。这是构建高中阶段教育新的生态的有利契机，代表着综合素质评价改革新时代的战略格局。

结合以上分析，“普通高中综合素质评价区本化实施”是指在省级教育行政部门指导下，市、县、区各教育职能部门，对综合素质评价进行顶层设计、过程监管、反馈深化，促进区域内普通高中综合素质评价实施朝着规范化、常态化方向持续发展的过程。

如图2-2所示，普通高中综合素质评价区本化实施与省级方案和校本化实施都发生关系，是面对集权与松散的社会模式，即省级方案与校本化实施的张力之间的一种来回摇摆、不断游移，目的在于在较长时期内保持一种动态平衡，实现区本化实施的稳步前行。这是类似于埃德蒙·R.利奇（Edmond R. Leech）“钟摆理论”①描述的样态发展。

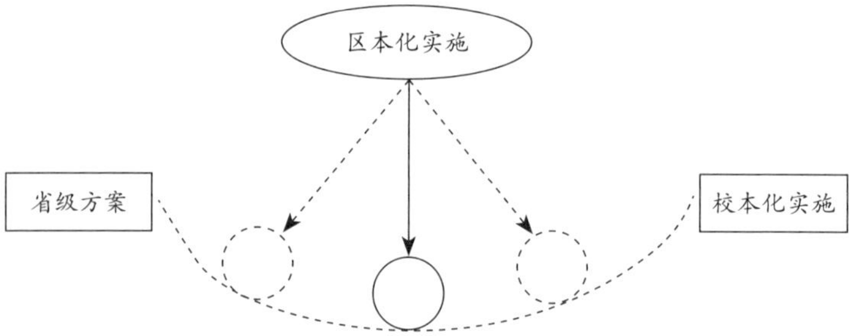

图2-2　概念中普通高中综合素质评价区本化实施的实践预设

知识的多或少并不过于重要，重要的是要促进知识范式的更新，在关键概念上有所突破，相继开展知识生产，进行制度创新。②通过对上述概念的逐步厘清可以得知：开放、协同、互促、可持续是“普通高中综合素质评

① 埃德蒙·R.利奇（Edmond R. Leech），英国语言学家、哲学家、政论家。他在《缅甸高地诸政治体系——对克钦社会结构的一项研究》中，提出了关于克钦政治制度的“钟摆模型”：克钦社会政治形态并不是稳定不变的，而是在民主的贡老制（gumlao）和专制的贡萨制（gumsa）之间来回摇摆，从而在较长时段内维持一种动态的平衡。社会变迁就是在这两极之间不断地摆动，这便是“钟摆”比喻的由来。这种平衡的核心在于描述出了“权力”的伸缩性特征，但这种伸缩性不代表随意性，相反，它受着社会文化的制约。

② 程亚文.新知识短缺的历史与今天[J].读书，2018（12）：3-11.

价区本化实施”这一概念的核心要义，它们规定了该研究主题的话语体系。如果我们能够思考为什么可以通过它们理解普通高中综合素质评价区本化实施，它们又该如何被教育改革的价值取向所解构，并对普通高中综合素质评价区本化实施产生什么样的影响，特别是它们之间具有什么样的内在关联，或许我们可以获得一个合适的视角，来理解综合素质评价改革的整体气质与发展历程。而在此之前，需要在以下几个方面对“普通高中综合素质评价区本化实施”进行厘清。

一是避免对概念的误读。首先，“区本”不是完全忽略“校本”，普通高中综合素质评价的工作重心仍然需要落实在学校，从“区本”出发，实际隐含着与校本的对比和关照。它是基于校本、在校本中但视域高于校本、重心服务于校本的一种区域层面全面统筹、全局协同、全力共进的系统化、宽视角实施。它所映照出的不是“校本”的过时，而是“校本”在面对普通高中综合素质评价实施新问题时的不充分与无力感，即主体有限、动力不足、效能难持续等，这正是新时代综合素质评价改革需要进行力量重构的问题环节。其次，区本化不只是教育问题。相对来讲，校本化实施属于较为“纯粹”的教育内部事宜，但当问题发展到需要得到“区本”层面关注的时候，就已经说明普通高中综合素质评价实施需要得到学校之外的多部门协调、多主体参与、多系统统筹，这是教育领域改革迈向纵深发展的重要体现，更是综合素质评价改革顺利推进的时代需求。再次，区本化问题不是同质性问题。“区本”是定义综合素质评价改革新问题的核心场域，但它并不必然得出普通高中综合素质评价实施面临同质性问题这一结论。“区本”场域与普通高中综合素质评价实施问题之间并没有必然的因果关系，每个区域的教情、学情都不一样，所以，在分析具体问题的时候，要从“区本”共性问题视角转向共性加个性的双重视角，规避“一刀切”的区本化实施模式对多元问题的武断认知与干预，这是有效治理普通高中综合素质评价区本化实施问题的应有立场。

二是明晰实践的边界。从战略意义上讲，“区本化”是综合素质评价改革的阶段性重点。作为改革的阶段性目标，对区本化实施相关问题的关注与探讨不能全面解决普通高中综合素质评价实施的所有问题。从现实角度出发，作为目标的区本化实施与作为策略的实施区本化并不完全对等。前者是综合素质评价改革新阶段中的新愿景，代表着需要得到关注的一系列新问题；后者是问题治理中的众多策略中的一种，体现了综合素质评价改革问题治理的多元路径。因此，普通高中综合素质评价区本化实施有着一定的能力范畴与研究边界，即有些区本化问题可以通过区本化实施得到解决，但有些不可以。这是客观认识问题、探讨问题、有效治理问题的基本站位。

三是功利化倾向相关问题的突显。普通高中综合素质评价区本化实施中的功利化倾向是指参与实施的功利性诉求大于实践可能时的状态。争取全社会广泛参与是普通高中综合素质评价区本化实施的战略需要，但这是把“双刃剑”，多元化的主体参与为综合素质评价改革集聚了大量资源，另一方面也增加了过程的复杂性，综合素质评价改革本身的价值取向需要得到更多层面的一致共识，各个主体的利益诉求都需要得到关照，需要有正当、合理的输出渠道，这为普通高中综合素质评价区本化实施带来了一定挑战。功利化倾向下的普通高中综合素质评价区本化实施难以从促进学生全面而有个性发展这一根本目的出发，对改革理念本身的科学性、长期性、复杂性难以给予充分的认识与理解，关注到的更多是方案实施的结果使用、即刻效能等。在高利害性的新高考制度背景下，这种倾向的直接后果是愿景期待受挫后对综合素质评价改革的不信任、不配合，一定程度上加大了整体推进与系统治理的难度。

基于以上分析，普通高中综合素质评价区本化实施研究需要厘清的主要认识是：它不是绝对意义上的以省级、市县区级为单位实施的普通高中综合素质评价，仍需关照校本化实施中的问题梳理与治理；它不能全面解决普通高中综合素质评价实施问题，仍需在综合素质评价改革的全过程做到全面分析与探讨；它需要争取多种社会力量但仍需以学生全面而有个性的发展为行为意义，这应该是多主体利益表达的核心要义，且只能加强，不能弱化。本研究重点关注的是以培养学生全面而有个性发展为旨归的普通高中综合素质评价区本化实施。

二、普通高中综合素质评价区本化实施的发展历程

从发展历程上看，普通高中综合素质评价区本化实施与校本化实施不是递进关系，而是同步推进的关系。综合素质评价改革初期，国家颁布相关文件，各省市出台实施方案，各市县区全面领会并将改革理念落实到每个学校，这是综合素质评价改革的系统运作，区域与学校在协作共进中逐步实现普通高中综合素质评价的规范化与常态化。所以，校本与区本的协同发展从未终止，只是在综合素质评价改革的新阶段，相关问题逐步突显，需要区域层面加大力度，统筹联动，这正是改革长期性与复杂性的彰显。

由于每个区域教情与省情的不同，导致普通高中综合素质评价区本化实施成效不同。为了避免陷入林林总总的具体细节，本研究以教育部相关文件颁布之后各省市相关实施方案的出台为准，对普通高中综合素质评价区本化实施的发展历程进行梳理。大致来讲，主要分为三个时期，即2002至2006年的准备期，2006至2014年的初步探索期，2014年至今的逐步规范期。

（一）准备期（2002至2006年）

2002年教育部颁布《关于积极推进中小学评价与考试制度改革的通知》（教基［2002］26号），从政策导向上来讲，文件中“提高学生的综合素质”的提法，为随后“综合素质评价”概念的逐步明确孕育了思想基础。2004年，教育部办公厅印发《国家基础教育课程改革实验区2004年初中毕业考试与普通高中招生制度改革的指导意见》（教基厅［2004］2号），首次提出“综合素质评价”，并明确将评价结果作为学校招生的重要依据。从2004年9月开始，山东、广东、海南与宁夏四省区的高一新生率先进行普通高中新课程实验，并要求在2007年出台省级高考方案，由此，拉开了我国普通高中新课程背景下新一轮高考改革的帷幕。总体来讲，2002至2004年的综合素质评价实施主要集中在初中阶段。

2004至2006年，主要是从初中综合素质评价到高中综合素质评价的实施准备期。依照教基［2002］26号的文件精神，以及教育部《关于印发〈普通高中课程方案（实验）和15个学科课程标准（实验）的通知〉》（教基

[2003]6号)和《关于进一步加强普通高中新启明星实验工作的指导意见》(教基[2005]6号)的要求，广东省印发《〈普通高中学生综合素质评价方案(试行)〉的通知》(粤教研[2006]10号)，要求从2007届毕业生开始实施。

总体来讲，21世纪前后，各省市基本都在进行着新一轮基础教育课程改革，综合素质评价的基本理念与新课程改革一脉相承，所以，能够在很多省市的改革举措中或深或浅地找到探索综合素质评价的踪迹，综合素质评价的概念就在这些踪迹中得到逐步显现、界定。2002至2006年，综合素质评价区本化实施集中在初中阶段。广东省、陕西省、湖南省、河南省、江西省等都有积极回应，且在具体实施中，陕西省的综合素质评价电子信息收集说明已有对评价信息规范收集、集中分析的萌芽式理解。这种实施方式方法上的创新举措为随后普通高中综合素质评价的区本化推进储备了力量、准备了条件。

(二)初步探索期(2006至2014年)

2006年，广东省印发《〈普通高中学生综合素质评价方案(试行)〉的通知》(粤教研[2006]10号)，开启了国家政策导向下个别省份初步探索的步伐。2008年，教育部《关于普通高中新课程省份深化高校招生考试改革的指导意见》(教学[2008]4号)明确提出，把普通高中学生的综合素质评价纳入高校招生选拔评价体系，为其招生选拔提供参考。自此，各省区市从义务教育新课程改革阶段进入高中新课程改革阶段，普通高中综合素质评价区本化实施工作也随即进入初步探索期，湖北、安徽、四川、江西、甘肃、青海、辽宁、贵州等省区市都有了程度不同的区本化实施举措。总结起来，主要体现在以下几点：

1.组建领导机构，统筹普通高中综合素质评价区本化实施

国务院办公厅《关于深化考试招生制度改革的实施意见》(国发[2014]35号)的颁布，充分体现了国家对普通高中综合素质评价的重视。由于文件提出将其纳入高校招生制度中，各省区市都开始颁布各自的试行方案，并且开始在普通高中综合素质评价工作领导机构组建上有了通盘考虑。例如，2009年是安徽省实行普通高中新课程实验后首届毕业生参加高考之年，为做好此项工作，铜陵县教体局成立了由局长任组长、局领导班子成员任副

组长、相关股室负责人为成员的全县普通高中学生综合素质评价领导小组。合肥市普通高中综合素质评价领导小组对所辖三县相关工作的机制构建也做出了积极部署，三县教育局分管局长、基教科长、教研室主任（中教室主任）、技术负责人员，全市（含三县）各普通高中分管校长、教务主任、技术操作人员都在此列。2014年，上海市中小学生综合素质评价工作领导小组的组建，吸纳了市委宣传部、市文明办、市科委、市文广影视局、市体育局、团市委、市科协等部门，共同为学生志愿服务（公益劳动）、体育艺术科技活动、研究性学习等活动提供支持，集全市合力统一筹谋综合素质评价区本化实践规划。

2.多主体参与，助推普通高中综合素质评价区本化实施

争取更多主体参与，并在正式文件中明确分工，落实职责，湖北省普通高中综合素质评价实施在这一点上做出了较好示范。2009年，湖北省政府印发《普通高中课程改革实施方案（试行）》（鄂政办发[2009]63号），把开展学生综合素质评价作为高中课程改革的重要内容之一，各地教育行政部门、学校、教师、学生、家长和社会各方都要承担起相关的责任。[①]山东省以专项督导为抓手有效监管综合素质评价区本化实施，坚持把政府督导评估作为政绩考核的重要指标，力促实施素质教育成为各级政府的自觉行动。同时，各市教育局借助外力，引进第三方，即由退休的老校长、老督学组成的督导巡视团参与教育改革，使得教育改革更具公正、公平、透明、高效，对普通高中综合素质评价区本化实施是一种积极监管。2014年起，山西省教育厅用2至3年时间，统筹协调多种资源、力量，选择部分市、县和若干所学校开展基础教育教学改革试点工作，此项工作结合综合素质评价的改革与探索等十个方面的课题研究，以课题研究引发普通高中综合素

① 文件指出：各级教育行政部门主要负责学生综合素质评价工作的政策解读与宣传，本地评价工作的全面指导与监管，完善工作机制，联合相关部门、行业对学生综合素质评价实施过程中的违信行为进行追责。各普通高中负责学生综合素质评价工作的组织实施，学校校长是综合素质评价工作的第一责任人，具体负责制订本校学生综合素质评价工作实施方案和细则，建立工作制度和机制，宣传和解读评价政策和细则，对教职工、学生及家长组织培训，组织、指导学生有序进行写实记录，对记录内容的真实性进行审核，对举报事项进行核查，对学校教职工在学生综合素质评价实施过程中的违信行为进行追责等。

质评价深度思考，山西省稳妥实施普通高中综合素质评价的举措可以是一个有效借鉴。

3.重过程管理，夯实普通高中综合素质评价区本化实施

2008年，潍坊市教育局通过职能转变，把社会上的教育需求直接传输到教育局的中枢系统，建立指导、督导、疏导“三导”并进工作模式，这一模式提升了综合素质评价的科学性、规范性，取得了良好成效。具体地讲，即：

重视“指导”，促进工作高效运行。每学年一份责任书、一本工作指南、一次示范校经验介绍、一次业务培训，以“四个一”引领各学校制订既符合规定又各具特色的评价方案，打造全区综合素质评价工作“既有高原，又有高峰”的良好局面。

强化“督导”，强化评价过程监管。区教育局每学年通过第三方机构对各校综合素质评价工作进行一次全面督导，及时解决问题，每学年组织一次校际互查，区内学校间交流学习，将各校综合素质评价工作纳入学校年度重点教育工作督导评估。

加强“疏导”，保证结果公平公正。构建区、校、班家委会三级咨询公示机制，将评价过程制成思维导图，确保综合素质评价工作过程和结果更加公开、透明。①

总体来讲，在这一阶段的普通高中综合素质评价实施中，各省区市已经意识到区域统筹、协调的重要意义，并为此做了诸多初步探索。

（三）逐步规范期（2014年至今）

2014年，国务院办公厅下发的《国务院关于深化考试招生制度改革的实施意见》（国发［2014］35号）、教育部颁布的《关于加强和改进普通高中综合素质评价的意见》（教基二［2014］11号）事关综合素质评价工作的规范和落实。以此为分水岭，综合素质评价改革进入了一个新的历史阶段。这一时期里，各省市基于前期积淀，在普通高中综合评价区本化实施上逐步规范，通过工作机制构建、实践模式总结等方式体现着各自的思路创新与智慧凝聚，为普通高中综合素质评价区本化实施树立了良好的典范，其

① 高新区教育局强化“三导”并进规范学校综合素质评价［EB/OL］.（2018-01-16）［2018-02-10］.http：//www.wfjyxxg.com/XWZX/JYXX/201801/t20180116_2722519.htm.

中较为突出的实施方式有以下几种：

1.规范区本化实施平台机制建设

2015年，河北省启动普通高中综合素质评价平台建设，2017年投入使用，同时对报送信息的管理人员进行了逐级要求（如表2-2所示）。规范、高效的机制构建标志着河北省普通高中综合素质评价区本化实施开始进入正式运作。

表2-2　河北省普通高中学生综合素质评价电子平台管理人员构成①

	主要类别	具体构成
1	市级教育行政部门管理人员	1名主管副局长、1名基础教育处（科）长、1名负责普通高中综合素质评价的工作人员。
2	县（市、区）教育行政部门管理人员	1名主管副局长、1名基础教育科（股）长、1名负责综合素质评价的工作人员。
3	普通高中学校管理人员	1名校长、1名主管副校长、1至3名负责综合素质评价工作人员。
4	1名普通高中学校心理教师。	

福建省以平台构建驱动专业提升，在制定本省实施办法时，即要求呈现的电子表格需直观反映学生五个维度发展情况、突出表现，真实反映学生在校三年学习生活中取得哪些进步，具有哪些个性特点和存在的不足。各级教育行政部门可通过系统对各地和学校实施过程进行监控。同时，福建省也鼓励有条件的地方和高中学校根据自身办学理念和特色发展需要，自主研发电子化评价平台，并与省级管理系统实现对接。总体来讲，福建省省级电子管理系统重在信息管理，地方和学校系统重在多校化发展。两者分工明确，合力推进，实施有效规范管理，促进学校个性化探索，促进教师专业成长与提升。

2.促进区本化实施资源整合

2015年，辽宁省启动普通高中教育教学改革典型学校评选工作，用三

① 河北省教育厅.关于做好普通高中学生综合素质评价电子平台管理人员信息上报工作的通知[Z].冀教基函[2017]29号.

年时间评选35所左右“辽宁省普通高中教育教学改革典型学校”，其中第三类重点关注综合素质评价的开展，为普通高中综合素质评价实施树立了良好典型。2016年,《张掖市普通高中学生综合实践活动实施方案(试行)》以“三个统一”推进普通高中学生综合实践活动，探索建立综合实践活动、综合素质评价和研学旅行融合的工作机制。①

3.营造区本化实施积极氛围

重视媒体反馈，以积极的社会舆论为教育改革造势，是山东省教育改革取得不凡成绩的有效做法。作为教育领域改革的有效组成，综合素质评价改革受益于这种积极的舆论引导，客观上为普通高中综合素质评价区本化实施营造了健康的氛围，强化了理念认同，夯实了群众基础，有效加快了实施进程。

总体来讲，这一时期的普通高中综合素质评价实施重点较为分散，除了上述各省、市、区的积极落实外，湖北省、江西省、河南省、海南省、四川省、陕西省、贵州省、广西壮族自治区、安徽省、天津市等区域都相继发布了各自的普通高中综合素质评价实施办法，提出了具体的指导意见，并有相应的监督落实措施。2019年6月19日，国务院办公厅印发《关于新时代推进普通高中育人方式改革的指导意见》(国办发[2019]29号)，明确提出要完善综合素质评价，使其作为发展素质教育、转变育人方式的重要制度，并强化其促进学生全面发展过程中的重要导向作用。综合素质评价改革深入推进迫在眉睫，普通高中综合素质评价区本化实施亟须顺势而为。

① 统一整体推进：立足一县一高中的实际，统筹学校教育与校外教育衔接，重点在张掖市中小学生示范性综合实践基地(下称基地)集中开展全市普通高中学生综合实践活动。统一课程实施：充分发挥基地资源优势，将综合实践活动领域三大科目细化为学军教育、生活教育、生命教育、拓展训练、德育活动等八类课程，着力培育和践行社会主义核心价值观，全面提高学生勇于探索的创新精神和善于解决问题的实践能力。统一考核评价：以《甘肃省普通高中新课程学分认定指导意见》为依据，规范学分认定。基地认定综合实践活动领域必修23个学分中的13个学分，学校认定2个研究性学习科目的10个学分，由基地统一考核颁发由市教育局验印的《张掖市普通高中学生综合实践活动课程合格证》，为每个学生建立电子档案，完整记录学生综合实践活动和参加各类课程的过程性资料，顺应新一轮高考改革，为综合素质评价工作奠定基础。预计到2020年，全面建立涵盖基础教育的综合实践活动、综合素质评价和研学旅行融合的工作机制，促进学生全面发展。

第三章　普通高中综合素质评价区本化实施的理论基础

普通高中综合素质评价区本化实施是一个复杂系统，需要理论引领，需要规律找寻，需要趋势研判，需要跨学科借鉴，发现新的理论生长点和实践出发点。结合研究主题，本章节着重对协调发展理论、多中心治理理论、自组织理论进行主要观点梳理，并对它们指导下的普通高中综合素质评价区本化实施应然状态进行探讨。

一、协调发展理论

（一）主要观点梳理

协调发展理论发轫于区域发展问题，而区域发展问题又来源于区域经济问题。以1826年德国农业经济和农业地理学家杜能（Thunnen）的著作《农业和国民经济中的孤立国》（第一卷）的出版为标志的区位论是对区域经济问题的最初研究。20世纪50年代末60年代初，米达尔（Myrdal）“累积因果论”（1957）、赫什曼（Hirrshman）“核心与边缘区理论”（1958）和艾萨德（Isard）“国家干预政策”（1960）中的关键词“核心与边缘”预示着“协调”是区域发展的必然[①]，对现代区域经济研究产生了较大影响。从国内来讲，1994年，国务院发展研究中心在《中国区域协调发展战略》中正式提出“区域协调发展”理论战略。新时代背景下，习近平在十九大报告中提出“新发展理念”，即创新、协调、绿色、开放、共享，这是消解我国当前人民日益增长的美好生活需要和不平衡不充分的发展之间的社会主要矛盾的制胜法宝。关于“协调”的新时代内涵体现在生产角度而非市场供求角度。[②]

总结起来，与本研究相关的协调发展理论主要有以下三类：

1.强调要素协同

这一类主要体现在区域内或区域间相互制约、相互促进的机制运行上。熊德平、朱银芳(2003)认为：协调，是指尊重客观规律、把握系统相互关系原理，以此为基础实现总体目标，建立有效的运行机制，综合运用多种方法，依靠科学组织和管理，使系统间的相互关系达到理想状态的过程。[③]所以，协调发展的关键在于依靠这种机制对各构成要素进行自我调节，并依托科学、适度的国家干预，实现区域整体的健康发展。

关于区域内、区域间协调发展的差异，王文锦(2001)认为，所谓“区域内协调发展”，是指在开放条件下，区域内各个领域、各项事业相互适应、有序发展的一种状态和过程。[④]区域间协调主要包括两个方面：一方面是差距协调。从发展角度来看，均衡是相对的，非均衡是绝对的，但只要区域间的差距在可控范围内，就可以实现协调发展。另一方面是结构协调，即各区域在要素差异的基础上构建体制结构，统筹联动实现各自起点之上的比较发展。这里，对于区域间协调发展来讲，差距协调是基础，结构协调是保障。区域间协调发展的主要内涵在于：区际运行机制与布局的协调化、区际发展时序的协调化、区际政策制定的适切化、区际基本公共服务的均等化。

2.关注差异性

这里的“差异性”主要指发展过程中的不平衡状态。上述的要素协同

---

① 王文锦.中国区域协调发展研究[D].北京：中共中央党校，2001：4.

② 陆夏.“新发展理念”的马克思政治经济学解读[J].厦门大学学报(哲学社会科学版)，2018(5)：1-8.

③ 熊德平，朱银芳.经济发展中制度创新的逻辑[J].求是学刊，2003(3)：59-64.

④ 王文锦.中国区域协调发展研究[D].北京：中共中央党校，2001：45-55.

意味着区域内、区域间各要素之间相互支撑、流通顺畅，这是实现区域可持续发展的重要前提。但另一方面，如果不协同，各要素之间就会相互掣肘、僵化呆板，即出现“差异”。所以，也可以说，“协同”与“差异”是协调发展理论中的两个具有相对意义的重要方面。当前对“差异性”的理论诠释主要集中在三个方面：一是指从不平衡中求得相对平衡，并积极抑制差距扩大趋势；二是指基于合理分工和利益协调的统筹规划；三是对它的意义解读，即旨在消除差异的区域协调发展是社会政策中永恒主题之一。

王文锦（2001）对以往的区域协调模式进行了总结、分析（如表3-1所示），对本研究有很大启发。

表3-1 区域协调发展的主要模式①

类型	主要观点
传统的社会主义经济体制下的模式	1.本质：计划型区域协调模式。主要通过国民经济综合计划、部门计划、区域计划等实施。 2.特点：高度的计划控制、推行平衡发展战略、排斥商品经济、经济效益居于次要地位、对外封闭。 3.优点：促进了内地经济的迅速发展，沿海地区经济得以巩固和提高，建立了地方独立的工业体系，促进了各个地区的综合发展。 4.不足：高度的计划控制降低了宏观经济管理效率，不适当地推行平衡发展战略，容易出现冲击经济的现象，忽视与国外、区外的联系，过于封闭。
完全市场型	1.本质：新古典模型。 2.特点：完全自由竞争，充分利用生产要素，资本和劳动力能自由流动。 3.优点：认识到了市场对于区域协调的重要意义。 4.不足：只是理论假说，缺乏合理性，且认为完全利用市场即可解决区域差异。
政府干预型	1.本质：非均衡区域协调模式。 2.特征：市场协调基础上，政府必须予以干预。 3.优点：强调了区域初始优势的差异性，强调了对区域差异实行政府干预的必要性。 4.不足：把累积因果循环视为规律或共同模式，但影响区域差异的因素是多元的、复杂的。

① 王文锦.中国区域协调发展研究[D].北京：中共中央党校，2001：27-36.

续表

类型	主要观点
社会主义市场经济条件下的模式	1. 本质：有中国特色；目标：共同富裕。 2. 手段：以示范效应、扩散效应，帮助落后地区发展，达到共同富裕。 3. 方式：设特区、开放区，实行财税体制改革，先富的支持贫困的，加快内陆地区的发展，实施社会主义国家的宏观调控。

如表3-1所示，协调发展理论对“差异化”有具体讨论：一方面，系统内或系统间均衡问题解决有赖于各要素的利益关系调整，差异过大，会导致各要素之间利益关系的严重失衡，甚至引发或加剧社会矛盾和冲突，这是当前社会发展大局所不容的；另一方面，又必须允许甚至需要多样化共存，毕竟需要“被推进”的不单纯是一个模板、一种模式，更多是一种理念或愿景，全面中彰显个性，个性中蕴含全面。所以，它是适度、相对的差异，而非极端、绝对的平衡。

3.关注可持续发展

协调发展理论的根本旨趣在于可持续。这一观点最初源于对环境保护的关注，但随着时代发展，它的内涵早已超越了“环境保护”这一讨论范畴，当前它所揭示的“自然—社会—经济”复杂系统运行机制，同时关涉到了经济、社会与人口、资源、环境的和谐发展。

学界普遍接受的关于可持续发展的最早定义源自世界环境与发展委员会的调查报告《我们共同的未来》：“可持续发展”指既满足当代人需要，也不损害后代人满足其需要的能力的发展。[①] 从这一定义可以看出：“可持续”是“协调发展”的最高诉求之一，“协调”要尊重“以人为本”客观规律，顾及当代人，即“代内协调发展”，还要顾及后来人，实现“代际协调发展”。在此基础上，空间（包括地理空间、产业领域等）上的“协调”也同样重要。这就意味着，系统间的“协调发展”，不是孤立存在的，而是置于整个人类社会“可持续发展”的大系统之中的“协调”与“发展”。

① 王文锦. 中国区域协调发展研究［D］. 北京：中共中央党校，2001：83.

“可持续”是每个时代的发展关键，新时代背景下更是如此。2015年9月，联合国发展峰会在2015年后发展议程中指出：教育是促进人类实现可持续生存和发展的最终途径，是实现2015年后发展议程目标的关键因素。联合国教科文组织（UNESCO）于2019年4月举办了联合国青年论坛（UN Youth Forum），重点围绕青年参与、公民政治、经济生活、可持续发展等相关领域进行了探讨。可持续发展目标2030年教育指导委员会（SDG-Education 2030 Steering Committee）青年代表维多利亚·伊毕沃耶（Victoria Ibiwoye）指出：作为可持续发展的关键驱动，包容性教育对建设和平、可持续、有韧性的社会具有关键意义。

所以，可以认为，协调发展理论对于可持续发展的关注，其理论前提是健康的经济发展应当以生态可持续能力、社会公正和人民积极参与自身发展决策为基础。可持续发展，关键在于正确规范“人与自然”“人与人”之间的关系。[①]这种“关系”处理是协调发展理论所强调与倚重的。

那么，什么样的可持续状态能够称为“协调”？“协调”常常意味着一个最优化的状态，所以，从一定程度上来讲，它又是主观心理感受的一种结果，如此一来，协调的量值，即达到多大的数字才算“协调”，或者说才具备可持续能力，就变成了一种难以计算的主观感受。在很多场合，掌握适当的“度”是至关重要的。以社会协调发展为例，“度”的下限应是各区域经济普遍有所增长，上限是保持国民经济、政治、社会秩序的基本安定，即区际差异不再拉大或把扩大的幅度控制在较低点上。这是一种稳步发展中的质量提升。王文锦（2001）认为，可持续发展的三个明显的特征也在表达“度”[②]，即：首先，它能表达并衡量一个国家或区域的“发展度”，相对强调量的概念即财富规模的扩大；其次，它能表达并衡量一个国家或区域的“协调度”，相对强调内在的效率和质的概念；再次，它能表达并衡量一个国家或区域的“持续度”，即判断一个国家或区域在发展上的长期合理性。

① 王文锦．中国区域协调发展研究［D］．北京：中共中央党校，2001：83．
② 王文锦．中国区域协调发展研究［D］．北京：中共中央党校，2001：83．

（二）对普通高中综合素质评价区本化实施的指导作用

1.普通高中综合素质评价区本化实施应该强调各要素相互协调、协同发展

区本化实施是特定制度环境和体制条件的产物，需借助一定的体制机制来实现。协调发展理论指导下的普通高中综合素质评价区本化实施需要机制内部各要素之间相互依存。这是一种各层级相互交流、各职能部门信息共享、各项工作齐抓共进、各专题互学互鉴，从理念到实践的融会贯通。更重要的是，它应是一个从不协调到协调，再从低端协调到高端不协调直至高端协调螺旋上升的动态发展过程。这一过程中，普通高中综合素质评价区本化实施工作整体运行状态最优的突出表现是：首先，区本化实施工作各职能部门具备较强的自我发展潜能，且与工作需求能力之间的差距保持在一个可控限度内且逐步呈现缩小趋势；其次，普通高中综合素质评价区本化实施促进了区域教育发展；再次，各职能部门的比较优势得到了有效发挥；另外，实施工作的推进不以牺牲其他工作为代价。

各要素相互协调、协同发展还意味着普通高中综合素质评价区本化实施应当实现以下目标：在国家统一颁布的综合素质评价实施意见指导下，统筹谋划与区域教育发展相协调、相适应的各省、市县区综合素质评价实施指导意见；组建普通高中综合素质评价工作领导机构，顶层设计区本化实施程序与规划；构思合理的相关配套改革措施，合力共促区本化实施目标的有效达成；进一步明确区本化实施在综合素质评价改革中的重要意义，逐步形成政府、企业、学校、教师、家长、学生等协同参与、共建共享的实施局面；等等。

2.普通高中综合素质评价区本化实施要以实现综合素质评价改革可持续发展为主旨

综合素质评价常态化、规范化实施是普通高中综合素质评价区本化实施的主要目标。在协调发展理论视域下，这是综合素质评价改革与社会发展相适应，从而实现可持续发展的重要表征，可以从两个方面来说明：首先，十余年来，综合素质评价实施持续到了一定阶段、一定规模，需要进行经验总结、问题反思，需要从省级、设区市级、县区级这些更大的场域

与更广的视角对综合素质评价可持续发展进行必要性、可能性、可行性探讨与论证。所以，普通高中综合素质评价区本化实施的实践起点就在于为“可持续”做检验、做解释、做证明。其次，普通高中综合素质评价区本化实施也体现着综合素质评价改革的科学性、规范性。可持续发展观与科学发展观同属协调发展理论的两大最高理念，两者相互印证、互为因果。因为有了综合素质评价改革的科学布局、规范路线，才有了普通高中综合素质评价区本化实施可持续发展的可能与可行，才有了改善评价生态的可能与可行。这是协调发展理论对普通高中综合素质评价区本化实施指导意义的最高体现。

普通高中综合素质评价区本化实施如何才能利好于综合素质评价改革的可持续发展？协调发展视域下，可持续发展是一个包含人、自然、社会相统一的物质过程，是可持续经济发展、可持续社会发展和可持续生态发展三方面的统一体。[①]同时，它还是一个具有可操作性的动态研究。据此，应当针对区域发展的不同特点进行分析研究，关注区本化实施与社会发展的关系；关注该理论视域下教育改革区本化实施整体规划、顶层设计的实然与应然及其可持续发展；拟订近、中、远期的发展规划或在区本化实施的不同阶段有不同的工作重点，使综合素质评价区本化实施在遵循一般社会发展规律的同时，也具有自己的历史演进轨迹以及发展方向。即：在综合素质评价改革的顶层设计下，综合素质评价实施采取“非常态—常态”战略，常态是目的，非常态是手段，通过非常态的不断试错、反思、总结，实现可持续的常态发展。

3.普通高中综合素质评价区本化实施工作需要更多统筹联动

区本化实施是一个系统工程，它的基本目标在于与区域教育发展总目标相互协调，这一点是区域经济、政治、文化各领域协调发展的结果，任何一方的缺位都会导致畸形发展。所以，协调发展理论视域下，普通高中综合素质评价区本化实施工作的顺利开展需要强化组织领导，需要强化协同联动、示范引领。

① 王文锦.中国区域协调发展研究［D］.北京：中共中央党校，2001：84-85.

普通高中综合素质评价区本化实施工作需要系统统筹，这对于区本化实施工作本身是一种条件保障。“统筹”，彰显的是一种格局意识。“先行先试”“先试点再推广”的改革思路意味着区本化实施只是“发展”这盘大棋中的一个阶段性目标，最终目的在于稳中求进，在于统筹布局，在于各地、各级、各类教育协同发展，实现教育整体提升，这才是区本化实施的最大愿景。故此，区本化实施相关问题的有效治理有待于抓源头、究差异、促均衡，以推进为抓手，以精准为原则，以创新为目标，多措并举、统筹联动，这是协调发展理论对当前普通高中综合素质评价区本化实施的理论规定与实践指向。

普通高中综合素质评价区本化实施中的教育统筹，是一种包括中央在内的省级、市县区级的教育统筹，所以，必须正确解读国家层面综合素质评价相关文件，全面领会国家综合素质评价政策导向，同时充分了解区域层面综合素质评价实施现状，正确认识国家要求与省级、市县区级区域现状的差距，精准把握综合素质评价区本化实施的挑战与问题。综合素质评价区本化实施的政策制定与实施，必须与国家教育宏观政策相互衔接并充分考虑区域经济社会发展决策部署和教育改革发展需要，这是一种战略格局，需要中央、省级、市县区级全面协作、统筹联动，以区本化实施打造教育新秩序、改善教育生态、带动教育发展，以教育发展开创教育事业新局面。

二、多中心治理理论

（一）主要观点梳理

20世纪90年代初，“治理”（governance）一词在国际关系及世界政治类研究中频繁出现。奥斯特罗姆教授夫妇（Vincent Ostrom，Elinor Ostrom）提出“多中心理论”。该理论认为，私有化不是进行公共事务治理的唯一方案，政府与市场之外存在新的有效路径，即：通过社群组织自发形成的多中心自主治理结构、以多中心为基础的新的“多层级政府安排”具有权力分散和交叠管辖的特征；多中心公共论坛以及多样化的制度安排，可以最大限度遏制机会主义，确保公共利益持续发展。国内通常把上述的“多中心理论”译为“多中心治理理论”。俞可平（2000）认为，国内“多中心治理”的研究点在于“善治”，即关注“公民社会”理论的发展，政府与公民社会合作管理公共生活，以达到“善治”。[①]“善治”理论强调国家权力向社会的回归，即还政于民，是一个公共利益最大化的社会管理过程，其本质在于打造政治国家和公民社会的最佳共处状态。

所以，多中心治理的关键是在各方达成共识的基础上构建新型社会关系，转变政府职能，以系统完备、科学规范、运行有效的制度体系，达成职能边界清晰、多元主体“共治”的社会格局。它的核心旨趣是使政府、学校、企业、家庭等教育利益相关者边界清晰、独立运作，同时又能沟通协商、相互支持，从而达到分而不离、合作共赢。

总体来看，该理论与本研究有相关意义的主要观点如下：

1.强调在秩序中共建共享

对共建共享的强调首先是从摈弃公私之分，把公民利益与国家利益有效“捆绑”开始的。1973年，美国学者列维特（T. Levitt）提出“第三部门”的概念，它是“治理理论”的理论渊源。这一概念突破了传统的“国家—社会”二元结构桎梏，首次把市民社会与国家统筹联系在一起，建构起“政府—经济—社会”三元结构，使市民与国家从理论到实践都实现了逻辑统一。具体来讲，这一概念不再把社会组织简单分为公共与私有，而是强调了处于政府与私营企业之间的社会组织对社会发展的重要性，这些组织被称为“第三部门”，它们活动于政府与私人企业之间，发挥着独有且不可替代的社会职能。

随后，在对社会秩序的价值预设与追求中，共建共享的观点从理论上得到进一步升华。波兰尼（Michael Polanyi）在《自由逻辑》一书中区分了社会的两种秩序：一是指挥的秩序，又称为设计的秩序或是一元化的单中心秩序，凭借终极权威，并通过上级指挥与下级服从维系着社会的协调与运转、分化与整合；二是多中心秩序，它与指挥的秩序相对而言，在这种秩序中，一般规则体系是一种有着广泛社会认同的总体框架，在此框架中，各行为单位相互独立，自由追求各自利益，又相互调适，在社会的一般规

① 俞可平.浅论政治学和政治制度[J].学术界，2000（3）：187-192.

则体系中找到各自的定位，从而实现相互关系的整合。单中心政府结构存在制度缺陷与科层弊端，由此产生社会秩序混乱，而多中心治理可以提供不同视角的制度供给与潜在的结构补救，所以多中心治理需要更多对自发秩序的尊重，需要更多对自主力量的尊重，需要更多的“多中心”。

随着社会的不断发展，“共建共享”对多中心治理的理论贡献在多个研究领域得到持续论证。基于对局部公共事务如警察服务、池塘资源管理治理的自组织机制、公共经济生产与消费属性等方面多年实证研究，奥斯特罗姆教授夫妇提出了“多中心理论”，这是他们运用制度理性选择学派的观点提出的。他们认为，大城市公共事物“混乱”的背后存在着“看不见的手”，无时无刻不在调节着公共事物的运转，实现着一定的秩序，但这种秩序异常复杂。多中心的社会框架下，大、中、小规模政府与非政府组织竞争合作，在实现秩序的同时发挥着高绩效。

由此可见，多中心治理是在多中心秩序中实现共建共享，它倡导多主体参与，以合作、协商的方式处理问题和矛盾，这就从根本上强化了参与者的主体意识，可以更好地回应社会的重大关切和期待，是一种更为先进的现代治理方式。

2.重视问题治理管理模式

相对于自上而下或自下而上的单途径管理，多中心治理是理论上的创新和实践上的突破。“治理”与“管理”，只是一字之差，但它转变的却是从理念到行为的很多方面，甚至影响着整个社会运转的固有秩序。它强调着眼于系统，依据法规，从问题源头综合施策，进而形成自由开放、方便快捷、充满活力的社会发展空间。这是一种解决问题的新型路径，也是多中心治理理论的基本旨趣，可以为解决社会争端、促进社会良性发展、应对共同挑战提供理论启示。

西方治理理论的主要代表人物格里·斯托克（Gerry Stoker）总结了治理理论的五个基本要素①：一是治理指的是一套公共机构和行为者，它们出自政府但不限于政府；二是治理明确了解界限及模糊之点；三是治理理论

① 陈瑞莲，杨爱平.从区域公共管理到区域治理研究：历史的转型[J].南开学报(哲学社会科学版)，2012(2)：48-57.

明确肯定公共机构之间存在着权力依赖；四是治理属于行为者网络的自主自治；五是政府并不是国家唯一的权力中心，政府的权力或权威不能确保治理有效，需要不断进行技术创新。格里·斯托克还指出："治理"对传统的国家和政府权威提出了挑战①，各种机构（包括公共的和私人的）只要其行使的权力得到了认可，就可能成为不同层面上的权力中心。

问题治理的基本要素规定了这一管理模式的实施要点。首先从强调职能部门领导核心作用上做起。这一模式改变了传统的政府包揽式管理模式，体现出由政府主导、社会共同治理的基本理念，并强调要充分发挥各级职能部门的领导核心作用，即总揽全局、协调各方、拓宽渠道、整合资源，确保多中心治理的正确方向，同时，还要求积极参与到多中心治理的各个方面和环节，以便发挥各级职能部门的主导作用，在履行各自的基本职能的同时，又确保互不越位、错位、缺位。其次，重源头重预防也是"治理"中的关键环节。问题的有效治理需要从问题源头着手，改事后处置为事前预防，并以社会化服务为方向，凭借基层综合服务管理平台，把社会治理触角延伸到社会末梢，通过网格化治理及时了解、协调社会各方面各层次的利益诉求，有效预防、缓解、化解社会矛盾。这同时也是"多中心治理"所强调的标本兼治、重在治本的重要体现。再次，从"管"到"治"的实现还需要多种手段的综合运用。例如：以道德力量规范社会环境；以利益调节解决矛盾冲突；以关系协调强化道德约束，把法治与德治结合起来，发挥道德力量的示范和引导作用；等等。所以，它对于机制运行的社会环境与氛围有较多重视，倡导既有统一意志又有个人观点，认为社会公益与个人的合法权益同等重要，都需要维护与尊重。所以，在调节利益关系时，应该以民主方式、服务方式，在对话基础上化解矛盾、解决问题。

（二）对普通高中综合素质评价区本化实施的指导作用

1.普通高中综合素质评价区本化实施应强调多中心格局

多中心治理理论视域下的普通高中综合素质评价区本化实施应具备多中心格局，因为在实践中，它是一个需要多主体参与协调、多领域相互关

① 范晓娜.博弈视角下的多中心治理模式研究[D].南京：南京农业大学，2007：12.

涉的复杂的、系统的、综合的问题治理工程，必须在广泛社会支持基础上，经过整体规划、融合众智形成强大的合力和持久的动力，才能保障普通高中综合素质评价区本化实施各项任务的顺利推进和有效落实。

（1）多主体共同参与

具体来讲，教育行政部门的主体作用主要表现在成立普通高中综合素质评价区本化实施领导机构，解读改革理念，结合区域实际，集思广益制订区域方案，并对全区实施工作进行统筹规划，整体布局。学校是普通高中综合素质评价校本化实施的关键场域，校长负责把核心理念落实在学校管理的主要环节，引领教师充分利用各种资源，开展个性化的实践探索。教师是综合素质评价理念的积极践行者，重在将理念与教育教学实践有机融合。学生既是被评者，也是评价者，在他评与自评中对自己有着更为全面的认识和更有个性的发展。家长的配合与理解对于学生全面而有个性的发展，对于学校综合素质评价工作的开展有着重要的促进作用。

除了上述实施主体，普通高中综合素质评价区本化实施还需要政府、企业等社会其他领域的配合与支持，同时要重视构建畅通有序的诉求表达、心理干预、矛盾调处、权益保障机制，以便多主体之间的问题沟通、矛盾化解、权益保障。

（2）多领域相互关涉

随着社会的迅速发展，日益复杂的人口、资源、环境等问题对教育改革的影响越来越大，如何避免研究中的片面性和局限性，成为深化综合素质评价改革必须回答的问题。

多领域相互关涉诠释的是区本化实施机制运作开放性问题，强调普通高中综合素质评价区本化实施不可能固化封闭，而需要在“信息对流”中实现动态发展。多中心治理理论视域下的普通高中综合素质评价区本化实施首先要求打通各机制要素的关联，激活机制要素，形成统筹联动、条块结合的工作机制。其次，坚持问题导向，聚焦体制机制顽疾，敢于突破部门利益的藩篱，加强对抓落实成效的督促指导。再次，坚持标本兼治，梳理区本化实施过程中牵涉的社会关系与行为规范，抬升奖励机制等柔性约束的力量，激发区本化实施工作的创造力和执行力，有效规避实施的低层次循环，增强实施活力。这是普通高中综合素质评价区本化实施机制健康运作的条件保障，是一种接受理论指导但不全受理论规制的开放状态，这种状态下的普通高中综合素质评价区本化实施，时时接受时代感召，事事彰显时代诉求，以更多条件驱动实现区本化实施的更深、更专、更普适，从而充分满足社会对综合素质评价改革的要求与期待。

普通高中综合素质评价区本化实施是一项复杂工程，实施越深入就越可能涉及深层次利益关系，触及深层次社会矛盾，各环节之间的关联性、互动性会随之逐步增强。只有加大社会争取，以更宽泛的主体划分、更多元的方式驱动把区本化实施工作扩大到社会的各个领域，并使其转化为全社会共同的责任与担当，才能强化它与社会发展各项任务的有机衔接，优化综合素质评价改革与社会体系的深度融合，真正体现社会发展对于教育事业的全局支撑与整体意义。

2.普通高中综合素质评价区域应重视问题治理的重要性

多中心治理理论视域下的普通高中综合素质评价区本化实施应当意识到问题治理的重要性，也正是由于校本化实施过程中的深层症结需要有效治理，区域层面的普通高中综合素质评价研究才更有价值、更有意义。所以，问题导向是区本化实施的实践前提，问题治理是破解实施难题、厚植实施优势、培育实施动力的有力保障，是深化综合素质评价改革的路径选择。依据多中心治理的理论启示，普通高中综合素质评价区本化实施问题治理需要关注以下几个关键环节：

一要关注实施问题生成的区域背景，重在回答“为什么”。不同的区域有着自身的特点，每个看似简单的问题，其实都蕴含了实施过程中很难化解的区域矛盾。所以，在普通高中综合素质评价区本化实施问题治理过程中，首要的就是以常态化、规范化实施为旨，关注问题生成的区域背景，做好问题的针对性诊断，这对于后续问题的精准分析与消解起着关键作用。

二要关注实施问题转化的区域形变，重在回答“是什么”。形变，指物体受到外力而发生的形状变化，如伸长、缩短、弯曲等，是一个力学术语。区本化实施过程的复杂性直接引发实施问题的多元形变，同样的实施背景，同样的目标锁定，导致效能差异不断扩大或产生趋同的条件是什么？

多大的差异在综合素质评价改革的许可限度内？所以，在回答“是什么”的问题时，要从综合素质评价改革全局出发，对实施意义进行深层解读，在普通高中综合素质评价区本化实施的顶层设计阶段，守真务本，使问题更具识别性，以重点突破带动整体推进。

三要关注实施问题解决的区域路径，重在回答“如何做”。没有区域层面的问题治理，综合素质评价改革只能处于一个相对初级的阶段。全面而有个性的学生培养是综合素质评价的终极目标，而这需要通过综合素质评价的常态化、规范化实施才能取得，所以，“如何做”的路径选择，关键在于统筹协调，确保区本化实施问题治理的系统性、整体性和协同性，符合国家政策要求与区域发展实际，提升各实施主体参与综合素质评价改革的获得感。

四要关注实施问题治理的区域评价，重在回答“做得如何”。实施问题的治理回应的是国家关切和区域需求，实施问题治理效果首先与所在区域适用性密切相关，综合素质评价改革的愿景实现有赖于政策落地与持续践行，所以，在思考“做得如何”时，需要跟踪评估，及时修缮，关注问题治理的区域适切，这是有效保障普通高中综合素质评价区本化实施科学、持续发展的重要前提。

三、自组织理论

（一）主要观点梳理

“自组织”这一概念最早是由康德站在哲学的角度论述提出的。他认为，自组织的事物各部分一起交互作用且基于它们之间的因果联结而产生整体。[①] 自组织理论（Self-organizing Theory）最早发端于自然科学领域，揭示了自然界从非生命的物理、化学过程过渡到有生命的生物现象的自组织演化过程。但同时在社会系统领域内也存在着大量自组织现象，仔细分析可以发现社会系统也具备自组织演化特征。[②] 20世纪70年代，耗散结构理论、超循环理论、协同学、突变论等理论的共同出现标志着自组织理论的

① 吴彤. 自组织方法论研究［M］. 北京：清华大学出版社，2001：4.
② 王杰. 社会自组织理论研究［D］. 武汉：华中师范大学，2012：11.

正式产生，所以严格意义上讲，自组织理论是一个理论群。

自组织理论广泛运用于各种研究领域，不同的研究领域有不同的侧重。具体见表3-2。

表3-2　不同研究领域对系统自组织的理解①

领域类别	内涵解读
系统论观点	系统在内在机制的驱动下，自行从简单向复杂，从粗糙向细致方向发展。
热力学观点	系统通过与外界交换物质、能量和信息，不断降低自身熵的含量，提高其有序度。
统计力学观点	系统自发地从最大概率状态向概率较低的方向迁移。
进化论观点	系统在“遗传”“变异”和“优胜劣汰”机制的作用下，组织结构和运行模式不断地自我完善，提高适应能力。
管理学观点	组织出现以后对其演化过程、结果或机理的描述。它是一种有序结构，由组织元素自发与环境进行不间断的能量、物质或信息交换。

表3-2显示：系统论中的自组织，强调经由内在机制对系统不断优化，逐步实现从低级到高级的发展与转化；热力学中的自组织，强调系统的开放性，通过与外界不断交换相关要素，逐步实现从无序到有序；统计力学中的自组织，强调系统自觉自发的组织与状态更迭；进化论中的自组织，强调系统的自我完善以及对于环境的逐步适应；管理学中的自组织，强调自组织的不受干预性，即组织的自我完善是独立的、无干扰的。由此可见，自组织理论对于社会发展的指导意义是多样的、动态的和有其特点的，所以，对于普通高中综合素质评价区本化实施的启发意义是值得探究的。

吴彤(2001)认为：“如果一个体系在获得空间、时间或功能的结构过程中，没有外界特定干涉，那么该体系就是自组织。”②与此相对应的是“他组织”。两者最大的区别在于，自组织不需要外部指令，自行运作并自主由无序走向有序，它是自然界和人类社会长期深化形成的最优发展方式，基

① 张杰.基于自组织理论的区域系统演化发展研究[D].哈尔滨：哈尔滨工程大学，2007：31.

② 吴彤.自组织方法论论纲[J].系统辩证学学报，2001 (2)：4-10.

于对资源的高效利用产生能量循环，直至自主形成系统组织。

本研究以自组织理论为基础，旨在帮助理解普通高中综合素质评价区本化实施工作机制作为自组织的形成、发展以及演化规律，即从工作机制组建初期的非适应状态向组建之后的适应状态，再向机制运行阶段的常态化、规范化结构演化。依据研究需要，对自组织理论的主要观点梳理如下：

1.强调从无序到有序的发展与演化

自组织理论以系统的发生、发展为重点，揭示了一个宏观系统如何自行组织，实现从无序到有序或者从低级有序到高级有序演化的一般条件、机制和规律性，深化了人们对系统，包括自然系统、社会系统、经济系统等领域的认识程度。[①]也就是说，在没有外部力量强行驱使的情况下，系统内部各要素协调一致，在时间上、空间上或功能上联合行动，直至出现有序的动态发展结构。

有序是系统内在机制对于自组织的意义表征。“有序结构是系统内子系统相互影响、协同作用的结果，外界环境只是形成有序结构的条件，与有序结构的形成和维持并无直接关系。”[②]赫尔曼·哈肯（Hermann Haken）认为有序结构的形成都有这样的特点：构成复杂系统的众多子系统之间相互作用、相互协作。正是这种协同作用构成了系统演化的动力，推动系统从无序向有序转变。所以，从无序到有序的发展至少有两个特征：

首先，从无序到有序是一种非线性发展。非线性是一个数学名词，与线性相对而生。在复杂性研究中，线性系统的整体性质就是各子系统孤立存在时性质的简单叠加，整体可以分为数个独立的部分，而部分也可以从整体中独立出来，且每个部分的性质与整体性质保持不变；但非线性系统不再满足叠加原理，而是一种个体不具有的行为，即部分不能从整体中独立出来，而是与整体以及其他部分纠缠在一起，各部分之间既存在正反馈的倍增效应，又存在着限制增长的负反馈作用。总体来讲，非线性系统中的各部分具备差异性、互补性，且独立部分数量必须大于等于三。[③]王景

① 张杰.基于自组织理论的区域系统演化发展研究［D］.哈尔滨：哈尔滨工程大学，2007：17.

② 姜璐，时龙.自组织管理理论［M］.北京：北京师范大学出版社，1995：17-19.

③ 吴彤.自组织方法论研究［M］.北京：清华大学出版社，2001：5.

荣、徐荣荣（2013）认为每一轮自组织演化发展都需要经历四个阶段（无序稳定阶段、轻微失稳阶段、彻底失稳阶段和新稳定阶段）以及一些关键节点。连接这些阶段的重要临界点称为失稳点、触发点和回稳点。[①]这些阶段和关键节点主要展示了稳定阶段的平稳微小涨落的轻微起伏、巨涨落阶段的方向性改变、新稳定阶段的高层次稳定以及系统在开放环境中循环往复进行自组织行为的演化过程。

其次，从无序到有序是非平衡状态下的开放式发展。普利高津（Prigogine）曾对平衡结构与非平衡结构的特点做了对比：平衡结构相对孤立、静止，是一个“死的结构”，而非平衡结构相对开放、流动，是一个“活的结构”。[②]自组织形成的充分条件就是系统的非平衡性，即远离平衡或接近平衡的一种存在状态，而且它并不仅指单纯的差异，更多的是指开放中的流动性、发展性。流动是因，差异是果。这种非平衡状态孕育了系统的有序结构，但实现体系的有序演化，重点不应在差异上，而应在开放和流动上，以此实现对系统要素的合理调控。[③]

2.强调动力驱动下的竞争与协同

竞争与协同是自组织理论的两个重要概念，是系统自组织演化的基本动力。竞争发生于系统内部发展的不平衡，只要存在差异或不平衡，系统内就会出现竞争，各子系统力图取得支配和主导地位。协同，源于开放条件下系统内部各子系统间以及系统与环境间产生的协调、同步、默契的非线性作用，是一种存在差异甚至对立的相对协同。正如哈肯所言：“许多个体……一方面竞争，另一方面协作间接地决定自身的命运。”[④]协同学考察了系统自组织形成的动力机制，主要通过序参量以及竞争与合作来描述自组织现象。[⑤]

---

① 王景荣，徐荣荣.基于自组织理论的区域创新系统演化路径分析——以浙江省为例［J］.科技进步与对策，2013（9）：27-32.

② 王春业.自组织理论视角下的区域立法协作［J］.法商研究，2015（6）：3-12.

③ 谭长贵.动态平衡态势论研究：一种自组织系统有序演化新范式［M］.北京：电子科技大学出版社，2004：19.

④ 赫尔曼·哈肯.协同学——大自然构成的奥秘［M］.凌复华，译.上海：上海译文出版社，2001：9.

⑤ 王杰.社会自组织理论研究［D］.武汉：华中师范大学，2012：8.

根据自组织理论的协同论，系统中各要素间的相互作用可以产生整体效应，协同作用是形成系统有序结构的内驱力，协同得好，系统的整体性功能就好，也就更可能从无序变有序，从混沌到稳定。所以，区域内各职能部门在普通高中综合素质评价区本化实施中必须加强协同，不能驻步于实施初期的随意、松散的或简或浅的合作上。

协同方式有松散型和紧密型之分。最常见的松散型协调方式是架构与区本化实施工作有关的信息交流与互通机制。例如：举行例会，交流各地实施进展情况；专题研讨和立项调研，重在通过共性的问题或项目，共同探讨解决对策；建立协调机制，适时调整涉及区本化实施的重大决策和政策；等等。这种松散型的信息交流与互通机制，虽然可以了解其他地方允许或禁止的事项、许可的条件、处罚的幅度等，然后根据本地的实际情况做适当调整，以最大可能地减少统一法律体系内各区域之间法律规范的不一致[①]，但这种协作形式不具有常规性、确定性和执行性等特点，不可能取得好的效果。因此，这种协作方式只是地方立法协作的初级形式，没能真正解决区域问题。按照自组织理论，作为子系统的各地方相互间开放的程度不够，相互作用、相互联系的力度不够，协同作用的水平不高，各子系统间相互协调、相互合作及共同采取集体行为的强度不够。由于没有系统内各要素之间的充分协同，没有系统与环境之间的合作，不会有新结构、新秩序或新功能的出现，很难出现协调和谐的区域教育发展环境。

（二）对普通高中综合素质评价区本化实施的指导作用

普通高中综合素质评价区本化实施机制具有明显的自组织特征，自组织理论可以为构建有序、稳定的区本化实施理论体系提供理论依据。自组织理论视域下的普通高中综合素质评价区本化实施，具备自组织演化的条件、动力、形式和途径等方面特征，这些对于深化综合素质评价改革有着重大意义。

表3-3显示：自组织理论对于普通高中综合素质评价区本化实施的指导意义体现在很多方面。例如：耗散结构理论强调组织的开放性，它同时

① 崔卓兰，孙波．追求更高层次的目标与价值——我国地方立法观念的推陈出新［J］．当代法学，2007（3）：3-10.

表3-3 自组织理论对区本化实施的指导简析

类别	研究重点	对区本化实施的指导
耗散结构理论	系统自组织的基本条件，它研究体系如何开放、开放的尺度、如何创造条件走向自组织等诸多因素，帮助了解自组织演化的基本条件。	实施的条件或前提
协同学理论	系统内部各要素、各子系统通过竞争、协同效应，实现自组织的内在基本动力描述；系统自身保持自组织活力的重要方法。	实施的动力
超循环理论	关注如何充分利用物质、能量和信息流，有效实现内部要素的相互作用以及结合成为更紧密的系统结构方法，提供自组织发展的关键。	实施的方式方法
突变理论	研究自组织演化在什么时间采取什么途径，提出系统控制要素的临界概念、渐变和突变概念，以及对问题处理时所采取的结构化方法。	
分形理论	研究事物走向复杂性的空间特性和结构，从简单到复杂的自组织演化问题，利于理解复杂事物的演化过程与结构。	实施的结构条件与前提
混沌理论	关注系统走向自组织过程中的时间复杂性问题，找到系统走向复杂性的根据和征兆。它与分形方法构成一个问题的两个侧面。	

也是区本化实施发生作用与价值的基本前提；协同学理论强调组织要素的竞争与协同，它们同时也是区本化实施顺利开展的动力因素；超循环理论强调组织要素要充分利用资源，相互之间紧密作用，实现发展，这是区本化实施实现发展的重要方式；突变论强调组织演化的阶段性，它要求区本化实施在不同阶段需要有不同应对；分形理论强调组织发展的空间特征和结构，表明区本化实施内部机制职能明确、结构清晰具备重要意义；混沌理论强调组织复杂性，是分形理论的对立面，从反方向论证了组织开始演变时的根据和征兆，指明区本化实施要具备的结构特征。

总结起来，自组织理论对普通高中综合素质评价区本化实施的指导作用主要有：

1.普通高中综合素质评价区本化实施需要开放状态下的协同发力

开放，是系统从无序变为有序的必要前提，按照耗散结构理论，开放也是产生自组织现象的必要条件。“只是因为它们是开放的，是靠从外界来的物质和能量的流动来维持的，这是它们得以存在的基本前提。”[①]由于开放，系统才能与外界进行能量、物质、信息的交换，并进而引起熵变。[②]这就意味着，必须与外界不断进行物质交换和能量交换才能实现系统发展。

这一理论视域下的普通高中综合素质评价区本化实施也是一个开放的系统，需要规范、高效的工作机制，需要获得外部的支持与参与，包括人才培养、信息共享、资源配置、结构优化等，这就要求在区本化实施的过程中，实施主体在相关政策的规范、监督、助力推动下，协同发力向自组织演化，而且只有如此，作为系统的普通高中综合素质评价区本化实施才能得以维护并顺利运行下去。这就说明，普通高中综合素质评价实施中常态问题的治理关键在于开放、信息对称，并衍生“动力源”，保证体系必须随着时间、条件的变化而不断丰富、发展和完善。

开放意味着区本化实施中可以存在差异化发展，“先试先行”可以帮助考察普通高中综合素质评价实施方案的区域适应性，最终实现区域内协同。自组织理论指导下的地方主体可以根据本地教情制订适切的实施方案，由点到面，及时反思，总结经验，最大限度地提高区本化实施方案的适应性和针对性，同时，还可以从本地的舆情、教情出发，确定体现地方特色、本土风情的实施思路和策略，因地制宜地解决实际问题。这些都是协同发力的重要表征。

区本化实施从无序到有序的系统演化不需要经过外界强制，只是通过系统内外要素间的合理流动或交换，以非线性的路径轨迹，从量变到质变，从无序到有序。演化过程中，每一个细小的因素都会引起实施系统的非线性涨落，这些因素可能是政府的一项文件出台，或是学校的一项制度

① 伊·普里戈金，伊·斯唐热.从混沌到有序——人与自然的新对话[M].曾庆宏，沈小峰，译.上海：上海译文出版社，2005：129.

② 熵是系统混乱程度的量度。如果一个系统的负熵输入等于系统的自然熵增，系统就会维持原状；如果负熵输入小于熵增，系统就趋向无序；如果负熵输入大于熵增，系统就会离平衡状态越来越远，产生新的有序。

革新，又或是一些非正式条例的约束。从综合素质评价改革整体进程来看，这些因素或许算不上关键，但在具备自组织特征的区本化实施系统演化过程中，它们却有着巨大的“牵一发而动全身”的扩散效应和传播效应。微小涨落经过非线性作用放大成为巨涨落，巨涨落又持续发展达到临界点，旧的无序结构将被新的有序结构取代，由此，耗散结构得以形成。①综合素质评价区本化实施系统的路径演化就是耗散结构不断形成的结构循环往复过程。

2.普通高中综合素质评价区本化实施需要激发内生动力

普通高中综合素质评价区本化实施的初期阶段，有国家政策引导，基本属于他组织运行，但它只有作为自组织才能实现自我调适、自我发展。随着实施的逐步深入，区域内各方积极性的提高，以及主体协作、机制互补作用的深化，自组织因素越来越明显，并逐步出现了一些有序结构。此时，可以通过一定调节将其改造为自组织运行方式，促进整个系统自我调适、自我发展，如此，整个实施系统才能得以维护并顺利运行下去。

综合素质评价改革进入到区本化实施阶段后，也就步入到了自组织时期。这一时期里，尽管他组织特征仍然存在(毕竟实施方向、实施顶层设计等方面仍由国家规定且不能动摇)，但区本化实施的其他机制构建主要由区域内各级层作为主体来进行，而不再像改革初期一样主要依赖中央调控。这体现了自组织的运行规律，同时也说明区本化实施需要内生动力带动整个系统的发展。

普通高中综合素质评价区本化实施动力生发于整个工作机制的相互协作中。省域内的实施结构主要包括省级、市县区级、校级等，数量上达到自组织的要求，同时各层次主体在独立的行政隶属基础上又存在相互依存、相互补充的职能、权限等。随着综合素质评价改革的进一步深化，各级实施工作日益专业化，逐步形成优势互补、合作共赢的发展势头。例如：省级层面，强化国家政策导向，立足于实现长效机制的布局与构建；市县区级层面，贯彻省级指导方案，立足于稳抓实施的关键环节；校级层面，落

① 王景荣，徐荣荣.基于自组织理论的区域创新系统演化路径分析——以浙江省为例[J].科技进步与对策，2013（9）：27-32.

实育人目标，立足实施的常态化与规范化。层级之间存在着行政隶属的互补关系，同时也互相依存。此时的国家政策可以进行必要的监督，但不应过多地干预。自组织工作机制更具适切性和灵活性，更利于区本化实施的有效推进。随着综合素质评价改革的全面铺开，普通高中综合素质评价区本化实施工作机制的非平衡状态日渐明显，区域间、区域内的交流与联系越来越频繁、越来越深入。这种体制流动性与发展性促使区本化实施更有序、更持续。

3.普通高中综合素质评价区本化实施应强调在有序发展中实现常态

“常态”是普通高中综合素质评价区本化实施的重要目标，依据自组织理论，这一目标可以简化为四个主要阶段：产生、自我发展、空间扩散、空间一体化或是常态化。随着实施的不断深入，综合素质评价常态化实施这一目标的完成度与完善度会不断增强，所以，“一体化或常态化”的特征是发展变化的，虽有时速上的缓急，但总体呈螺旋上升的态势，当区本化实施达到自组织运作状态时，综合素质评价的常态化就达到了可持续发展的状态，这也是分析实施持续性问题时的重要切入点。

通向“常态”的实施过程需要对发展有一个基本预期。自组织理论认为系统演化的路径具有多样性：可以是经过临界点或临界区域的演化路径，这种演化路径的结局难以预料，一个很小的激励就有可能导致大的涨落；也可以是演化的间断性道路，即途中会出现较大的跌宕起伏，这一路径的大部分方向可以预测，但有些区域或结构点不可预测；还可以是渐进式的演化道路，路径基本可以预测。基于普通高中综合素质评价区本化实施的长期性与复杂性，上述路径可能都会出现，并会引发出一些相关问题，这就需要对普通高中综合素质评价区本化实施整体发展有一个基本的预期。

有序中实现常态是综合素质评价改革的历史必然。自组织理论通过对不同学科共同规律的总结，揭示了自组织形式是自然界和社会长期演化而形成的一种优良方式。按照自组织自身的规律来实现普通高中综合素质评价的常态化实施，可以减少不必要的外在干预，充分发挥区域内各级职能部门的作用。相反，如果一直以他组织的方式运行，该系统的运行效率会越来越低，无序的程度会越来越大，情况会越来越不好。[①]

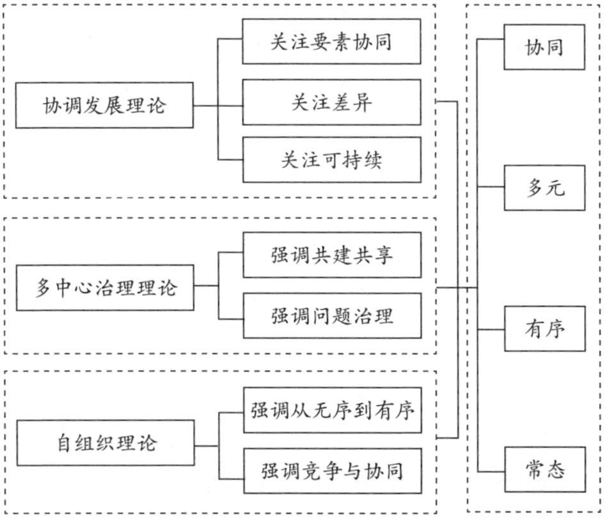

图3-1　普通高中综合素质评价区本化实施的理论遵循

如图3-1所示，作为本研究的理论基础，协调发展理论、多中心治理理论、自组织理论三者对普通高中综合素质评价区本化实施的启发与指导在于：协调发展理论强调要素协同、关注差异与可持续，它要求职能部门合力共进、系统统筹以实现长效发展。多中心治理理论强调区本化实施要共建共享、多主体参与问题治理。自组织理论强调区本化实施工作从无序到有序，强调机制运作内生动力直至实现工作的可持续的重要性。据此，普通高中综合素质评价区本化实施需要有协同、多元、有序、常态等这样的基本理论遵循，即：需要在以人促事与化事成人中实现协同共进，需要在共同愿景与差异样态中践行多元治理，需要在稳定发展与动态革新中寻求有序推进，需要在过程实施与阶段调整中促进常态发展。三种理论基础对普通高中综合素质评价区本化实施的指导意义在此得到了有效彰显，且体现出丰富的理论生动性和实践可能性，这是理解普通高中综合素质评价区本化实施的重要起点。

① 吴彤. 自组织方法论论纲[J]. 系统辩证学学报，2001（2）：2.

第四章　普通高中综合素质评价区本化实施的现状调查

普通高中综合素质评价区本化实施为综合素质评价问题治理提供区域方案，贡献区域智慧，是综合素质评价改革的重要抓手。处于综合素质评价改革的新阶段，当前普通高中综合素质评价区本化实施的整体状况如何？本研究课题从现实出发，微观留意，围绕研究主题进行了广泛、深入的文献分析和实地调研，对主题涉及的整体状况、主要经验与不足进行了相对全面的认识与把握，以期挖掘出普通高中综合素质评价实施背后的区域特点，这是深化综合素质评价改革不能忽视的重要环节。

一、普通高中综合素质评价区本化实施典型的调查

普通高中综合素质评价是综合素质评价改革的有机组成部分，是新高考制度改革的重要一环。国家教育行政主管部门是这一工作的第一行动集团，具体来讲，主要分为省级实施主体和市县区级实施主体。本研究课题重点对这两个层面进行了现状呈现。省级统筹实施重点以上海市为例，主要从省级层面宏观视角了解实施背景、历程、格局。市县区级以北京市D区为例，重点从微观视角了解实施策略与细节。两个层面的实施探索同为客观的研究对象，它们有一定的经验，也面临很多困局，能否可持续，终究

还要取决于进一步的研究与改善。

（一）典型性说明

调查法是本研究的重要方法，在具体的操作中，主要通过对典型案例的实地调研、对象访谈、资料收集与分析等方式进行。典型调查法中的关键问题在于对“典型性”的解释与说明。从本研究课题而言，重点了解：当前普通高中综合素质评价区本化实施的整体状况如何？案例区域的经验与问题能否推论到总体，能否为后期的理论建构提供充分依据？

费孝通先生的“江村经济”就曾经历过“代表性问题”的质疑：一个江村是否能够代表全中国？在回应这一质疑时，他谈道：不同于数理统计上的逐一相加成“总体”，在教育与文化的渗透下，人文世界中的“个别”演变为“整体”的复制品，通过个案的深入剖析，可以达到认识整体的目的。另外，费先生认为：社区研究的相对优势是深入性，但深入程度没有极限，而且，特定社区的研究如果不与某些具有普遍意义的问题关联，就会失去意义。所以，本研究采用了典型调查法，案例与访谈虽然有限，但在综合素质评价改革背景下，每个案例或访谈都是综合素质评价实践整体现状的“复制品”，它们的社会显著性均大于统计显著性，可以作为一个缩影或研究起点来逐步接近、逐步认识当前普通高中综合素质评价区本化实施的问题及其消解。这正是体现典型调查法核心要义的具体实践。

本研究中的“区本化”是指在省级行政部门指导下，市县区各行政部门和职能部门为实现区域变革可持续发展过程中的区域特色。所以，在典型案例的选取上，本研究课题分别关注了这两个主要分层的具体布局与实施，旨在把握普通高中综合素质评价区本化实施的脉络和执行细节，为综合素质评价的常态化、规范化实施总结经验、提供思路。考虑到北京开始综合素质评价时间较长，上海曾被选为试点实施综合素质评价，两个区域的经验和反思汇集较多，可以搜集到的资料也相对较多，因此，本研究的典型案例选取上海来分析省级统筹的实践探索，选取北京市的某个行政区来分析市县区的实践探索。

具体来讲，本研究课题对某市2012至2017年间500多个综合素质评价实践案例做了认真分析，通过“类型”的比较，从个别逐步接近整体。2018

年5月下旬，我们又跟随某教科院到四个区（县）进行调研，并收集到包括其他11个区（县）在内的普通高中综合素质评价相关材料200余份。2016年10月，研究者随教育部哲学社会科学研究重大课题攻关项目“初高中学业水平考试和综合素质评价改革研究”课题团队，对某市的16位校长及中层骨干进行了访谈调查。2017年11月，研究者对某中心相关负责人进行访谈，调查了解该中心负责学校评价项目、参与学生评价指标体系、研制电子平台、指导区县学校、挖掘案例等方面的情况。2018年3月，研究者又对两所大学学生进行了随机访谈，对某大学招生部门进行了深度访谈调查。2018年5月，对某市教科院、市教委、市教委教研室、某区教育局、某区某中学进行了调研。[①] 相关调查设计如表4-1所示。

表4-1 调查基本设计

	省级层面	市县区级层面
研究对象	参与普通高中综合素质评价实施的基教处、教研室或教科院相关负责人。	参与普通高中综合素质评价实施的市县区教委中教科（高中科）、市县区教科所主管领导、研究人员和教研部门相关负责人。
研究重点	重在了解如何进行顶层设计，以及内在机制运作是怎么样的。	重在了解如何落实，有哪些特色创新。
具体问题	1.如何安排整体工作？涉及哪些部门？各自的具体工作是什么？是一种什么样的运行机制？ 2.如何启动省级综评工作？省级与市县区级之间是一种什么样的关系？如何落实到学校？ 3.如何调动各部门的积极性？效果如何？可总结的经验有哪些？ 4.有哪些突出问题？如何解决？当前瓶颈是什么？解决构想是什么？ 5.如何真正发挥综合素质评价的作用和价值？“两依据一参考”的制度设计如何落到实处？	1.如何落实省级相关要求？在具体实施的过程中有哪些创新举措或结合本区域特点进行区本化实施？ 2.如何协调各相关部门开展工作？建立的有效机制是什么？ 3.市县区层面推进的过程中，如何对学校的实施进行有效的监督与指导？ 4.实施至今，有哪些突出问题？如何解决？当前的瓶颈是什么？构想是什么？ 5.从省级到市县区级的推进过程中，最需要上一级提供什么支持？从市县区到学校，能提供什么样的帮助？各自的效果如何？

① 为保护受访者权益，对具体单位和个人进行匿名处理，以下同。

美国社会学家罗伯特·K.殷(Robert K.Yin)在《案例研究：设计与方法》曾经提到过“个案逻辑”(case study logic)，即个案能帮助我们一点点、一步步准确了解研究问题。美国当代社会学家麦克·布洛维(Michael Burawoy)的扩展个案法强调个案与更广的社会环境之间的联系，即通过特定个案“见微知著”探究到更广的社会结构及其影响。具体来讲，本研究在文献综述中对各省市的普通高中综合素质评价实施方案进行比较解读，从顶层设计了解各省市的统筹与谋划，随后以上海市、北京D区为例分析了普通高中综合素质评价区本化实施的具体进展。研究内容与目标随着研究的深入而逐步清晰、丰富，与此相关的论点、案例和论据一步步汇聚，互为拥趸，直到把问题尽可能地嵌置在一个外延合理宽泛但内涵尽量精准的研究框架里。

(二)上海各区普通高中综合素质评价实践探索

1.实施背景

2014年9月,《上海市深化高等学校考试招生综合改革实施方案》(以下简称《方案》)明确提出：2014年启动本市高等学校考试招生综合改革，2017年整体实施，预计到2020年，初步建立符合教育规律、顺应时代要求、具有上海特点的高等学校考试招生制度。《方案》中明确提出“建立高中学生综合素质评价制度”，并提出了构建普通高中学生综合素质评价体系和积极稳妥推进评价信息使用的具体措施。《方案》同时规定，2017年起，在自主招生等环节中使用高中学生综合素质评价信息，高等学校应规范、公开具体使用办法，上海市教委将同步构建信息化平台，依托技术手段，客观、真实、准确记录评价信息。

上海市把构建普通高中学生综合素质评价体系定位为新高考改革的重大突破，在制订上海高考改革总体方案时，同步启动普通高中学生综合素质评价实施办法制订工作，并通过文献法、问卷法、座谈会和实地调研等方法，探索构建了基本的实施框架。2014年底，教育部颁布《关于进一步加强和改进普通高中综合素质评价的意见》(教基二[2014]11号)和相关配套文件，上海市通过系列座谈会、问卷调查、公开征求社会意见等方式，于2015年4月印发了《上海市普通高中学生综合素质评价实施办法(试行)》(沪教委基[2015]30号，简称“上海实施办法”)。该文件包括指导思想、基本原则、记录和评价内容、记录方法与程序、评价结果应用、组织管理保障等六个板块，系统论述了上海市普通高中综合素质评价为什么、是什么、怎么做、怎么用和如何实现常态化等问题，为上海市普通高中综合素质评价区本化实施提供了纲领性要求和指向，是上海市高考综合改革的重要配套文件。

2.实施策略

(1)以平台构建促进实施信息同步有效

上海市普通高中综合素质评价区本化实施监管主要依靠两类电子信息平台：

第一类，普通高中学生综合素质评价信息管理平台。2015年，上海实施办法出台，上海市综合素质评价信息管理系统同步上线，并与市基础教育学生信息管理系统、高校的招生系统直接对接，依据统一的数据录入、审核标准，确保学生综合素质评价数据真实、可靠、有效，便于高等学校招生工作使用，便于各级教育行政主管部门对高中学校进行监管与督导，同时对全市学生综合素质的整体情况、学校素质教育特点与成效、社会配套机制与实践等情况进行大数据分析与判断，进而形成对学校教学与运行的宏观监管与督导。

第二类，上海市学生社会实践信息记录电子平台。该平台由上海市青少年学生校外活动联席会议办公室主办，附设在“易班博雅网”，涉及志愿者岗位、社会实践基地、信息公开、用户中心等模块，主要功能包括社会实践基地认证、志愿者岗位发布、活动参与公示等。该平台接受学校团体预约，学生凭学籍卡绑定账号，可以在微信端随时查看自己的志愿者服务信息，包括已参与的信息记录、待确认的信息提醒、最新的志愿者服务公示等。高中学校依托该平台生成的《上海市学生成长记录册》全面记录学生社会实践情况，目的在于规范上海高中生的社会实践活动，一方面可以争取更多的社会参与，另一方面提升高中生走进社会、服务社会进而奉献社会的积极意识。这一点在调研中也得到了验证：一是建设综合素质评价信息化管理平台。凭借普通高中综合素质评价信息管理系统、上海市学生社会实践信息记录电子平台采集和记录信息。二是校内外合作推进高中学生社会实践活动。通过遴选实践活动场所、组织开展志愿服务（公益劳动），进一步完善社会教育大课堂，为普通高中综合素质评价实施奠定了稳固基础。三是深入落实研究性学习。主要依托研究性学习自适应学习系统在市、区、校三级网络中推进研究性学习，所有的研究性学习过程都会被完整保存，并通过系统中的“过程性数据”一键导入综合素质评价系统，作为高校自主招生的参考依据。①

普通高中综合素质评价区本化实施是一个长期、复杂的系统工程，以问题治理为导向，以网络技术平台为载体，注重改革举措配套组合，强调综合素质评价区本化实施问题的统筹解决。上海的实践证明：可以有效提高发现问题、获取信息的敏锐性，提升统计数据的信度与效度，保障相关决策信息的及时性、针对性、客观性，高效推进综合素质评价改革。

（2）以争取社会参与保障区内实践机会充沛

善借力是上海普通高中综合素质评价区本化实施的重要特征。落实社会实践志愿服务，以争取社会参与来合作推进普通高中学生社会实践活动是上海普通高中综合素质评价区本化实施的突出特征。自上海实施办法公布以来，市教委、市青少年学生校外活动联席会议办公室（简称“市外联办”）会同市文明办、市团委等单位，先后制定了一系列文件，对遴选高中生社会实践活动场所、组织高中学生志愿服务（公益劳动）做出了明确规定。截至2016年底，上海市已建立了1729个高中学生社会实践基地，共发布学生社会实践岗位368462个，有效助推普通高中综合素质评价区本化的实施。“上海普通高中学生在社会实践方面有60个学分，学校、家庭通过各种资源给学生提供校外岗位体验机会。除了利用学生寒暑假时间，平时学校组织的有半天、一天和三天时间段之分，把社会实践的任务与学校特色有机融合。市教委负责监察学校学生社会实践完成情况，还在暑假里开展学生职业生涯体验活动，把学生的兴趣和职业体验结合起来。”②区、县教育局对高中学校相关社会实践工作进行统筹管理和指导，并把学校在课程

① 2016年10月与上海市教育科学研究院A所长的访谈记录。
② 2016年10月与上海市教育科学研究院A所长的访谈记录。

中实施社会实践和公益劳动的情况纳入办学考核评价体系。

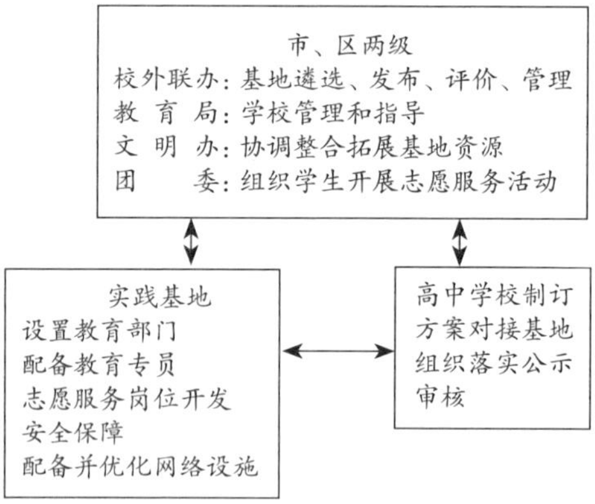

图4-1 学生社会实践活动的协同推进模式①

宝山区、静安区围绕普通高中综合素质评价实施要求，搭建平台鼓励部分学校于2017年与上海市电教馆、上海教育报刊总社联合成立创客教育联合体，并与上海交通大学、华东师范大学相关学院围绕综合素质评价系统的要求，共同举行体验活动，极大丰富了普通高中学生综合素质发展的需要。奉贤区通过与市外联办的沟通协作，多次召开奉贤区高中生社会实践志愿服务工作交流培训会，奉贤区高中学校德育主任、团委书记，市区级实践基地的负责人、教育专员参加会议，并由市校外联办、市学生德育发展中心相关领导指导，为该区普通高中综合素质评价顺利实施打下了坚实基础。

上海市善借力还体现在其推进学区化、集团化办学的顶层思路上。截至2018年1月，上海市教育领域共涉及128个集团化办学，覆盖644所学校，学区化办学54个，覆盖406所学校，力度大、范围广、方式多的区域统筹联动居全国首位，为综合素质评价平稳落地提供了重要的机制保障。

(3)以统筹联动强化区本化实施专业引领

2016年7月，上海在全市和区级层面统筹部署，协调配置资源，共同开

① 上海市教育综合改革专家咨询委员会秘书处.为教育改革探路，为教育现代化助力：上海市教育综合改革发展报告(2014—2017)[M].上海：上海人民出版社，2018：349.

发研究性学习自适应学习系统（Massive Open Online Research System）。它的核心要义是为课题找专家、为学生找导师。这一系统根据研究性学习特点，为学生适时推送教学资源，帮助学生开展研究性学习，有效引导学生在研究过程中历练、丰富自身的学习体验，以一种智能化方式服务于全市普通高中学生的综合素质提升。

近年来，上海市教委主要通过三种模式创建研究性学习的载体与平台：创新实验室、创客教育联合体、研究性学习自适应学习系统。通过市、区、校三级网络推进普通高中研究性学习，重点培养高中学生创新实践能力是上海普通高中综合素质评价区本化实施的又一策略。以提升学生综合素质为主旨的研究性学习不再是为少数学生开展的偶然性教育教学活动，而成为一种面向全体、为了全体普通高中学生综合素质提升的常态教育教学活动。

上海各区对普通高中学生研究性学习给予了很大支持。市教委给予政策扶持，区教育局给予技术支持与专业培训，帮助区内各校学生研究性学习和课题研究工作。如徐汇区以学科知识应用为载体促进拓展型课程和研究型课程建设，鼓励学科教师开发区本相关课程，并指导从事相关教育教学，同时，支持高中学校开发开设校本相关课程，积极创造条件开设丰富的选修课，保证课时和师资，形成自己的办学特色，有效满足普通高中学生多样化的发展需求。这正是综合素质评价的主旨与要义。闵行区把研究型课程规定为全区学生的必修课，近年来成果卓著。2016年全区有8名高中生获得“上海市明日科技之星”称号，对于全区普通高中综合素质评价实施是一个有力的激励。另外，配套的机制构建中还考虑到了建立课程研发中心，设置课程开发奖励机制等，并在具体执行中坚持能力为重，切实改革教学模式，加强研究性学习和实验实践环节，强化基础与发展个性相结合，传授知识与培养能力相结合，着力提高学生的学习能力、实践能力和创新能力。

（4）以特色发展营造区本化实施健康氛围

上海市专设了“学校特色指标”，用以体现学生认知与非认知能力方面的特色，如领导能力、合作能力、交流能力、自信心、坚持性等。高中学校可以记录在学生综合素质纪实报告共性内容中未能包括的、体现所在区和本校学生素养特色的指标，以及学生在这些指标上的表现。

普陀区针对本区不同学校的特色教育环境，开发相关的社会实践基地，并确保不同学校主动对接上海市、区、县社会实践基地与志愿服务项目，建立双向签约制度，有效推动普通高中综合素质评价区本化实施顺利开展。综合素质评价实施以来，在区域改革方案的推进下，区域学校的特色化发展实现了质的变化。“学校特色指标是在学校开展综合素质评价之后才有的。以前也有，但是分散到其他的地方了。实施综合素质评价之后，我们把它体系化了一下。相关纸质材料全都交到了市教委，然后在平台上进行后台操作，大家都可以浏览到这些项目，也可以根据学校自身特色进行调整。”①学校的特色文化极大影响着学生的特色化、个性化发展，这一点对新高考制度改革背景下的高校招生有着很大的吸引力和导向性。“校长在课程设置时，应该从综合素质评价的本质上去考虑。学校可以根据学生的学习认知能力、学生的基础、学校的办学条件、办学特色等方面去考虑，制订相应的计划。我们期待出现课题的积极效应，这样在录取的时候能够有一些加分因素。”②所以，综合素质评价改革允许差异化发展，这里的“差异”，更多的是发展的多样化、多元化，是一种“特色”的多元。

（三）北京D区普通高中综合素质评价实践探索

1.实施背景

2007年，北京市普通高中课程改革启动，由市教委主要领导牵头成立普通高中课程改革实施领导小组。十多年来，在市、区两级教育行政部门的科学部署和相关教科研部门的专业指导下，各高中学校积极探索，经验与问题最为集中，在全国具有率先性与指导性，对于把握普通高中综合素质评价区本化实施规律有着很强的现实意义和实践价值。

D区是北京市的城六区之一。2018至2019学年初教育事业统计数据（此数据截止日期为2018年9月1日）显示全区学校数共计47所，其中教育部门办38所、其他部门办1所、民办8所。按类别分：完全中学12所（教育

① 2016年10月与上海市教育科学研究院A所长的访谈记录.

② 2016年10月与上海市B中学校长的访谈记录.

部门办11所、民办1所)、高级中学4所(全部为民办)。在校生共计22143人(高中7254人),其中京籍学生17956人(高中6680人)、非京籍学生4187人(高中574人)。2015年4月,D区教委组织市级基地校的推荐工作,推荐5所学校参与市级综合素质评价基地校建设。目前该区共有35所首批区级综合素质评价基地校,选取实践中不同的研究点深入实施综合素质评价工作,分层实施、整体建设、有序组织全区中小学开展学校综合素质评价工作。

从普通高中综合素质评价区本化实施全过程来看,北京市、区两级普通高中综合素质评价实施的理念、原则、基本内容高度一致,三者是方向、是依据、是核心。综合素质评价实施要与区域发展相协调。从市、区两级比较中可以看出,市级层面更侧重于从社会需求角度来谈普通高中综合素质评价实施,强调要"突出首都特色",这也从侧面印证了综合素质评价实施需要符合区域发展定位,需要与区域教育发展相协调。普通高中综合素质评价区本化实施是在理念指引、原则规范、内容锁定的情况下,依据区域实际,执行程序与具体操作不断调适,或增加或分解的过程。增加,体现在对操作流程的规范和使用途径的创新上,体现了区本化实施的复杂性和对教育教学工作的启发性;分解,体现在对区域实际即区本化实施背景的关注上,依据区域背景对实施办法进行制度内调适,这是普通高中综合素质评价改革在北京区本化实施阶段的重要特点。

2.实施策略

(1)积极配合市级三级管理模式构建

北京市普通高中学生综合素质评价工作领导小组由市教委主管领导直接负责,由市科研、教研、信息、招生、教委行政等部门的有关人员组成,D区普通高中学生综合素质评价工作领导小组由区教委主管领导负责,由区教委行政、科研、教研、信息、招生等有关部门的相关人员组成。随后,D区领导小组指导区内校级普通高中综合素质评价工作小组组建,强调工作小组由学校校长负责,由教育、教学、体育卫生、教学研究组、班主任等有关人员组成。至此,三级组织管理机构既有明确的职责分工,又相互支持协作,在普通高中学生综合素质评价实际运行中发挥组织管理和保障作用。

如图4-2所示，在市级和校级两类实施主体的共同推动下，D区普通高中综合素质评价区本化实施经过自上而下的统一认识、顶层设计、监督管理以及自下而上的信息搜集、问题凝练、经验分享，逐步规范化、常态化。

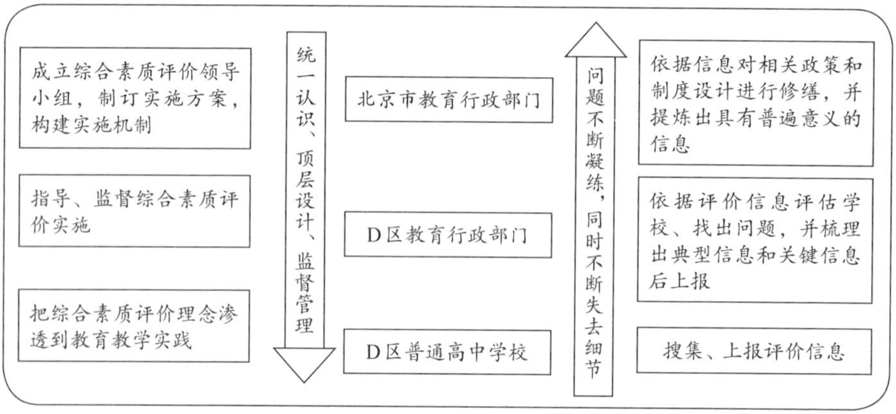

图4-2 D区普通高中综合素质评价区本化实施组织机构及其职能运作

(2)多元方式监管区本信息反馈

一是实施中的方式选择。首先，掌控全区数据，即通过明确评价信息作用，依据评价标准搜集、处理评价信息。普通高中综合素质评价实施的首要工作就是通过问卷调查法、访谈法、观察法、文献资料法等搜集信息，然后归类、整理、检验，调控、完善政策行为，调控教职员工和广大学生的行为，帮助学生及其家长了解学生的综合素质发展状况。其次，依据评价标准对评价信息做出价值判断，并给予不同形式的呈现。即对评价对象综合素质发展进行价值判断，并给予结果呈现。再次，统筹调控，即制订普通高中综合素质评价调控决策，及时统筹修正，全面实施区域内普通高中综合素质评价。

二是实施后的方式选择。首先，全面汇总，即总结D区普通高中学生三年综合素质评价工作，主要包括三年来D区普通高中综合素质评价的成绩。三年来D区普通高中综合素质评价的经验和主要问题，包括评价学生综合素质的经验和问题，学校组织、领导普通高中综合素质评价工作的经验和问题，区域内组织、领导和决策方面的经验和主要问题，评价方法、工具、电子平台使用的经验和主要问题。三年来D区普通高中综合素质评价创新，包括理论观点的创新，组织管理的创新，评价方法、工具、电子平台使用的创新。其次，多方反馈，即为不同对象反馈普通高中综合素质评价结果。主要是向学生和学生家长反馈学生本人各项素质的评价结果；向学校干部和教师反馈本校学生个体综合素质评价结果和本校学生群体综合素质评价结果以及其他学校学生综合素质评价的先进经验和主要问题，用于调控教育教学行为方式；向市级教委、教研、科研、信息部门的有关人员反馈本区普通高中综合素质评价结果总体状况，D区普通高中综合素质评价工作领导小组关于普通高中综合素质评价的要求、相关的政策规定，D区普通高中综合素质评价结果的主要经验和问题，D区普通高中综合素质评价开展的状况等；向市、区级有关部门反馈本区普通高中综合素质评价的进展状况、主要成绩、经验和问题；向高校招生部门反馈D区高中三年综合素质评价结果，为高考招生提供参考信息，为高一级学校有针对性地对新生进行教育和招生部门选拔人才提供参考信息。

(3)树立典范提升区本实施效能

《北京市普通高中学生综合素质评价方案(试行)》(简称“北京方案”)明确指出:“……在普通高中课程改革实验中，要将学生综合素质评价作为学校管理的核心业务，作为全体高中干部、教师的职务行为。”“核心业务”的界定意味着其他业务都要围绕普通高中综合素质评价进行，“职务行为”意味着全体干部、教师都要承担学生综合素质评价的任务。这一要求把普通高中综合素质评价实施勘定为教育、教学、体育卫生、行政管理等所有工作的重心，对于建立、健全符合素质教育要求的管理机制具有重大贡献和价值。依据北京市教育委员会《关于整合课程改革表彰项目的通知》(京教基[2010]15号)的精神，北京市教委从2010年开始一直在开展北京市基础教育学生综合素质评价先进单位和先进个人评选工作。这一活动最早是在高中学段进行的，随后联合各区教委小教科和中教科(义教科)、教科所(院)一起，对本年度参与北京市小学、初中和普通高中学生综合素质评价工作的单位和个人一并开展评选活动。其中，区级相关部门、学校、年级组均可列为先进单位评选对象；区级教育管理者、教育科研工作者、学校干部、教师、区和学校网络管理人员均可列为先进个人评选对象，但有名额限制。此次评选活动中，D区分配到的推荐数量如表4－2所示：

表4－2　2018年D区学生综合素质评价工作先进单位和先进个人推荐数量表

（单位：人）

区名	小学		初中		高中	
	先进单位	先进个人	先进单位	先进个人	先进单位	先进个人
D区	8	24	3	11	1	4
全市总计	80	249	43	139	29	78

D区教委业务部门负责组织申报和初选；市级组建专家评审小组，采用以区为单位进行现场答辩的复评方式，确定建议名单，并提交北京市基础教育课程教材改革实验工作领导小组审核认定。文件里特别注明了申报材料的填写要依据北京学生综合素质评价方案的精神和要求，实事求是地反映本学年度单位或个人开展的学生综合素质评价工作。例如："先进单位"指区域、学校、年级、班级等层面相关单位，重点总结新学年的实施举措，以及相应的成效、创新点、反思和体会等内容。"先进个人"分以下几类教师群体：任课教师群体，重在结合学科特点，围绕学生综合素质评价的观念转变、方法策略使用、任课教师评语、与学科教学结合等方面，选择某一个主题重点总结实施过程、取得的成效、创新点、反思和体会等内容；班主任群体，重在教育管理过程中，选择某一个主题重点总结实施策略、取得的成效、创新点、反思和体会等内容；组织管理者群体，主要指学校领导、区人员、技术人员、教务人员等，重点就如何组织、指导和协调师生、家长等参与评价，总结成效，反思问题。

（四）典型区域普通高中综合素质评价实践分析

1.区本规范程度不同

上海和北京普通高中综合素质评价区本化实施的最大不同在于两者实施权能不同，相对来讲，上海各区重在上海市级统筹规划下各区统一规范地开展区本化实施，北京各区重在由北京市赋权自主探索多样化开展区本化实施。

作为国家试点之一，上海有着充分的改革积淀，在进行普通高中综合素质评价区本化实施时，各方面制度建设较为完善，实施主体相对广泛。依据上海市的统一规划，各区有条不紊地进行相对“标准化”的整体实践，如上海市统一规定的60个综合实践课学分、学校特色指标设立、博雅平台构建、研究性学习平台构建等。相对来讲，为了应对校际发展的不平衡，上海市级和区级层面做了很多探索。虽然各个区域特色发展阶段不同，但仍在有序推进。

北京市学生综合素质评价伴随高中课程改革同步启动，时间最早，平台建立最早，各市县区根据北京方案制订了本市县区的实施方案，学校根据市评价方案和本市县区实施方案制订了本校的实施方案。截至2018年底，北京市普通高中综合素质评价已经实施了11年，也具有区域差异大，执行方案多，各类教育专家、学者和研究机构参与实施的广度与深度大等特点。与上海相比，各区自主探索较多，(省)市级规定动作较单一。

2.区本机制结构类似，但具体构成不同

上海与北京的普通高中综合素质评价区本化实施组织机制主要依托(省)市级、(市)区县、高中学校三级管理制度，共同负责、协调、落实综合素质评价的组织、实施和管理。两者区本机制结构相同，但具体构成不同。相对来讲，上海中小学生综合素质评价工作领导小组较多地吸收了教育领域外的社会支持，除了教育参与，还包括文化、宣传、科协、影视、体委等多部门的协助参与，各区也成立了校外联办，协调各区级成员单位，联动聚能，合力促成综合素质评价改革的顺利推进。主体参与越多，对普通高中综合素质评价区本化实施的意义越深远。上海作为国家试点地区，较好地通过多元参与促进了综合素质评价改革的有效深入。

北京市普通高中学生综合素质评价工作领导小组构成主要还是限于教育领域，由市教委主管领导直接负责，由市科研、教研、信息、招生、教委行政等部门的有关人员组成，一定程度上保证了区本实施的专业性和稳定性。依据北京方案的要求，D区教委构建了评价管理、平台建设、先进经验及典型评选表彰、研讨交流等一系列的管理制度和机制，同时，借助

QQ群、微信群等平台及时发布政策、通知，群策群力，以积极的共同体意识营造团结、奋斗的区域普通高中综合素质评价实施氛围，提高主体认同强度。

3.区本化实施效能与困境不同

上海普通高中综合素质评价区本化实施在制度保障上，主要有信息确认制度、信誉等级制度、公示与举报投诉制度等几个方面。相对来讲，上海普通高中综合素质评价的区本化实施成效显著，但在实施过程中也存在不少问题，主要包括多元参与带来的一些被动局面。例如：相关教育行政部门职能不够清晰，不能对突发问题或是突出问题进行及时反馈，信息沟通渠道不够畅通；实施资源调配不均衡，教育行政部门提供基地信息后，社会实践活动场所与资源供给从以前的校际“贫富”差距转化为区际差异，相关问题需要得到重视；区本化实施队伍建设有待加强，后续跟进式研究缺乏，问题消解力度滞后。

北京D区实施机制中仍不同程度存在结构紧张、一致信念不强、行动动员不足、实施控制力弱等问题。多种方式采取拓展集群种类、提升区本化实施机制创新力度，增强组织认同、实现集群共同愿景，优化人力资源配置、触发集群行动，完善制度设计、提高社会控制力等措施，仍是D区普通高中综合素质评价实施的美好愿景。

普通高中综合素质评价区本化实施过程往往是各利益相关方多方博弈的过程。在此过程中，“社会控制主体必须在法律范围内允许某种不满的表达，并‘公平地’倾听当前的抱怨。社会权威部门必须开放这些需求被倾听的可能性，并且确保相关负责任的决策据此决定”。[①]教育制度是合理配置各种教育利益主体关系的保障。[②]在新制度主义看来，任何组织现象都不仅仅是行动者自主选择和有策略地行动的后果，组织必须适应环境才能生存，特别是必须服从合法性机制、适应制度环境（即组织所处的法律制度、

① Nei J. Smelser. Theory of Collective Behavior[M]. 2rd ed. New Orleans，Louisiana：Quid Pro Books，2011：178.

② 范国睿，孙闻泽.改革开放40年教育体制机制改革的历史与逻辑分析[J].教育研究，2018（7）：15-23，48.

文化期待、社会规范、观念认知等被“广为接受的社会事实”）；正式组织结构不仅反映了技术需求和资源依赖，更体现了各种习以为常的社会事实的合法性要求。作为一种高度制度化的组织，普通高中综合素质评价区本化实施是区域依赖和现实环境共同作用的产物。面对相同国家政策环境的强制性压力，以上海与北京为例，探讨如何应对，如何在普通高中综合素质评价区本化实施阶段谱写各自的改革乐章，需要进行更为聚焦的路径分析、问题梳理、原因剖析。

二、普通高中综合素质评价区本化实施的基本路径

（一）强调实施主体的改革认同

实施主体的职能发挥指结合区域教育发展基础和特色，省级、市县区级主要实施机构设置和职能配置保持基本对应，确保各级各类实施主体凭借明确的实施方向和思路，引领区域层面的综合素质评价实施运行顺畅、充满活力、一致向前。普通高中综合素质评价区本化实施的首要举措在于加强综合素质评价相关政策解读、统一认识、统一规划，强化对综合素质评价理念的宣传与渗透，最大可能地夯实队伍基本功，确保实施主体对综合素质评价理念的高度认同，把普通高中综合素质评价的内容、方法和标准面向社会公示，受社会监督，争取尽可能多的社会支持，营造更积极的社会舆论。这是做好区本化实施，确保综合素质评价改革顺利开展的重要前提和有效保障。对此，北京市教育督导与教育质量评价研究中心的一位领导有深刻认识：“区域层面实施要有明确的实施方向和思路，为学校提供方向性引领服务。例如，某区制订了《普通高中综合素质评价方案（试行）》推进评价工作，其核心价值是在区内形成了统一的声音，并配合方案出台了相关管理细则。”[①]

认识的统一还可以通过借势新课程改革，以观念转变顺势扩大普通高中综合素质评价区本化实施的影响力，进而提升各实施主体对它的认同度。综合素质评价与新课程改革一脉相承，两者期待的教育愿景是一致的。

① 2018年5月与北京教育科学研究院A主任的访谈记录.

“从区级层面而言，2013年，某区申请成为教育部‘国家中小学教育质量综合评价改革实验区’，并以此为基础，建立了区域教育质量评价管理体系，引导学校和家长理性回归，树立科学的教育质量观。在学校层面，借助北京市综合素质评价手册和平台，通过北京市评价中心组织的综合素质评价论坛、经验分享、课题研究、教师沙龙等方式，引导教师、家长转变教育观念，用发展的眼光、多元的视角去评价学生的综合发展，实现学生综合素养提升和个性健康发展。”[①]可以看出，这一平台对于综合素质评价理念的落地有着直接的影响，综合素质评价区本化实施是平台作用下的一项“顺势而为”，这也从一个侧面证明了综合素质评价是国家“深化教育领域综合改革”的必然趋势和必然要求。

北京教育科学研究院A主任给予了验证：“实施初期，有的学校积极性不高，甚至不参加评价。经过调查发现，其原因主要源于对综合素质评价的目的、意义、方式方法认识不充分，认为评价不评价都一样，另外也不知道如何进行，所以不愿参加、不会参加。实施过程中，有些干部和教师认为评价结果如果不与高考升学挂钩，就没有实际意义，这样的评价‘不必搞’；如果结果与高考挂钩，必然会造成评价结果的虚假现象，甚至会公开作弊，这样的评价‘不能搞’。搜集到这种信息后，市教委领导很重视：一方面，进一步明确普通高中综合素质评价目的与高考升学不是一个概念；另一方面，加大推进力度，强调这是所有高中学校的核心业务，是全体干部教师的职务行为，经过一段时间实践，‘不必搞、不能搞’的声音小了。”[②]由于概念不清而产生的排斥，在经过区教育部门的正确引导与适当调控后，普通高中综合素质评价区本化实施步伐逐步稳健。本尼斯(Bennis.W.G.)认为：在人类组织中，愿景是唯一最有力的、最具激励性的因素，可以把不同的人联结在一起。[③]认同是对事物性质、独特性、价值、构成和功能等的认可，实施主体对普通高中综合素质评价的认同，既包含

① 文军庆.开展综合素质评价，引导学生实现全面而有个性发展[C].北京市中小学生综合素质评价典型案例集(2015)，北京：北京出版社，2015：1-3.

② 2018年5月与北京教育科学研究院A主任的访谈记录.

③ 戴维·W.约翰逊，罗杰·T.约翰逊.领导合作型学校[M].唐宗清，等译.上海：上海教育出版社，2003：52.

对其整体的认同，又涉及对其各组成要素的认同，影响着实施主体的归属感、行为意义和研究兴趣等。

（二）关注实施动力的多重驱动

1.以参与聚合力

以参与聚合力，指动员和凝聚全社会力量广泛参与普通高中综合素质评价区本化实施，大力宣传全面而有个性的学生发展是全社会的共同责任和一致目标，树立利益共同体和命运共同体意识，努力形成多主体相互促进、相得益彰的合作共赢、协同共进格局。

这一点，首先体现在普通高中综合素质评价工作领导小组的构成上。"北京市涉及包括行政部门在内的各方人员共同参与，依据评价组织与实施要求，各个市县区动员了多方力量参与到综合素质评价工作推进过程，各负其责。例如，某区高中段由区中教科、中教研、教科所、信息中心、考试中心、体卫中心等部门组成综合素质评价服务团队，明确分工，协同解决推进中的问题与挑战。"①

其次，推进主体的多样性也是这一点的突出表现。综合素质评价改革的系统性、复杂性体现在综合素质评价区本化实施涉及了全社会各类参与者，它不是单独哪个部门或哪个级别的任务，它要求各主体组成团队、形成合力，共同促成。"综合素质评价引入了家长评价，我们尽量创造契机，让家长充分了解综合素质评价工作，认可学校的努力，支持我们的工作。除传统的家长会等形式外，我们还安排了家长采访环节，将采访过程摄录下来现场播放，邀请家长们参加活动，还邀请心理专家来校做讲座，并特意请来学生家长参与，指导家长如何缓解学生的心理压力，应对心理问题。看着家长们欣慰的笑脸，聆听他们对学校工作的认可与感谢，感受他们对孩子教育的理念提升与信心，我们觉得任何付出都是有意义的，也更加深刻地认识到家长评价在综合素质评价中的重要作用。"②这充分说明综合素质评价区本化实施的多主体性，不仅关系到教育内部的多主体，还包括社

① 邢利红．统筹与服务——中小学生综合素质评价的区域推进［C］．北京市中小学生综合素质评价典型案例集（2012），北京：北京出版社，2013：3-6．

② 2018年5月与北京D区某校校长的访谈记录．

会其他领域的各主体，尤其是家长，他们不再游离于学校教育的边缘，而是通过各种方式参与并影响着学校教育的每个环节，学生评价的发生场域和反馈场域得到扩大。在家校合力促进下，学生成长更加显性，并得到更为全面、更为及时的总结、综合、修正与提升。这既集中体现了综合素质评价改革的“初心”，也是推进普通高中综合素质评价区本化实施的有效动力。

2.以考评求提升

以考评求提升，重在把普通高中综合素质评价信息纳入区域综合评价或教学质量监控，有效调控辖区学校干部和教师以及市县区和市承担普通高中综合素质评价任务的部门和人员的行为，以考评促进普通高中综合素质评价工作扎实推进。“某区（北片）认为综合素质评价是对各学校进行管理、督查、评价、考核的重要抓手，为了促进学校更加重视并规范完成这项工作，区教委将此项工作的实施情况纳入某区学校考评指标体系，在《某区普通高中课程改革教学质量监控办法（试行）》中规定了区、校两级的教学质量监控程序，特别是把普通高中综合素质评价工作作为重要监控与评价要素。”[①]“如某学校的教务处安排专人负责监控电子平台登录与填写，及时将综合素质评价信息报到学校评价委员会审核认定。此项工作被列入教师考评，通过责任追究制，与各类评优、职称评定、岗位聘任挂钩。”[②]确保综合素质评价改革改有所进、进有所成，要看综合素质评价区本化实施是否为学生全面而有个性的发展带来实实在在的获得感。各区域都根据不同时期的问题制订明确的、有针对性的实施目标，都设有专门的组织管理机构，这是综合素质评价区本化实施有效开展的重要保障。自组织理论认为系统演化的路径具有多样性，可以是经过临界点或临界区域的演化路径，这种演化路径的结局难以预料，一个很小的激励就有可能导致大的涨落。所以，通过考评激励工作者发挥职能，把严格管理和热情关心结合起来，可以使综合素质评价区本化实施各级各类工作人员在业务能力提升中

① 曹飞．高中学生综合素质评价的区域推进策略分析［C］．北京市普通高中学生综合素质评价典型案例集（2013），北京：北京出版社．2013：3-8．

② 2018年5月与北京教育科学研究院A主任的访谈记录．

增强对区本化实施工作的认同度、向心力，为普通高中综合素质评价区本化实施内生出充沛的前进动力。

3.以融合促发展

以融合促发展，意味着通过构建融合机制，增强改革整体效应，其重点在于促进综合素质评价核心目标与教材建设、学科教学、教师培训、区域文化等层面的融合发展能力，保证综合素质评价区本化实施中问题及时发现、经验及时总结。这是推进改革成果系统集成，实现以整合促发展的重要抓手，也是综合素质评价尽快落地的重要前提。这是推进改革成果系统集成，实现以整合促发展的重要抓手，也是综合素质评价尽快落地的重要前提。“对综合素质评价进行内容细化，与学校已有的评价制度和相关工作进行融合，使学校的各项工作通过综合素质评价形成了一个贯通的体系，既提高了评价的针对性和实效性，也有效提高了学校的管理效能，在实施综合素质评价的过程中，既落实了学校的各项工作，也检验了各项工作。”①“某区将综合素质评价纳入学校德育管理体系，整合德育，抓载体、求落实，整体推进‘评价’工作；将综合素质评价融入教学，融入学校的课程建设，拓宽评价渠道，提升评价质量，丰富评价内涵。”②

学校是普通高中综合素质评价区本化实施制度设计中的“最后一公里”，将综合素质评价的规范化、常态化实施纳入班级管理、学校管理的全过程，自觉推动综合素质评价的良性发展，探索实现学生全面而有个性发展相统一的评价，是构建普通高中综合素质评价区本化实施可持续发展模式的重要路径，是实现学生发展、教师发展、学校发展、区域发展的“多赢”策略。

（三）力求实施方式的选项多元

1.有针对性的培训

综合素质评价理念的宣传与渗透不是一劳永逸的，不同的实施阶段，甚至同一阶段都需要不同内容、不同主体的理念更新，这是一种一轮一轮

① 2018年5月与北京教育科学研究院A主任的访谈记录.

② 邢利红.统筹与服务——中小学生综合素质评价的区域推进［C］.北京市中小学生综合素质评价典型案例集（2012），北京：北京出版社，2013：3-6.

螺旋上升式的系列更新，用于确保实施队伍一直能够站位前沿，同时也是统一思想、统一步骤，协同应对新情况、新问题的队伍建设保障。

如表4-3所示，潘海燕、胡松林（2004）认为，"针对性"强调不能只顾"有没有"，还要重视效果"好不好"，根据培训对象需求、培训任务特征等相关因素，探索培训课程实施方式，开展理念更新和行为改进的有针对性的培训，这是自我完善、自觉自发，形成真正意义上实施协同的必经过程。

表4-3 培训对象、目标、方式①

培训对象	培训目标	培训模式/方式
新教师	端正态度，掌握综合素质评价相关的基本知识和技能。	评价技能训练，评价观摩课。
熟练教师	熟练掌握学生综合素质评价的技能。	实践反思，观察学习，行动研究。
骨干教师	开展学生综合素质评价课题研究，形成自己初步的思想和风格。	课题研究，理论提升。

普通高中综合素质评价规范化实施是常态化实施的重要前提。"为了提高学校开展综合素质评价的积极性和规范性，2015年4月，评价中心在部分综合素质评价项目实验学校开展了相关的方法培训。内容包括如何利用表现性评价开展发展性评价、如何利用观察法开展过程性评价、如何利用问卷法开展综合素质评价、如何利用档案袋评价法、如何撰写学生评价个案、数据统计分析方法培训等。通过这些培训，以及随后的个别化指导，切实提高了学校教师开展学生综合素质评价的能力和兴趣，帮助学校科学运用评价结果，为学生综合素质的全面发展奠定了坚实基础。"②

除了专题培训，北京市县区级教育行政部门还多渠道了解教师需求，开展了不同专题的需求培训，比较有成效的有两类：

第一类是"菜单式"培训。这类培训先后对学校主管干部、初中班主任

① 潘海燕，胡松林．试论新课程背景下的教师继续教育课程开发［J］．中小学教师培训，2004（2）：13-16．

② 文军庆．开展综合素质评价，引导学生实现全面而有个性发展［C］．北京市中小学生综合素质评价典型案例集（2015），北京：北京出版社，2015：1-3．

和高中课改联络员进行了专项培训。培训内容根据培训对象的不同有所差别，如学校主管干部的培训，除了常规的评价理念、知识以外，还有学校主管干部的职责、注意事项，如何进行校级管理、指导、培训等。

第二类是“诊断＋追踪式”指导。专题调研和指导是发现困难、重点突破的有效方式，因此，区域层面更加强调通过系统培训和专题调研来指导学校学生综合素质评价的开展。所以，这一方式中的“诊断”是指深入学校了解问题的性质，“追踪”是指问题的复杂性往往仅靠一次指导难以奏效，需要连续渐进的指导。

2.专业的课题引领

课题研究是引领综合素质评价工作稳步前进的重要方式。“我们以区教育学会教育评价研究会为平台，鼓励和指导教师开展综合素质评价相关研究，还有一些课题被区教育科学规划办确立为区级课题，有效提高了学校干部、教师的综合素质评价研究水平。另外，把管理和指导贯穿课题研究过程之中。课题开题时有开题论证和教育评价主题讲座，研究中期有课题观摩研讨会，结题时有研究成果交流会和结题鉴定。”① 这种研究与指导相结合的方式，一方面可以充分发挥教师教育研究的主动性，另一方面指导可以答疑解惑，提高研究实效性。

积极发挥课题研究的引领和指导作用，是强化综合素质评价区本化实施工作意识的重要经验。“就区域层面来讲，研究重点主要集中在以下几个方面②：开展质量观、评价与课程的关系，通过综合素质评价提升教育质量等方面的实证研究，开展校级联合研究，围绕创新能力、实践能力、社会责任感等开展评价与提升研究，围绕工作机制的可持续运行进行研究，提出有区域特点的可持续推进策略；构建区域内跨校的专题研究和行动小组机制；区里牵头，各校骨干教师参与，开展专题研究、区域特色研究。如果有的区有课程评语特色，有的区有个性发展评价，还可根据区域人才培养

① 2018年5月与北京教育科学研究院A主任的访谈记录.

② 曹飞. 高中学生综合素质评价的区域推进策略分析［C］. 北京市普通高中学生综合素质评价典型案例集（2013）. 北京：北京出版社，2013：3-8.

特色，挖掘区域综合素质评价的独特作用。”[①] 相对于校本化实施，区域层面有更多数据需要整合，市县区级研究机构（如教研中心或进修学校等）发挥了自身优势，充分发掘数据中的规律和联系，更好地服务于区域教育行政决策，给予学校更切实的专业服务。

北京市部分区县设计专项课题，以研究为引领，有效带动并推进全区高中综合素质评价工作：“某区通过市教育学会评价分会设立专项课题，如‘普通高中学生综合素质评价和学生日常管理整合研究’，吸收全区所有高中校长作为课题组成员，每年召开一次大型研讨会。以专项研究、专项推进的工作策略，要求辖区各校在学年初做好专项培训计划，学年末做好专项总结，目的在于让这项工作扎扎实实地深入进行。”[②]

另外，针对一些个性化问题，也是通过课题研究做好指导，把研究与深化作为实施重点，“以课题研究为契机，区综合素质评价项目组公布系列研究专题，学校有目的地进行选择，并纳入该区‘十二五’课题申报与研究规划中，有效提升学生评价与教育教学的融合度。如：某中学的‘巧借评价有效提升学生综合素养实践研究’、某中学的‘基于学生校本课程学习的评价研究’、某附中的‘新课程背景下学生评价改革的实践与探索’。”[③] 同时，开展综合素质评价应用课题研究，举办课题开题培训现场会、中期交流汇报会和教科研成果总结表彰会，促进综合素质评价在区域层面的有效实施。“10月份，召开某区普通高中课程改革实验工作总结会，专题总结、专项推进，综合素质评价工作是四个专项总结之一。学校把综合素质评价工作与教育教学有机结合。例如：某中学开通外网，让家长可以随时了解学生在学校的成长，架起家校桥梁，以过程性评价促进学生成长；某中学把综合素质评价纳入班主任日常工作，充分发挥班主任核心作用；某中学把综合素质评价工作与日常管理相结合，并逐步促进其常态化、规范化、制

---

① 2018年5月与北京教育科学研究院A主任的访谈记录.

② 曹飞. 高中学生综合素质评价的区域推进策略分析［C］. 北京市普通高中学生综合素质评价典型案例集（2013），北京：北京出版社，2013：3-8.

③ 魏淑珍. 专题研究　范例引领 —— 区域稳步推进学生综合素质评价工作的两种策略［C］. 北京市中小学生综合素质评价典型案例集（2013），北京：北京出版社，2013：28-33.

度化。”[①]

3.生动的特色化发展

深化改革需要经验总结，更需要案例学习、特色引领。相对于校本化，普通高中综合素质评价区本化实施，使得思路开拓了，原本存在隔阂的区域内校际交流活跃了，多主体参与区本化实施研究的广度与深度大大提升了。从当前来看，普通高中综合素质评价区本化实施中的“特色化”打造，主要有以下几种方式：

（1）“特色”的整合与分析

这种方式主要是指市县区通过材料分析、进校调研等形式，对相关信息进行整合与分析，及时对典型经验和先进路径进行总结反馈，定期交给网络管理员上传到网络平台，供区域内各校学习、借鉴，或者总结撰写形成文本，推荐给区级宣传刊物，有效促进了区域内、区域间综合素质评价实施经验分享与交流。“该区从5043份2010届原某区‘高中毕业生综合素质评价报告册’中精选50份‘学生个性发展自我评价和特长成果’以及65份‘研究性学习成果’，并将相关内容进行摘要汇集，形成《某区‘普通高中综合素质评价报告册’案例集（学生篇）》《某区普通高中综合素质评价实施研究成果集》，编印成册，发放给该区毕业年级学生，为他们填写个性发展自我评价、特长成果和研究性学习内容摘要提供参照，实现了成果的推广与共享。”[②]

（2）“特色”的交流与研讨

除了对基本信息的整合与分析，一些典型经验和先进路径的交流与研讨也是非常重要的：“在组织开展综合素质评价工作的过程中，通过学校上报材料分析、下校调研等形式，积极指导开展综合素质评价工作。另一方面，积极总结某区综合素质评价的先进经验，定期交给网络管理员上传到北京市高中课改网。同时，对于部分典型经验，总结撰写形成文本，推荐给

---

① 李壬戌. 搭建平台，全面协调，做好学生综合素质评价服务工作［C］. 北京市普通高中学生综合素质评价典型案例集（2010—2011），北京：北京出版社，2013：23-28.

② 肖菲. 长效机制保障　践行评价改革［C］. 北京市普通高中学生综合素质评价典型案例集（2010—2011）. 北京：北京出版社，2011：21.

某区级宣传刊物来宣传。此外，还积极利用某教师研修网等网络平台，发布综合素质评价的优秀经验，供区域内各校学习、借鉴，有效促进综合素质评价经验分享与交流。”[①]北京市各区县、学校在依据市评价方案的精神开展评价工作时，还力争在市方案的基础上拓展、延伸，利用自身区域优势，形成自己的区域特色，并在全市经验交流会、专项研讨会中逐步推广、逐步完善。“依据北京市方案中的三级指标，确定本市县区和学校的评价要素，并与学校育人目标结合起来，对本区域教育质量观、学生观、评价观给出具体确认。例如：定位本区域学生的个性发展目标，争取在规范的同时形成本区域的特色，工作特色要与学生的全面而有个性特色的发展相结合，如把高中的特色发展与学校的学生综合素质发展结合起来。目前综合素质是学校特色中的一部分，随着工作的逐步推进，我们还希望可以让其成为学校特色的核心部分，以课程教学、学校管理等方面的特色发展为学生的综合素质提升服务等。”[②]

（3）“特色”的宣传与效能期待

上海市专设了“学校特色指标”，但同时指出，不要求每所学校全都依照特色指标实施，综合素质评价改革允许差异化发展。这里的“差异”，不单单是发展质量，更多的是发展多样化、多元化。综合素质评价实施以来，在区域改革方案的推进下，区域学校的特色化发展实现了质的变化。“学校特色指标是在学校开展综合素质评价之后才有的。以前也有，但是分散到其他的地方了。但是综评之后，我们只是把它体系化了一下。相关纸质材料全都交到了市教委，然后在平台上进行一个后台的操作，大家可以浏览这些项目。这些东西可以根据学校自身特色制订，也可以自己进行调整。”[③]学校的特色文化极大影响着学生的个性化发展，这一点对于高一级学校有着很大吸引力，“校长在课程设置时，应该从综合素质评价的本质上去考虑。学校可以根据学生的学习认知能力、学生的基础、学校的办学条件、

① 文军庆. 开展综合素质评价，引导学生实现全面而有个性发展［C］. 北京市中小学生综合素质评价典型案例集（2015），北京：北京出版社，2015：1-3.

② 曹飞. 高中学生综合素质评价的区域推进策略分析［C］. 北京市普通高中学生综合素质评价典型案例集（2013）. 北京：北京出版社，2013：3-8.

③ 2016年5月与上海市基础教育教学研究室A主任的访谈记录.

办学特色等方面去考虑制订相应的计划。我们期待出现课题的明星效应，这样在录取的时候能够有一些加分因素”[①]。

（四）重视实施条件的宏观统筹

1.强调信息统筹

信息统筹主要指通过多个主体、多种渠道、采用多种方法对综合素质评价信息进行搜集、整理、汇总、数量与质量检查，确保其真实、有效、有区分度、有价值。及时的信息统筹与沟通是监控普通高中综合素质评价工作的重要保障。为了确保区域内信息畅通，北京市部分区县积极创新工作思路，逐步探索出自己的信息统筹策略。“努力打造三级信息沟通机制，建立飞信群、研修网络通知和教委通知三个层级。飞信群主要用于日常信息交流，包括区级层面的通知、督促，也便于为各校负责干部答疑解惑。研修网主要用于比较正式的通知传送，如全区综合素质评价工作安排计划的传达、平台补录的下发等。教委通知主要用于全区范围内更为重要的通知，如先进个人与先进单位的评选通知、全区范围的综合素质评价培训会等。”[②]

互联网可以有效缓解信息的不充分、不对称现象，提升异质化供求配置效率。在此技术的帮助下，大量“线下”的区本化实施主体纷纷“上线”，单向度、线性的统计数据存在一定的试验性，信息统筹可以有效提高教育出口数据的覆盖范围、准确性、实效性、可解释性、一致性、规范性，在普通高中综合素质评价区本化实施工作线上线下的有机融合中，逐步成为信息立体传递的区本化实施增值源，营造了线上线下区本化实施问题治理一体化新模式，为普通高中综合素质评价区本化实施提供了更好的工作方式，有效加快了区本化实施的工作进程。

开展系统培训和多元化培训是顺利推进普通高中综合素质评价的前提保障，也是各级各类参与主体进行理念更新和行为改进的重要途径。有了前期的信息统筹，各辖区针对普通高中综合素质评价实施过程中的诸多问

① 2016年5月与上海市基础教育教学研究室A主任的访谈记录.

② 李凯.发挥“四个引领”落实“评价育人”［C］.北京市中小学生综合素质评价典型案例集(2013)，北京：北京出版社，2013：20-24.

题进行了统筹分析，确定了相关培训体系，如图4-3所示。

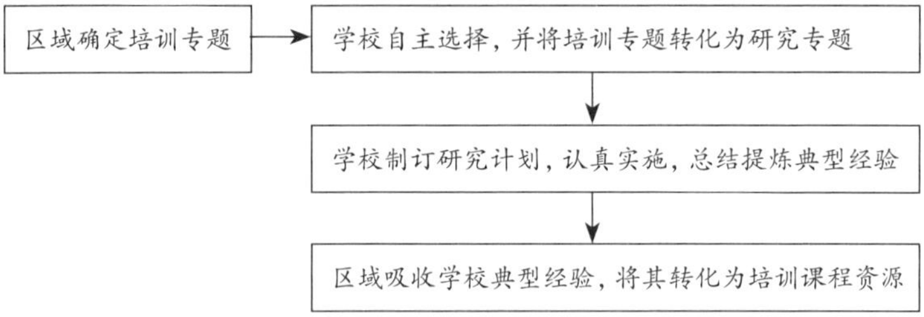

图4-3　某区培训体系[①]

图4-3说明：区教育部门引导学校教师参与培训课程开发，将培训专题转化为自己的研究专题，在研究实践中总结经验，并将典型经验再转化为培训课程资源，成为全区培训课程资源中的一个部分、一个环节，达到区域和学校共同发展的目标。

区本化实施是一个系统工程，它的基本目标在于与区域教育发展的总目标相互协调。这是区域经济、政治、文化各领域协调发展的结果，任何一方的缺位都会导致畸形发展。普通高中综合素质评价区本化实施工作的顺利开展是强化组织领导、强化协同联动、强化示范引领，实现统筹联动的结果。统筹联动对于普通高中综合素质评价区本化实施工作有重要的现实意义，它对区本化实施工作是一种条件保障，对区域内的校本化实施也是一种条件支持。

2.重视合力共进

合力共进意味着打开组织边界、跨越专业边界、突破发展边界，以责任结果为导向，有效促进机制的外部适应能力、内部循环能力。综合素质评价区本化实施不是简单意义上的上传下达，而是一个复杂的工作推动过程，涉及省、市县区、学校等多层面，教育厅(委)处室、教科研院所、校级具体安排等多部门，教育行政官员、校长、教师、学生、家长等多角色。所以，在实际推进过程中，形成的多形式、多角度、全方位的统筹合力，有效、扎实地保障了普通高中综合素质评价各项工作的顺利开展与相互衔接。

① 潘海燕，胡松林.试论新课程背景下的教师继续教育课程开发[J].中小学教师培训，2004(2)：13-16.

善借力，聚合力，是上海市普通高中综合素质评价区本化实施的有效经验。“上海中小学生综合素质评价工作领导小组的组建吸纳了市委宣传部、市文明办、市科委、市文广影视局、市体育局、团市委、市科协等部门共同为学生志愿服务（公益劳动）、体育艺术科技活动、研究性学习等活动提供支持，充分体现了凝聚合力办教育的指导思想。”[①] 地方教育行政部门、岗位单位、学校三方合力推动，给予了学习者更多的学习体验，使学生的学习生活与社会生活有机联结，极大地扩大了学习者的发展视域，为他们后期学校学习提供了更多的思路：一方面学生能力得到了更为全面的发展，另一方面也为他们找到更为真实的自己提供了更多个性的选择，综合素质评价倡导的全面而有个性的发展真正落在了实处。同时，在综合实践活动的带动下，学校的教育教学也得到更为丰富的拓展与充实。教师随着综合实践活动任务的启动、进展、完成、收获，在对学生的认识与指导层会得到更有效、更有针对性的信息。

（五）确保实施成效的全程监管

1.整体筹谋重引领

整体筹谋关键在于调整组织惯性，实现目标引领，重点监管：能否结合综合素质评价工作的具体情况，确定工作重点和主题，统筹有关各方资源，规划设计、全局推进，即汇聚行政、科研、信息等多个部门的力量；能否全盘考虑、整体设计区本化实施的思路；能否建章立制以科学规范综合素质评价区本化实施的整体工作。成效显著的机制有以下几种：

（1）通力合作机制

“即由中教科作为区级主管部门，搭建平台，全面协调好教科研部的理论引导、信息网络部的技术支持、体美科的体育测试、保健所的体质检查、考试中心的档案整理等，接受北京市教委基教处的行政领导、基教所的理论指导、信息中心的技术指导，协调好学校各方面的工作。请行政、科研、技术等方面负责人一起参加交流研讨会，安排学校不同的人员进行经验交流。在学校检查中也采用了联合视导，目的在于减轻学校的接待负担，使

① 上海市教育综合改革专家咨询委员会秘书处．为教育改革探路，为教育现代化助力：上海市教育综合改革发展报告（2014—2017）[M]．上海：上海人民出版社，2018：349.

问题能够得到更好的解决。”①

(2)计划管理机制

“结合综合素质评价工作的具体情况，确定工作重点和主题，指导学校有步骤、有目的、有重点地开展工作，落实区县课改工作思路。”②区本化实施是一项系统工程，在顶层设计之外，更需要有明确的分工、清晰的责任、到位的过程督查，能否把工作压力和责任担当“层层传导”，实现工作的“层层推进”是区本化实施制胜的关键。所以，这一机制的要点在于结合综合素质评价工作的具体情况，确定工作重点和主题，指导学校有步骤、有目的、有重点地开展工作，创新性地落实市县区推进工作思路。“以区县为单位的区域整体推进在过程管理上应当关注从统筹和服务方面进行创新：一是统筹多方资源，规划设计全局推进，即汇聚行政、科研、信息等多个部门的力量；全盘考虑、整体设计区本化实施的思路；建章立制以科学规范学校的工作。二是提供全方位的服务，支撑学校开展实践，即领会、传达综合素质评价文件精神，通过系统培训和专题调研指导学校，通过课题研究或者专项研究解决学校面临的问题，着力关注、挖掘和培育典型经验和亮点，搭建各种平台实现以点带面的推广应用。”③

2.过程监督重规范

过程监督重在确保区本化实施工作的规范与高效实施。交流研讨机制④，即每年召开一次交流研讨会，各学校充分发表意见，发现问题、挖掘经验、加强沟通，会上邀请有关的专家点评。交流研讨会已成为该区推动综合素质评价工作的长效机制。专项推进机制⑤，即学年初做好专项培训

① 李壬戌.搭建平台，全面协调，做好学生综合素质评价服务工作［C］.北京市普通高中学生综合素质评价典型案例集(2010—2011)，北京：北京出版社，2013：23-28.

② 2018年5月与北京市D区教师进修学校科研室的访谈记录.

③ 邢利红.统筹与服务——中小学生综合素质评价的区域推进［C］.北京市中小学生综合素质评价典型案例集(2012)，北京：北京出版社，2013：3-6.

④ 李壬戌.搭建平台，全面协调，做好学生综合素质评价服务工作［C］.北京市普通高中学生综合素质评价典型案例集(2010—2011)，北京：北京出版社，2013：23-28.

⑤ 李壬戌.搭建平台，全面协调，做好学生综合素质评价服务工作［C］.北京市普通高中学生综合素质评价典型案例集(2010—2011)，北京：北京出版社，2013：23-28.

计划，学年末做好专项总结、专项研究、专项推进工作。培训研讨机制[①]，即利用现代网络平台开展现场培训研讨或进行网络互动交流。研修一体机制[②]，即坚持边工作，边研究，以研究促进工作，以工作深化研究。综合素质评价的融合机制，即强调学校在实施综合素质评价中并非单纯做此一项工作，而是与学校其他各项工作进行有机融合，如与学校教学、德育工作、体育卫生工作、心理健康工作、校本课程、综合实践活动等融合，细化评价内容，提高评价的针对性与实效性。[③]规范性在于立足区域推进，对复杂的综合素质评价区本化实施过程进行简单总结。"一是理论武装，为推进工作打下思想基础；二是查找问题，为推进工作找准方向；三是完善制度，为推进工作提供政策保证；四是加强调研，为推进工作提供技术支持；五是收集案例，为推进工作提供典型范例；六是组织交流，为推进工作提供研讨平台。"[④]

3.结果管理重反馈

结果管理侧重普通高中综合素质评价区本化实施的结果监管与督查，重在对工作的评价、反馈与经验推广。这一阶段的工作主要有两种方式：

（1）全面工作的反馈

检查反馈机制[⑤]，"即有目标、有检查、有反馈，逐步聚焦问题，组织专家研讨；总结推广机制，即市县区范围内定期召开专题工作会议，各学校取长补短、相互借鉴；服务保障机制，即由中教科、中教研、教科所、信息中心、考试中心、体卫中心等部门组成服务团队，明确分工，协同解决综合素质评价工作推进中出现的问题"。

（2）关键环节的反馈

即对普通高中综合素质评价区本化实施过程中的关键环节进行重点总

① 吉战胜．优化管理抓落实，完善机制促发展［C］.北京市中小学生综合素质评价典型案例集(2012)，北京：北京出版社，2013：16-19.

② 李壬戌．搭建平台，全面协调，做好学生综合素质评价服务工作［C］.北京市普通高中学生综合素质评价典型案例集（2010—2011)，北京：北京出版社，2013：23-28.

③ 2018年5月与北京教育科学研究院A主任的访谈记录.

④ 王永庆．立足区域推动，着眼学生发展［C］.北京市中小学生综合素质评价典型案例集(2012)，北京：北京出版社，2013：19-22.

⑤ 吉战胜．优化管理抓落实，完善机制促发展［C］.北京市中小学生综合素质评价典型案例集(2012)，北京：北京出版社，2013：16-19.

结反馈。李凯（2013）作为区教研中心的研修员，把所辖区域综合素质评价的管理工作总结为“四个引领”①：一是理念引领，重在培训的精细化、分层化，即把相关的教师培训分为全面了解阶段、专项培训阶段和有指导的学校层面再培训阶段；二是监控引领，强调层层负责，定期检查，即采取“一分散、二集中、三统筹”②的监督模式，努力打造三级信息沟通机制，建立飞信群、研修网络通知和教委通知三个层级；三是基地校引领，发挥“四种功能”③的辐射作用；四是典型经验引领，着眼于通过学生综合素质评价研讨会、课题研究、案例征文等活动发现并推广典型经验。综合素质评价改革“全面而有个性”的人才目标有着强大的溢出效应，它对于丰富新时代教育评价内涵有着积极的理论意义与现实意义，这一点已在综合素质评价实施初期被理论证明，并在当前普通高中综合素质评价区本化实施中得到实践检验。

三、普通高中综合素质评价区本化实施的主要问题

2014年教育部《关于加强和改进普通高中学生综合素质评价的意见》（教基二[2014]11号）颁布后，各省、市的实施方案开始破题，但进展相对缓慢，当前来看，离预期目标还有一定的差距，且普遍存在着制约普通高中综合素质评价区本化实施深度、广度和力度的不利因素。所以，如何抽丝剥茧发现问题、查找原因，对促进普通高中综合素质评价区本化实施的常态化、规范化有着重要的现实意义。

基于改革的复杂性、长期性，当前普通高中综合素质评价区本化实施面临着不少的挑战与困难。总体来讲，主要集中在以下几个方面：

① 李凯．发挥“四个引领”落实“评价育人”[C]．北京市中小学生综合素质评价典型案例集(2013)，北京：北京出版社，2013：20-24.

② 一分散指学校结合部分学生家庭网络资源，采取学生之间资源共享模式；二集中指利用学校信息技术课的有限时间，在教师指导下完成填写；三统筹指在临近期末时，结合学生整体填写情况进行统筹扫尾评价，保证高效完成.

③ 基地学校应该具有的四个功能：重点指导的基地、实验研究的基地、先进经验的基地和培训示范的基地.

（一）顶层设计中疏于机制聚合

综合素质评价改革是一个涉及方方面面的系统工程，即使在上海、浙江这样的经济发达地区和教育改革先进地区，仍然面临着新高考带来的教学、管理、设施、师资、社会资源等多方面的压力，普通高中综合素质评价区本化实施顶层设计中制度健全与完善任重道远。

我国教育改革的主要路径是自上而下，相对来说，顶层设计不足、制度建设滞后，过度地依赖感性经验，使得政府“越位”“错位”问题，以及“缺位”“不到位”现象较为普遍。[①]政府层面的教育改革方案更多地侧重于原则性要求、建设性指导、愿景性描绘，忽视了系统、精细的发展制度建设，致使我国教育发展缺乏基本的定型制度。[②]具体到普通高中综合素质评价区本化实施，关于区域层面的“如何做”问题，各部门之间缺乏明晰边界，内部制度过于多元、分散，机制之间缺少整合和协调，统筹联动不足，合力共促不够，这些问题大多源于顶层设计中制度黏合不够。总体来讲，主要有以下两个方面：

1.教育领域内权责不清

教育管理权责下放容易产生区域教育发展失衡问题，这也是国家建立与完善“省级统筹、以县为主的教育管理体制”的重要原因。教育行政部门在进行顶层设计时如果不能充分倾听学校领导、一线教师、学生、家长等多主体的意见与建议，常常会导致一些不必要的执行冲突，相关制度设计也会缺少足够的延续性与灵活性。制度实施空间不足，多样情况、多元问题难以得到有效解决。“综合素质评价实施以来，区教委主要提供了基地信息，给学生的实践提供了平台，市教委需要照顾到基层学校的意见和建议。但是市教委的管理太僵化，不够灵活。顶层设计需要多考察实际情况，多了解基层学校的具体问题，这样综合素质评价活动更容易成功。学校希望市教委统一思想，在顶层设计方面更趋成熟，否则下级不知道该怎么做。”[③]部门责任的明确划分与部门间职能权限的无缝衔接是实现部门整体责任的

① 郝德永.我国当代教育改革的方法论偏差及症结[J].教育研究与实验，2018（1）：12-18.
② 郝德永.我国当代教育改革的方法论偏差及症结[J].教育研究与实验，2018（1）：12-18.
③ 2017年6月与上海市基础教育教学研究室A主任的访谈记录.

基本前提，除了关注“有没有”，还要关注“实不实”，提高问题治理的针对性，教育行政部门的支持与协调应当充分征求学校的意见与建议，从综合素质评价实施的问题出发，选择最适合学校发展实际和区域发展规划的方式给予帮助。

另外，在普通高中综合实践活动的工作安排上，市县区与学校之间也会因为权责尺度不明导致一些本可避免的问题出现。“这些岗位是以市教委的认证为前提的，否则学生的参与不具备意义。学校经常向市教委提出意见，能不能把一些社会实践活动安排在学校中进行，但是，市教委的统包倾向比较严重，给学校组织社会实践带来压力。如果有些社会实践活动可以在学校中进行，家长可能会更加理解、支持。”①权责清晰与否影响着主体积极性与实施效果，依据实际对实施机制进行及时修整对于整个实施进程有着重要意义。

普通高中综合素质评价实施的区本格局要求加强教育统筹，即国家、省级、市县区级层级的教育统筹。这就意味着必须正确解读国家层面综合素质评价相关文件，全面领会国家综合素质评价政策导向，同时充分了解区域层面综合素质评价实施现状，正确认识国家要求与省、市县区级区域现状的差距，精准把握面临的新挑战与新问题，相关政策的制定与实施必须与国家教育宏观政策相互衔接并充分考虑区域经济社会发展的决策部署和实际需要。这是一种战略格局，需要中央、省级、市县区级全面协作、统筹联动，以教育改革带动教育发展，以教育发展开创教育事业新局面。正如《关于深化教育体制机制改革的意见》所提出的，坚持顶层设计与基层探索相结合，既加强系统谋划，又尊重基层首创精神，充分调动地方和学校改革的积极性、主动性、创造性，及时将成功经验上升为制度和政策。②由于教育领域内部各级各类行政部门权责不清，导致普通高中综合素质评价区本化实施在制度设计方面还需要进一步理清思路、全面筹谋，在适度的张力中激发出积极活力，为综合素质评价改革的逐步深化提供更多有效

① 2016年10月与上海市A中学校长的访谈记录.

② 中共中央办公厅、国务院办公厅印发《关于深化教育体制机制改革的意见》[N].人民日报，2017-09-25（1）.

动力。

2.教育领域与其他领域间对接不畅

长期以来，政府部门间由于存在各自为政、多头行政局面，教育行政部门与其他政府职能部门之间屡屡发生沟通不畅、相互扯皮推诿现象[①]，且由于缺少足够规范、畅通的工作秩序，直接关系不顺、效能滞后，对普通高中综合素质评价区本化实施造成了很大影响。以普通高中综合素质评价平台构建为例，板块之间的联系复杂，有校长反映："辅导太少，只有老师间建群私下交流，市教委没有具体指导，全凭摸索。……前期培训不能直接做管理员培训，应该从校级开始。领导层应该清楚认识，还应该有一个指导文件，这个文件应该不是技术性的，而是原则性的。还应该有一个明确的负责人，出了事情也可以找到咨询人。同时应该尽量简化流程。如果教育部门有一个调节，事情做起来也会名正言顺。希望区域之间协调富余与短缺的老师，这比校级之间的联络要好。"[②]如何简化流程确保推进高效、优质发展，确保实施问题的及时反馈与处理是影响普通高中综合素质评价区本化实施的现实问题。约翰·希克斯（John R. Hicks）强调整体性治理，将公民的"生活事件"（life event）作为一切工作的出发点，逐步加强政府职能的整合，从而为公民提供无缝连接式的服务，使他们不再疲于奔波在各个政府部门。[③]各级教育行政部门在区本化实施过程中应该以实施需求为导向，统一目标、简政放权，确保方案实施朝着正确的方向顺利运行。

教育领域与社会其他领域缺乏有效衔接，还会导致资源配置不力、双方合作不顺。综合实践活动课的开展通常需要统筹校内外资源共同开展，此时教育行政部门应当做好学校与岗位单位之间的协调员，确保课程开展拥有及时、充沛的实践岗位。"学生在学校里学习，和社会是脱节的，市教委规定社会实践要有60个学分，学校安排好合作的养老院、孤儿院等公益单位，但受制于岗位稀缺，无法给学生提供多种多样的岗位体验，因此，学

① 范国睿，孙闻泽.改革开放40年教育体制机制改革的历史与逻辑分析［J］.教育研究，2018（7）：15-23，48.

② 2016年10月与上海市A中学校长的访谈记录.

③ Perri. Holistic Government［M］. London：Demos，1997：26，46.

校一直在积极地与各种岗位单位联系，但收效不大。…… 实践基地、挂牌基地可以参观接待，但实践岗位少，学生需求大，每个人又必须要完成60学时，全部压力都放在了学校。…… 极个别的家长可能会产生抵触心理，有的家长在假期想安排学生的时间，如果学生的寒暑假不去参加社会实践，所产生的后果是学校无法承担的。”[①] 如果协调得当，这应当是一个双赢的结果：学生得到新鲜的职业体验，岗位单位得到有效的社会宣传。但就目前的情况来看，教育行政部门对自身定位缺乏深度思考，与其他领域行政部门对接不力，导致在校内外资源的优化配置上职能缺位，给区域层面上综合素质评价的有效实施造成了一定障碍。

（二）实施进程缺少深层探究

普通高中综合素质评价区本化实施过程始终存在着与区域教育发展适应与非适应的阶段特征，这是综合素质评价常态化实施的宏观表现形式。基于区域差异性，不同区域的实施机制与实施策略都不尽相同，借力普通高中综合素质评价改革，进行深层探究，形成一定的影响力、辐射力、引领力，更可能会发生在普通高中综合素质评价区本化实施进程中，但当前来讲却难以实现，主要因为在具体实施中缺少深层探究，缺少“科学伴随”。

“科学伴随”是20世纪60年代末德国职业教育界提出的一个实践理念，它要求每一个大型试验都配备一个外部科研小组，即所谓的“科学伴随”。该小组以“中立”的态度验证试验的新方法或新理念的质量和效果，为未来教育决策提供支撑和依据。[②] 从普通高中综合素质评价区本化实施实际来看，“科学伴随”对于精准问题、探究路径、发现深层症结有着重要的现实意义，以下几类问题的反思与改进也会是顺势而为。

1.行政主导下实施焦点如何凸显的问题

与普通高中综合素质评价校本层面的实施相比，区本化实施阶段中的区域教育行政部门需要同时处理和协调更多事务，此时更容易出现焦点分

---

① 2016年10月与上海市B中学校长的访谈记录.

② 乌特·劳尔-恩斯特. MME典型试验项目：处于转折关头的创新研究［M］//菲得克斯·劳耐尔，鲁珀特·麦克林. 国际职业教育科学研究手册（下册）. 赵志群，译. 北京：北京师范大学出版社，2017：231. 转引自：陈柳，赵志群. 比较教育中的教育政策转移理论 —— 对大卫·菲利普斯教育政策借鉴理论的反思［J］. 外国教育研究，2019（2）：14-26.

散、目标中断、事务性工作繁杂等问题，导致难以为学校提供专业领导等现象的产生。另外，综合素质评价改革虽然是热点，但是关于区域层面的普通高中综合素质评价实施研究比较少，同时由于学区化、集团化等新的办学管理模式的出现，带来了很多新现象、新问题，加之个体学校本身都是专业型的知识组织，“领导知识组织经常比领导其他类型的组织更难，知识组织中的工作者往往是独立的、精力充沛的而且富有能力，并且最重要的是他们是专业导向的。”①因而如何从诸多问题中抓到关键，对区域层面普通高中综合素质评价实施进行有效引导，是难题。

2.实施认同度如何提升的问题

弱于引导的直接结果是对综合素质评价理念解读不深，导致部分教师、学生、家长认为它与当时正在进行的新课程改革有冲突，甚至认为是“另起炉灶”式的重新再来，从而产生一种心理不适，感觉凭空增加了太大的压力：“从管理到教学再到评价，整个是一个重构。”②教师对综合素质评价理念的认识偏差，直接影响实施主体的参与积极性，影响普通高中综合素质评价区本化实施工作的质量和进度。“某区普通高中综合素质评价在推进过程中，也存在诸多困难，归纳起来主要有两个方面：一是客观方面的困难，二是主观方面的困难。客观方面主要体现在：高考压力过大，干部教师没有时间做；学校信息平台系统不健全；家长配合不到位；综合素质评价内容烦琐；来自各方面的声音不一致。主观方面主要体现在：部分干部教师对综合素质评价认识不到位；干部教师的教育观和评价观有待改进；面对这项新事物，很多干部教师不知如何去做。”③

3.专业指导如何及时到位的问题

如何在最短时间内实现政策的落地落实，使其尽快发力并凸显工具属性，引领教育生态的向好趋势，是当前普通高中综合素质评价区本化实施中需要引导的重要事项。“目前，学校是实施市教委的综合素质评价设计方

① OECD. Leadership for 21st Century Learning[M]. Educational Research and Innovation，OECD Publishing，2013：159.

② 2016年10月与上海市D中学校长的访谈记录.

③ 2018年5月与北京市D区教师进修学校科研室的访谈记录.

案，自己探索比较困难。比如，数据录入是通过市教委的平台，市教委平台开放的时间是有限制的，班主任对学生的录入是要在规定时间内完成的。而且班主任只能在学校进行数据录入，其他地点没法登录。开放别的地点的网络可能是担心数据的泄露。”①当前的区本化实施现状整体显示相关专业指导不够充分。例如：设计不充分，主要表现为对一线人员倾听不够，缺乏足够针对性；潜力释放不充分，主要表现为培训方式不新颖，距离更好地利用培训、扩大培训效能仍有很大提升空间；动力转换不充分，以专业指导驱动格局形成的力量较为薄弱。

4.偏好显示与汇聚机制如何精准的问题

改革的社会基础越是广泛、越是坚实，改革成功的可能性也就越大，过程也就越顺利，代价也就越小。我国当代教育改革虽呈现出明显的“社会倒逼”特点，但却明显缺乏社会支持与社会联动品质。②具体到普通高中综合素质评价区本化实施，突出表现为实施主体的偏好显示与汇聚机制的缺失。

有别于以往“以成绩论质量”，普通高中综合素质评价着眼于以发展的眼光、多元的视角去评价学生的综合发展，是关乎评价生态改善的深层次变革，是观念上的新突破，它在教育教学实践中的落地落实，需要一定的时间，需要更多的主体认同并参与。从分担成本获取收益的角度而言，每一位参与者都有权知道在区本化实施的过程中分担了多少成本、分担理由是什么、自己分担的成本是通过什么渠道被用作学校常规的运转、有没有被不合理地使用或者边缘化、自己分担的改革成本带来了多少改革收益，以及别的主体是怎样分担成本的，又带来了多少收益。这些问题对当前普通高中综合素质评价区本化实施偏好显示主体而言都是模糊不清的。“高中综合素质评价工作涉及面广、影响面大、社会关注程度高，与人们切身利益息息相关，它的推进需要得到全社会的支持和理解。因此要强化总结和宣传意识，让这项工作逐步深入人心，争取广大教师、学生、家长乃

---

① 2018年5月与北京市D区教师进修学校科研室的访谈记录.

② 郝德永.我国当代教育改革的方法论偏差及症结[J].教育研究与实验，2018（1）：12-18.

至全社会的支持和配合。”[①]如何关心个体的经验，研究教育自身发展的规律，通过多个主体、多种渠道，采用多种方法，为普通高中综合素质评价区本化实施争取更多主体参与，提供更大的持续保障，也是难题之一。

当前来看，由于缺少专门的机构与人员匹配，导致全方位、大规模的主体应然偏好收集与整理成为困难。如此一来，校内偏好显示，主体只知道自己的付出，却不知道自己分担了多少实施成本。没有偏好显示渠道，这些主体难以知道如何配合。例如，区域内一些较弱层次的学校，他们在综合素质评价改革中常处于失声状态，对普通高中综合素质评价区本化实施的政策设定与成本分担已经习惯了无声地接受。在信息缺失的环境下，偏好显示的应然主体似乎已经忘记了自己的偏好显示责任，以及实施信息如何共享的问题。另外，对于缺乏表达渠道的群体而言，有可能出于“表达性意见”的动机将认同转移到一些极端选项，以表达不满。调研中会有看似非理性的“表达性意见”，即并非每个学生家长或社会领域的参与者对综合素质评价改革的信任度降低，更多的情况是，他们在表达一种态度，虽然并不意味着他们真正支持那些反对声音，但这些“表达性意见”积攒到一定数量，就有可能改变实施结果。所以，只有对实施主体的心理和动机有更深把握，才可能制订有效的实施方案，防止由于一些“非真”偏见不断累积、强化，自我说服，日趋极化，最终变成信念的一部分。

（三）结果应用受困于主客两难

1.主观上固化认知引发的认同度相对较低

实施初期，普通高中综合素质评价一直被认为是教育行政部门领导下各普通高中学校的“分内事”，整个实施过程相对封闭，且形成了以“为高一级学校招生服务”为尊的价值观。由于在新高考制度改革中被赋予了规定价值，普通高中综合素质评价结果的使用去向一度“困扰”着高中学校，对“高校招生中用不用、如何用”的忧虑逐步演化为影响区域层面普通高中综合素质评价落地落实的共性问题。“综合素质评价对高校的招生具有很重要的意义，综合素质评价不应该过分给学校、家长和学生带来太多的

---

① 2018年5月与北京市D区教师进修学校科研室的访谈记录.

负担。综合素质评价只具有参考的意义，但参考的程度没有具体的数字来表示，应该由高校和招生部门共同来拟定一些规定以供教师参考。”[①]

英国经济学家刘易斯（W. Arthur Lewis）认为，政府遭遇失败缘于两种可能，要么是做得太少，要么是做得太多。[②]国家层面从普通高中切入进行新高考制度改革，一定程度上倒逼了评价生态的改善，对于教育领域综合改革有着积极的理论价值和现实意义；但另一方面，高考的高利害性对于综合素质评价改革未必总是有着积极意义。综合素质评价改革对学生、对教师、对学校、对一个区域、对整个社会的价值绝不能被窄化至仅为高一级学校的招生工作服务，其中内蕴的学生素质养成及其对全社会的广泛益处不应当被无视，综合素质评价改革不应当被这种固化认知所绑架。那些被评价的功利性倾向定义为“无用”“失败”的教育存在，什么样的力量才能重新激活它们的积极性，或赋予它们一种意义感、价值感，这是当前普通高中综合素质评价区本化实施过程中由于主观固化认知引发的重要问题之一。

2.客观上的外在条件不足

（1）不确定性引发的“实施悖论”

胡中锋、董标（2018）在谈到综合素质评价实施问题时认为：评价结果的不确定性是当前的问题之一[③]，并转引李宝庆、魏小梅（2017）认为：“目前高校录取投档原则是‘分数优先，遵循平行志愿’，只要分数达到投档线即被投档，学生的综合素质材料并未成为投档的门槛。”[④]综合素质评价实施的动力是什么，有校领导认为：“和高校招生结合起来，否则就是自娱自乐。……综合素质档案给高校录取用。高中教育有对教育完整性的考量，也有对高校招生的考量。有的高校已经公布了，但线条很粗，我们现在也很

① 2018年5月与北京市D区教师进修学校科研室的访谈记录.

② 阿瑟·刘易斯.经济增长理论[M].周师铭，译.北京：商务印书馆，1996：411.

③ 胡中锋，董标.论我国高考改革的十大困境——基于复杂性理论视角[J].教育研究与实验，2018（3）：70-74.

④ 李宝庆，魏小梅.新高考改革的风险及其规避——基于风险社会理论的思考[J].教育发展研究，2017（12）：22-29.

担心就是高中做得很累，高校在用时走马观花，随便看看。”[①] 事实证明，这种不确定性引发了普通高中综合素质评价区本化实施中的“实施悖论”，即：一方面意识到教育生态改善的必要性，希望通过综合素质评价改革营造健康的评价生态，打造出更为平衡的教育生态；但另一方面又不愿意承受改革“阵痛”，实施与否，逐步演化为一种两难取舍，处于此情境中的实施机制形式上健全、实质上松散，极度影响区本化实施普通高中综合素质评价的深度和进度。

（2）数据资本开发不足引发的格局受限

从另一个角度来看，上述的不确定性验证了区本化实施中大数据分析的必要性和迫切性。大数据分析促成信息可视化，能够给予普通高中综合素质评价区本化实施一个可以参考的发展预期。“大数据技术及应用为我们探索教育规律提供了前所未有的工具支撑。…… 有可能让我们从全领域、全维度、全样本去看待教育现象和教育活动，发现教育教学规律。”[②]

智能时代对人的综合素质提出了更高的要求。2019年5月，陈宝生部长在国际人工智能与教育大会上呼吁努力为人工智能和智能教育提供多层次的人才培养。教育部副部长钟登华发表题为“智能教育引领未来：中国的认识与行动”的讲话，指出：人工智能技术将打破传统单一维度，即以分数为主的评价，全面加强师生动态数据的感知、采集、分析和监测，为实现综合素质评价提供了可能。

智能时代中，数字化的范围和深度，决定改革的视域和格局，有了充分、精准的数据资本分析才会有宽广的格局。当前普通高中综合素质评价区本化实施能效低的另外一个表现就是大数据分析能力薄弱，缺乏整体思维。数据资本的运用在很大意义上决定着改革未来的走向，是基于改革场域对改革意义最有价值的解说。由于缺少大数据的科学、客观分析，人们对于普通高中综合素质评价区本化实施结果处理没有一个合理的预期，对个体成长的远景期待容易屈服于暂时受挫，难以对全面而有个性的发展给予足够的耐心与理解。

---

① 2016年10月与上海市A中学校长的访谈记录.

② 田慧生.大数据为教育带来什么[N].社会科学报，2017-01-05（5）.

吴智鹏(2018)在谈到“大数据思维”时，认为普通高中综合素质评价的困境主要体现在：当前无论是教育行政部门，还是普通高中学校，又或者是高一级学校都难以承担时间成本、评价责任和技术支撑，且第三方专业评价机构能力不足，难以为政府提供可供购买的服务；再者“政府管理＋专业评价＋技术支撑”的评价路径仍未实现，且“综合素质评价研究人员—管理人员”“数据挖掘人员—数理统计分析人员”“数据挖掘软件技术人员”三类人员合作的跨领域团队尚未形成。[①]刘志军等人(2018)指出：人才测评是通过一系列科学的手段和方法对人的基本素质及其绩效进行测量和评定的活动[②]。它的基本原理是：匹配性原理、推断性原理和误差性原理。所以，一方面，高考成绩无法全面描述学生综合素质与高一级学校招生要求的匹配度；另一方面，综合素质特征大多只能推断而难于直接测量；再者，鉴于减少和控制误差的必要性，人才测评的技术与方法的应用在普通高中综合素质评价区本化实施结果处理层面需要加大力度。

普通高中综合素质评价区本化实施的发生场域多元、多样、多层，片面追求数据的全面、全体，没必要也不现实。杨鸿等人(2018)认为，数据小于某个阈值，问题解决不了；数据达到某个阈值，就可以解决以前解决不了的大问题；数据规模超过某个阈值，对解决问题也没有更多的帮助。[③]所以，过于追求全体数据是没有实际意义的，但另一方面，可以拥有全体数据的“整体思维”，因为综合素质评价之“综合”，不是简单组装，需要有一种“大数据”的整体思维。“大数据”是行为数据、过程数据和全样本、非结构化或半结构化数据资料的集合。[④]在教育领域，大数据广义上泛指所有源于日常教育教学活动中的行为数据；狭义上指不影响行为主体，连续记录学习者静态和动态的行为数据。“凡走过必留下痕迹”，大数据思维对

① 吴智鹏.高中生综合素质评价新理念及其实现路径——基于“大数据思维”[J].赣南师范大学学报，2018（2）：114-118.

② 刘志军，张红霞，王洪席，等.新高考背景下综合素质评价的意蕴、实施与应用[J].华东师范大学学报（教育科学版），2018（3）：57-68，168.

③ 杨鸿，朱德全，宋乃庆，周永平.大数据时代学生综合素质评价：方法论、价值与实践导向[J].中国电化教育，2018（1）：27-34.

④ 吴智鹏.高中生综合素质评价新理念及其实现路径——基于“大数据思维”[J].赣南师范大学学报，2018，39（2）：114-118.

于普通高中综合素质评价区本化实施结果处理有着不可估量的现实意义。但是，应当清楚的是，当前种种现状使得大数据分析举步维艰，这不仅仅是技术层面的改进问题，更是评价理念的转变问题。①

（3）配套机制如何健全的问题

这一问题集中体现在两个方面：一方面是专项经费支撑不够。在谈到期待教育行政部门最大的帮助是什么时，有校领导认为："课题经费。一是政策配套。由于学校个性化的做法，教育的各种政策如何去配套和管理。二是经费支持。人员、精力的投入需要更多的经费支持和投入。参与人员需要得到相应的经费支持。"②相对来讲，区本化实施是大于校本化实施的一个"摊子"，需要有更多的资金投入来确保条件充足，实现协同共促。所以，普通高中综合素质评价区本化实施专项资金设立是整个工作的重中之重，队伍建设、设施配置等软硬件条件的创设都需要专项资金的支持和助推。但在现实中，各级教育行政部门难以及时设立专项经费，有的校本化实施层面尚未有专项资金，更何况区域层面，更大范围、更高层次、更专业到位的相关培训、专项研究、交流研讨、电子平台建设等各项工作必要的经费难以兑现，直接影响了区本化实施的有序开展以及协同局面的最终实现。

另一方面是利益激励不够。对于投入最大的教师群体，他们大多需要正常教学之外的额外付出，所以一些适当的政策或经济或其他形式的补偿，可以激发参与动力。"有的学校无法推进综合素质评价工作，因为有的教师不愿意做额外的工作。教师的工作量很大，应该给教师提高相应的待遇。教师很信任学校，任何付出总会有收获。这是学校文化的影响给教师的信任。"③这就集中说明普通高中综合素质评价区本化实施投入总体不足，仍有部分区域和学校作为行政摊派临时委派参与实施，区本化实施质量与规模没有达到应有水平。另外，区本化科研与配套投入偏低。除却硬性规

① 吴智鹏. 高中生综合素质评价新理念及其实现路径 —— 基于"大数据思维"[J]. 赣南师范大学学报，2018（2）：114-118.

② 2016年10月与上海市E中学校长的访谈记录.

③ 2016年10月与上海市F中学校长的访谈记录.

定，大多数老师不愿意从事“额外”的区本化科研，且由于缺少激励机制与相关配套设施，区本化实施多是“纸上谈兵”。

四、普通高中综合素质评价区本化实施的问题归因

普通高中综合素质评价区本化实施承载着综合素质评价改革赋予的时代使命，它是在校本化实施基础上的校际联合与区域共振，体现着新的时代特征，从当前来看，机遇与挑战并存，同一问题的多种影响因素盘根错节、相互牵制，各类困难与问题往往会叠加在区本化实施阶段，所以，仅有问题梳理远远不够，必须排除细碎因素干扰，理清主要环节，找出因果联系，全面正确归因，才能真正有助于普通高中综合素质评价区本化实施问题治理。综合分析，当前引发上述问题的原因主要有以下几点：

（一）实施主体缺乏系统理论思考

改革的满意度并不取决于绝对的结果，很多时候取决于结果与预期之间的差距。一方面，普通高中综合素质评价区本化实施需要政府主导，并强调目标的根本实现和事先对改革进程的统筹规划或谋篇布局，它的倡导者同时也是改革的主导者、引领者、督查者，这一过程是线性的，结果是预期中的、确定的；另一方面，也需要局部的、零散的、基层自发的、非线性的、试错性的，它的改革成效首先惠及自身，再经由有组织的推广而惠及他者，或者说如果这种改革的成果“……合乎改革的趋势与改革者的预期，则‘诱使’全局范围内的改革进程借鉴该成果”。[①]所以，无论是目标型还是探索型，不同类别、不同层级的实施主体都会对实施效能有一个基本预期，但现实情况是：一方面，由于现行教育制度或体系安排、教育行政利益壁垒的制约、权责边界模糊诱发的“规范性趋同”等“社会事实”紧密关联，导致普通高中综合素质评价区本化实施历程充满艰辛；另一方面，对普通高中综合素质评价区本化实施的基本预期过于理想化，当前普通高中综合素质评价区本化实施的方法论、目标设定、情境处理等方面都突显了实施主体把复杂问题简单化的执行特征，这些都是造成当前许多现实问题

① 郑永年. 未来三十年：改革新常态下的关键问题［M］. 北京：中信出版集团，2016：1.

的重要根源。

1.制度设计中的方法论困境

郑永年(2018)认为:“西方各国现在所面临的问题就是政府空转。”[①]人们知道国家困局在哪里,也知道如何解决,但问题在于产生不了有效治理。他认为,产生“空转”的原因之一是缺乏足够的制度细节。细节从哪里来?从方法运用中来。郝德永(2018)认为:在我国当代教育改革过程中,对矛盾论、经验论、专业本位论、渐进论等方法均存在不同程度的片面理解与过度使用问题,使我国教育改革缺乏综合性、整体性、设计性、协同性品质,未能处理好规模与质量、效率与公平、专业逻辑与社会需求、要素突破与整体推进、自由探索与顶层设计的关系,造成教育发展的失范、失衡与失序现象。[②]上述基于改革方法论的症结都可以在综合素质评价改革进程中得到基本对应,这是当前诱发普通高中综合素质评价区本化实施诸多问题的重要原因。

首先,系统规划中的“矛盾论”困境。马克思主义唯物辩证法的基本方法就是矛盾分析法。长期以来,分析、确定主要矛盾或矛盾主要方面,以重点突破带动全局突围,是教育改革的主要方法,综合素质评价改革也是如此。随着改革的不断深入,全面、系统改革与单项突破、局部先行的关系需要得到更多关注,普通高中综合素质评价实施中的公平与均衡、质量与效益、结构与模式等方面都存在着亟待破解的难题与危机,片面强调以校本突破求发展,缺乏区域治理格局,或在持续实现重点突破的同时,一再拖延整体性推进,成为当前普通高中综合素质评价区本化实施问题的重要诱因。

其次,整体推进中的“行业本位论”困境。普通高中综合素质评价区本化实施必须立足于教育的基本规律与逻辑有序开展,但这不是一种“自闭型”的改革倾向,不应当是纯粹的教育领域之“专属”行为。一方面,社会需要教育改革,所以,应当为其提供相应、相关的支撑性配套建设;另一方面,教育改革也应当具备与社会其他领域改革共建、共担、共享的意识与

① 郑永年.未来三十年:改革新常态下的关键问题[M].北京:中信出版集团,2016:1.

② 郝德永.我国当代教育改革的方法论偏差及症结[J].教育研究与实验,2018(1):12-18.

行为。据此，实现更多的社会参与与干预，突破狭隘的“改革谁，谁改革”[①]意识，为普通高中综合素质评价区本化实施提供前提性、基础性、保障性条件与环境。孕育尽可能高的可靠性和可行性是规避区本化实施现实问题的重要前提之一。

再次，实施范式中的“渐进论”困境。不同于疾风骤雨式“破”与“立”的激进主义突变改革范式，综合素质评价改革是一种“渐进式”的“稳妥推进”。实践证明，这种改革范式从秩序改善到生态营造都更稳健、更有效，也更利于形成典型经验。但同时，也诱发出一些碎片化问题与变革梗阻现象。究其原因，“渐进式”更多关注于改革生态的“平衡掌控”，对于根源性、复杂性、多向度的矛盾与问题，倾向于在协调与均衡中做形式上的、分析式的线性处理，并寄希望于在常态维稳中自行消解，这是减少实施阻力与难度的最佳选择，也是造成“难题后移”且容易产生综合素质评价改革梗阻、停滞、结构性失衡的重要原因。

另外，结果导向中的“服务论”困境。从政府的起源及职能演变来看，为公民提供符合其利益和需要的服务，是构成政府内在属性的重要因素。“办人民满意的教育”是当前教育事业需要服从、服务的大局，普通高中综合素质评价区本化实施是体现政府服务职能的表现形式，借助它如何彰显国家的“服务性”是综合素质评价改革进程中回避不了的问题之一。政府服务的实现过程是政府和公众双方形成认同、互信和交往强化的过程，政府服务的供给与实现某种意义上也是政府和公民心理—精神一体化的过程，这种政治建构不仅赋予现代政府以充分的正当性，而且也造成社会政治生活的进一步理性化。[②]对于普通高中综合素质评价区本化实施而言，“全面而有个性的发展”是服务愿景，“办人民满意的教育”是需要服务的大局，如何处理“发展”中的“延时性”和“满意”中的“即时性”之间的张力，如何引导社会超越狭隘的私人理性，以健康的公共理性客观面对综合素质评价，是当前需要处理的困境之一。

---

① 聂高民. 中国改革战略重点探析[J]. 中国经贸导刊，2012（3）：20-23.

② 杨凤春. 论中国政府的服务性[J]. 北京行政学院学报，2015（1）：18-23.

2.缺少对实施期待与现状“供需”的研判

100多年前，马克斯·韦伯(Max Weber)预见到了效率“铁笼”的禁锢性、工具理性与价值理性相背离这一人类社会的终极性问题。[①]不同的价值认同反映了实施主体所坚持的宏观教育立场与其背后固有的价值信念与信仰。在纯粹理论的视野中，教育评价需要进行以下的追问：一种现实的教育活动是否为真，一种真实的教育活动是否有效，一种有效的教育活动是否完美。这一系列追问构成了一种“弱功利”的教育评价哲学。[②]现实中的教育评价可以归结为表4-4的三种类别：

表4-4　现实教育评价的主要类别[③]

核心指向	本质	主要表现
目标到达度	工作性评价	单位内成绩测评和综合表现评判
整体规范性	管理性评价	上级教育行政部门对下级的督导评估
世俗的成功	社会性评价	社会公众对教育单位的非正式评议

刘庆昌(2018)认为：上述三类教育评价均以教育结果为唯一评判标准，意味着现实的教育评价只是与教育有关，但并不是以教育自身为对象而展开。对教育自身的评价，依靠的是理论家的直觉和分析，任何测量工具都无力，因而它首先具有的是理论的和思想的价值，对于各种利益主体最多只是具有某种启示效用。但只有这样的教育评价才能引领人们关注教育的内在品质，并认为这样的价值也是一种特殊的功利。与现实教育评价中的功利相比，这种特殊的功利具有深度上的优势，但强度较弱，可以称为“弱功利”。[④]这种“弱功利”的教育评价哲学，基于纯粹理性的教育理解，它不是与相关利益主体相联系的工作理解，也不是基于管理立场的现实导向，而是以教育的本质为依据，对现实的教育活动进行纯粹理性的判断。普通高中综合素质评价区本化实施的“弱功利”思考是对综合素质评

① 马克斯·韦伯.经济与社会[M].林荣远，译.北京：商务印书馆，1998.
② 刘庆昌.一种弱功利的教育评价哲学[J].教育发展研究，2018（12）：1-11.
③ 刘庆昌.一种弱功利的教育评价哲学[J].教育发展研究，2018（12）：1-11.
④ 刘庆昌.一种弱功利的教育评价哲学[J].教育发展研究，2018（12）：1-11.

价具有怎样的“质感”的价值追寻。

当前普通高中综合素质评价区本化实施最为欠缺的就是对这种“弱功利”教育目标的认知与理解。新高考制度改革背景下，普通高中综合素质评价实施不可避免地被赋予高利害性，这意味着区本化实施不但要完成教育改革赋予的规定动作，还要帮助参与主体摆脱对固有认知的“目标崇拜”：消解“对高考有用即为真的有用”的功利倾向，引导多元主体在利益博弈中逐步趋于有思想、先进、丰富、灵动、发展的价值追寻。以高考倒逼可以充分调动各类实施主体的参与积极性，但如果缺少足够的制度准备，结果会适得其反，这对于综合素质评价改革是一种极大的考验，区域层面的教育行政部门和职能部门需要及时明确站位，需要起到更有针对性、更大范围的作用。

如图4-4所示，当前普通高中综合素质评价教育期望与现状“供需”出现错位。一是总体来看，A与B需求水平上的错位。相对来讲，社会对普通高中综合素质评价的社会期待水平低于应然状态，这说明对综合素质评价信任不够，观望心理仍然存在，“需求—反应”链失灵。二是具体来看，需求结构上的错位。首先是供应比较大的A1对应需求较小的B1，即为高考服务是当前社会的主流偏好，但实际情况是仅有一小部分，即有资格进行自主招生的高校在使用；其次是供应较小的A2对应需求较大的B2，即培养全面而有个性的人是普通高中综合素质评价的“初心”，但是当前对结果使用的期待重心不在这里，A2的社会期待相对较小。

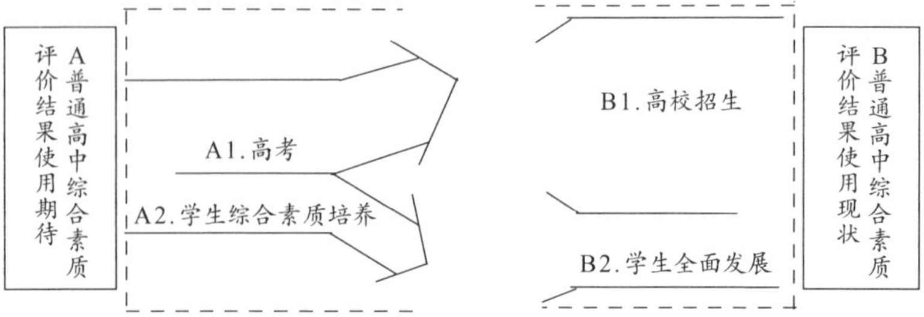

图4-4　普通高中综合素质评价教育期望与当前现状“供需”错位简示①

① 李雪辉，罗英姿.博士研究生教育供给侧改革：目标强化与方向转轨[J].教育发展研究，2018(9)：28-34.

周诗婷（2018）针对综合素质评价纳入高考录取遭遇阻抗的现状进行了文化审视，认为综合素质评价在纳入高考录取中遭到阻抗的原因至少有四个：过于依赖既定文化而忽略变化和排斥变革的文化惰性、自上而下经由社会大众传播渗透至教育及教育评价中的精英文化、有着千年传统过于强调外在效益的功利主义文化、他评中容易受到亲疏远近感情因素影响的亲情文化。①这应该是造成当前这种“供需”错位的重要根源。

教育是社会系统的一个子系统，也难以摆脱效率至上规律，当把教育只作为经济增长的工具，或者把教育当作经济系统一样经营时，教育的其他社会和心智启发功能就容易被忽视。②相对来讲，普通高中综合素质评价区本化实施需要多元实施主体、多样参与方式、多种资源渠道共同促成，这就意味着区本化实施中的教育供给需要更大的自由度，但越自由，教育的趋利性与功利性越明显，这是社会发展中自由的代价，也是普通高中综合素质评价区本化实施中的又一个两难悖论。所以，对这种两难的科学研判与充分理解，在普通高中综合素质评价区本化实施中有着重要的现实意义。相应地，实施目标与现实的“供需”研判能力强弱成为影响多元主体对区本化实施认同度高低的重要因素。

阎凤桥（2018）指出，麦克尔·桑德尔（Michael J. Sandel）从政治哲学的角度出发，认为人类活动不同于机器，所以评价人类活动的标准也应不同于评价机器的标准。评价机器的标准可以是工作效率，而评价人类活动的标准不仅是效率，还包括“公正”或“正义”。③而公正又包含福利、权利和德性等三种不同理解，并分别对应功利主义、自由主义和道德至上主义三种理论形式。普通高中综合素质评价区本化实施的“弱功利”需要对上述三种理论形式进行有机整合，需要对“哪些层面不适合在普通高中综合素质评价区本化实施中进行过多社会参与”这一问题进行学理性思考，这是对综合素质评价改革功利性取向的超越。

① 周诗婷.综合素质评价纳入高考录取遭遇阻抗的文化审视［J］.中国考试，2018（4）：65-70.
② 雷蒙德·E.卡拉汉.教育与效率崇拜：公立学校管理的社会影响因素研究［M］.马焕灵，译.北京：教育科学出版社，2011：48-51.
③ 阎凤桥.教育的功利性及其超越［J］.教育与经济，2018（6）：74-78.

新制度主义社会学家W.理查德·斯科特（W.Richard Scott）进一步将“制度”概括为符号性要素、社会活动和物质资源所构成的多层次、稳定、持久的社会结构，强调“制度”实际上包含强制性（regulative）、规范性（normative）和文化认知性（cultural-cognitive）三大基础要素及其相关活动与资源，在任何一项新制度的建设中都不可或缺。其中，强制性要素受法律、规则约束，虽易于设计但处于制度表层；规范性要素涉及价值理念和规范群体间利益分配与博弈的行动准则；文化认知性要素则通过“普遍的符号体系”和“共同意义”赢得广泛认同、塑造共同信念，处于制度的最深层。三层相互作用、共同促进组织有序运行并形成完善的制度系统，从而作为社会组织的约束力量，为社会生活提供稳定性和意义。①

对应上述三大要素，造成当前普通高中综合素质评价区本化实施期待与现状错位的原因至少体现在以下三个层面：一是少有确立普通高中综合素质评价区本化实施规则，即缺乏国家宏观管理层面的相关强制性规则来发挥制度强制性要素的外显、刚性约束作用。例如，调整和重建科学、严谨的普通高中综合素质评价区本化实施体系，完善目标分类、管理运作及其资源配置的相关强制性规划体系，使相关规章更加明确、合理。二是少有创新普通高中综合素质评价区本化实施管理规范，即缺乏区域内加强价值引领、创新管理规范、形成资源公平配置的相关机制，来发挥制度规范性要素的作用，为普通高中综合素质评价区本化实施提供约束性期待与行动准则。三是少有凝聚普通高中综合素质评价区本化实施信念共识，即缺乏支持、激励区本化实施利益相关者明确学科身份认同、凝聚区本化实施共同体，利用内蕴于外显规则之中的文化—认知性要素，来为普通高中综合素质评价区本化实施利益相关者提供共同信念和意义图式，不断巩固和强化区本化实施制度对行动主体的文化凝聚力。总之，鉴于制度既具有约束性又具有能动性，普通高中综合素质评价区本化实施制度建设旨在通过国家新高考改革制度重建、综合素质评价价值导向和规范体系重塑以及利益相关者群体的文化—认知意义重构，支持和保障普通高中综合素质评价

① W.理查德·斯科特.制度与组织——思想观念与物质利益（第3版）[M].姚伟，译.北京：中国人民大学出版社，2010：56-57.

区本化实施拥有稳定的资源供给、有效的激励机制及强劲的文化支持，最终促进区本化实施不断巩固和持续强化。这是处理当前实施目标与现实的“供需”弱研判问题需要关注的几个方面，也是在普通高中综合素质评价区本化实施情境中如何处理福利、权利和德性三者关系，如何对综合素质评价改革未来发展加以引导的重要切入点。这不仅是一个理论问题，其现实意义也会越来越明显。

3.实施主体情境智慧缺失

情境，是社会集体意志的产物，所以个体往往需迁就情境的属性或要求。[①]决策情境包括确定性情境与不确定性情境。在教育改革实践中，政府决策更多面临的是不确定性情境。不确定性的根源，来自影响公共决策的因素具有多样性，并且教育作为面向未来的事业，其决策所需要的时间周期相对于其他领域要长。[②]智慧，是新时代教育改革的重要特征，区本化实施中强调情境智慧，追求的是普通高中综合素质评价常态化实施的智慧执行，这是从制度到策略、从设计到执行、从当前到未来都会涉及的，它的本质是在融通国家规定与区本特征的基础上，寻求不同行为范式的通约性和互补性，以真正实现多元实施范式的共存共融。

察觉到外部环境的变化，洞悉到普通高中综合素质评价区本化实施在综合素质评价改革过程中面临的挑战，这属于情境意识。情境智慧则指在洞悉了上述挑战后，能够找到着力点，制订有效的战略规划。霍普金斯（Hopkins）等人（1993）在学校改进的差别策略中指出：帮助失败的学校略见成效，在于引进外界的支持，建立继续变革的信心和能力，关注基本课程与组织问题；帮助略见成效的学校变得卓有成效，则在于提炼学校发展重点，关注教与学，在学校内部建立支持这项工作的能力；帮助卓有成效

① 姜添辉．教师专业理论的转变与新专业主义的诞生：制度化全球化的情境［J］．清华大学教育研究，2018（4）：49-55．

② 李伟涛．决策支持视角下的国家教育决策系统功能分析——基于证据整合的教育决策支持［J］．教育发展研究，2018（5）：61-67．

的学校保持改革动力，则在于让学校找到并创建自己的支持系统。[①]上述不同阶段学校改进策略的提炼，类似于对领导者的情境智慧的表达。彭韬、林凌（2018）对赫尔巴特的实践智慧及历史意蕴进行了诠释，并对赫尔巴特提出的教育机智进行了重构，认为“一种合理并具有创造性的理论—实践关系模式只能是‘在理论和实践之间形成某种机智，一种迅速的判断和决定’”。如图4-5所示，这是一种显露人的心灵状态的教育机智，理论和实践的有效关系需要通过“机智”进行联结，这也正是普通高中综合素质评价区本化实施中需要的情境智慧，用以促进综合素质评价改革理念与区域教育发展实际的有效联结。

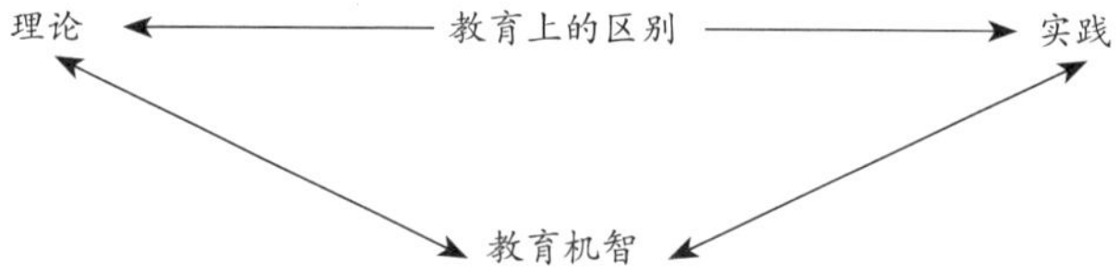

图4-5 理论和实践的关系模式图[②]

随着社会多元化的发展，教育改革实施主体日趋多元，政府在教育改革实施过程中由“控制者”向“主导者”和“协调者”转变，对多元利益主体的授权、激活和赋能，远比管控更重要。这意味着情境智慧在当前改革进程中有着很大的必要性与迫切性，对于普通高中综合素质评价常态化、规范化实施更是如此。

就普通高中综合素质评价区本化实施而言，需要依靠教育行政部门领导的情境智慧在方案设计层面打通“关键一公里”，助力实施方案的区本普适；在方案执行层面释放发展动能，为实施资源重置解困。普通高中综合素质评价区本化重塑了学校发展空间，原先的校本化实施发生在相对封闭的学校管理系统中，随着综合素质评价改革的不断深入，问题的多样性、

① Hopkins，D. &Ainscow，M. Making Sense of School Improvement：An Interim Account of the Improving the Quality of Education for All Project[J]. Cambridge Journal of Education，1993（3）：287-304.

② 彭韬，林凌.教育机智：赫尔巴特的实践智慧及其历史意蕴[J].全球教育展望，2018（6）：89-100.

复杂性、隐蔽性逐步成为实施难题。所以区本化实施的情境智慧蕴含着能动性，通过审视、权衡或尝试突破既定的空间再生产。但相对于校本化实施，普通高中综合素质评价区本化实施既缺乏成熟的借鉴模式，也缺乏相应的理论指导。与个体学校相对独立的校本化实施不同，区域层面的普通高中综合素质评价实施既需要关注个体学校实施运作的微观层面，也需要关注区域内学校间协作网络构建的中观层面，同时还需要从区域层面对具体实施进行系统性的顶层设计和宏观布局，对区本化实施场域的统筹与汇聚能力要求高，这是提升整体实施进度与效能的重要保障，也是对实施主体情境智慧的重大考验。

普通高中综合素质评价区本化实施情境智慧是一种新的领导力形态，它所关注的是区本化实施关键人物的情境问题处理能力。这种能力侧重于通过联结式的活动和关系来实现，不仅涉及正式的领导者，还包括其他不同的参与伙伴，并在整个实施系统的不同层面得到体现。亨利·明茨伯格（Henry Mintzberg）受到彼得·圣吉（Peter M. Senge）学习型组织理论“去中心领导者（decenter leader）”概念和托马斯·萨乔万尼（Thomas J.Sergiovanni）“道德领导者（moral leadership）”思想的影响，提出了“分布式领导（distributed leadership）”的概念，指出“组织应该将以个人为中心的集权式领导转变为分布式领导，它强调组织的不同成员根据自己能力和环境条件的变化动态分享领导角色。[①]回归日常，每一类区本化实施群体都在不同情境和时间点上动态地承担着各自不可替代的实施责任，他们之间需要面对的是如何在共存共生的区域生态中“求同存异”，寻找彼此契合且相互认可的实施规范与行为准则，适时调整，以谋求区本化实施的顺利开展，这既是综合素质评价改革深入推进的基本前提，同时也反映出多元实施主体在相互交往中所体现出的情境智慧。

任何一种改革都可能导致社会学中的“物理或生态空间拓展；官僚干预、稀缺资源（如权威、文化、物质资源）竞争的场所；资本集聚、显现化之后导致的经济、社会、意识形态相矛盾的场所；人口累积形成的存有共

① 张晓峰.分布式领导：缘起、概念与实施[J].比较教育研究，2011（9）：44-49.

同利益、经历‘社群’，或以多元、断裂为特征的社群。”[①]普通高中综合素质评价区本化实施也是如此。基于前期对现实问题的梳理，实施中的顶层设计、实施程序和结果应用中的诸多问题都可以通过主体互动中情境智慧的有效发挥得到缓解，因为在新制度主义社会学看来，制度不是设计出来的，而是在群体互动过程中逐渐生成的。英国心理学家亨利·泰费尔（Henri Taifel）用社会认同理论的群体可渗透性（group permeability）解释了群体成员身份的可变动性，并给予不同的应对策略。他认为，如果是有弹性的可渗透性的社会结构，个体认为群体之间的边界是可渗透的，群体成员身份是可以改变的，那么个体更倾向于采用个人努力的应对策略。[②]而情境智慧就是普通高中综合素质评价区本化实施结构中的“弹性”“可渗透性”因子，对于实施进程有着重大的现实意义和价值。人的心理发展是人的需要、动机、行为、目标前后联系、按序推进、循环往复、螺旋上升的过程。其中，行为由动机支配，而动机又受制于人的需要。[③]所以，激发出实施主体的内源性动力是产生情境智慧的关键，即充分发挥主体作用，有针对性地满足不同参与主体的需要。这是消解当前普通高中综合素质评价区本化实施诸多现实问题的关键切入点。

（二）实施程序中信息反馈不充分

实施程序中信息反馈不充分，这是引发普通高中综合素质评价区本化实施信息利用受限、执行效能整体不高的重要原因。

如表4-5所示，政策执行阻滞的主要特点是目标偏离主题、内容不合实际，导致政策执行发生形变且隐蔽不易察觉。讨论“决策支持”，其实是在讨论实现区本化实施的技术运用环境，即基于区域教育发展对综合素质评价实施的影响与意义，在协调发展理论视域下普通高中综合素质评价区本化实施应然的制度氛围和技术保障。决策支持服务系统大致可以分为三

---

① 沈伟．城镇化背景下的校长领导力：基于空间社会学的考察［J］．教育发展研究，2018（18）：45-52．

② Taifel，H．，& Turner，J. C. The Social Identity Theory of Intergroup Behavior［J］. Political Psychology，1986（3）：276-293．

③ 马丽华，叶忠海．社区数字化学习服务体系建设效益提升研究［J］．教育发展研究，2018（9）：70-75．

种（或三个发展阶段），即基础阶段的基于数据的决策支持系统、研究阶段的基于模型的决策支持系统以及实用阶段的面向问题解决的决策支持系统。[①]决策支持系统（Decision Support System，简称 DSS）的概念出现于20世纪 70 年代，我国20世纪 90 年代曾提出建立教育决策咨询系统，但将其作为一种独立的教育决策支持方式，是以我国教育信息化快速发展和政府职能转变为基础的。

表4–5 政策执行阻滞的基本特点和主要影响[②③]

	分类	内涵
基本特点	目标偏离性	政策目标发生偏差。
	内容失真性	原定的政策内容变形甚至落空。
	行为隐蔽性	导致目标偏离、内容失真的行为不直接同政策及其目标发生冲突。
	活动相关性	政策执行者随意取舍，且不得与既定政策相关，以免个人受损。
导致结果	执行表面化	只有宣传没有具体的操作，使政策所产生的作用低于政策目标的要求，即“象征性合作”[③]。
	执行扩大化	政策执行者随意附加内容，导致超越原定要求，影响既定政策目标有效实现。
	执行全异化	表面上与政策一致，而事实上背离政策精神，即“替换性执行”“你有政策，我有对策”。
	执行停滞化	政策开始就未得以贯彻实施或在某一阶段、某一环节出现了“梗死”，或虎头蛇尾、有始无终。

① 李伟涛.决策支持视角下的国家教育决策系统功能分析——基于证据整合的教育决策支持[J].教育发展研究，2018（5）：61-67.

② 丁煌.我国现阶段政策执行阻滞及其防治对策的制度分析[J].政治学研究，2002（1）：28-39.

③ 这种表现形式类似于荷兰学者布雷塞斯所说的“象征性合作”，即“地方政府假装合作，而实际上并未合作。在实际执行中，这种情况包括口头上支持中央政策，或以书面形式表态，但没有按照中央政府的期望做任何事情”。他认为：“如果中央政府的政策合作限制地方政府的政策空间，而中央政府又无法检查时，地方政府多会采取象征性合作的方式。因为地方政府不愿意公开拒绝与中央政府合作。”

国家教育科学决策服务系统于2012年立项建设。[①]如图4-6所示，该系统以教育部颁布实施的学校(机构)代码为基础，运用现代信息技术手段，有效连接了经济社会发展、国际比较等数据资源。省市区域作为地方与国家的枢纽，在整体方向上起着“承上启下”的作用，其大数据决策服务平台的建立有其必要性、必然性。这充分说明，信息技术背景下，在国家教育科学决策服务系统逐步完善的基础上，构建省级教育决策大数据平台、提升省级教育决策力，必将成为未来教育决策发展的重大方向。综合素质评价的制度化不仅指建立合理、完善的制度保障，而且指综合素质评价被人们理解、接受并自觉践行的过程。[②]所以普通高中综合素质评价区本化实施决策支持系统需要由完善的制度设计和合理的实施机制共同组成，但是当前在这方面缺乏足够的技术准备。

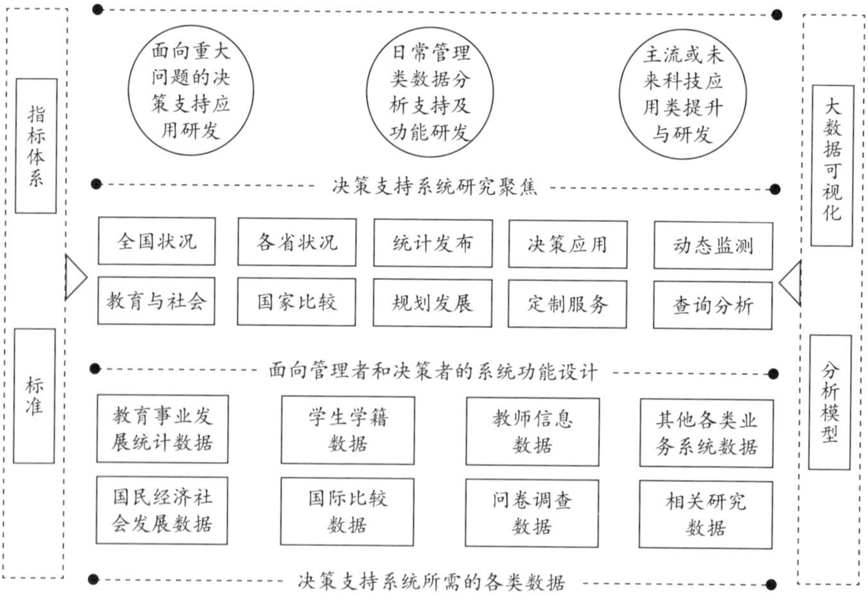

图4-6 国家教育科学决策服务系统功能模块设计[①]

① 李伟涛.决策支持视角下的国家教育决策系统功能分析——基于证据整合的教育决策支持[J].教育发展研究，2018(5)：61-67.

② 肖磊，李本友.综合素质评价的制度化：历程回眸与系统谋划[J].教育研究，2018(4)：68-74.

在依据数据信息为普通高中综合素质评价区本化实施提供有效支持的过程中，存在一个前提性判断：数据是否等同于证据？证据是否都能支持区本化方案实施？有学者指出，在决策者看来，数字不完全等同于论证，只是一种“用来论证问题的方法”。[①]数据是教育决策的必要基础，但教育决策不能局限于数据。国家教育科学决策服务系统的底层架构虽然是大量数据，但系统的模块设计全部以功能作为取向，比如“动态监测”“规划发展”“国家比较”等，旨在为决策提供证据，这是其实现有效支持教育决策的本质需要，即数据只有转换为证据，才能对教育决策产生支持的意义。所以，证据与数据是两个不同的概念。教育决策是基于证据而非基于数据的过程。证据并非数字本身，而是客观存在的事实。有充足的数据，未必可以为决策提供有效支持。这种范式转换，意味着普通高中综合素质评价区本化实施问题治理中要避免重数据采集而轻数据分析的现象，即对大数据分析的浅显认知与固化认知，这是造成决策支持服务系统的缺失的重要原因。

“大数据（big data）”概念由国际商业机器公司（IBM）最早提出，它所涉及的是资料量规模大到难以由当下主流软件工具采集、处理成为对决策者有利用价值的信息。它的特点是“5V”，即大量（volume）、高速（velocity）、多样（variety）、价值（value）、真实（veracity）。[②]也有说为“9V”，即数据体量浩大（volume）、数据类型多样（variety）、数据生发速度快（velocity）、数据价值高（value）、真实性（veracity）、可视化（visualization）、黏度（viscosity）、易失性（volatility）、易变性（variability）。[③]“大数据思维”介入综合素质评价的实现路径是引入第三方评价机构、搭建“大数据思维”数据库、进行“大数据思维”数据分析，应用“大数据思维”分析结果。[④]这是消解当前普通高中综合素质评价区本化

① 沃恩，巴斯. 科学决策方法：从社会科学研究到政策分析［M］. 沈崇麟，译. 重庆：重庆大学出版社，2006：145.

② 吴智鹏. 高中生综合素质评价新理念及其实现路径 —— 基于“大数据思维”［J］. 赣南师范大学学报，2018（2）：114-118.

③ 张燕南. 大数据的教育领域应用之研究［D］. 上海：华东师范大学，2016：83.

④ 吴智鹏. 高中生综合素质评价新理念及其实现路径 —— 基于“大数据思维”［J］. 赣南师范大学学报，2018（2）：114-118.

实施一系列困境的关键切入点，是当前区本化实施进程中需要及时跟进并强化提升的，更是综合素质评价改革深入推进不能忽视的。

（三）实施缺少配套机制驱动

新制度主义社会学强调，通过建立稳定的秩序和结构而减少不确定性、增强社会活动的预见性和有序性的制度功能必须依托制度的强制性要素来实现，而政府便是强制性规则最重要的制定者、管理者和监督者。无论强制性约束、规范性激励还是心理认知意义上的文化认同，都必须在社会互动中得以维系和再生产。

普通高中综合素质评价区本化实施需要教育领域与社会其他领域之间的互动，如图4-7所示，区本化实施场域边界的消解是“互联网＋”时代教育主要特征之一，此时，封闭性物理空间被打破，以多元、平等、参与、跨界、联结、协作、共享和共赢等互联网思维为特征的评价文化共生关系之生成，意味着区本化实施场域将会是社会权力关系的再生产。

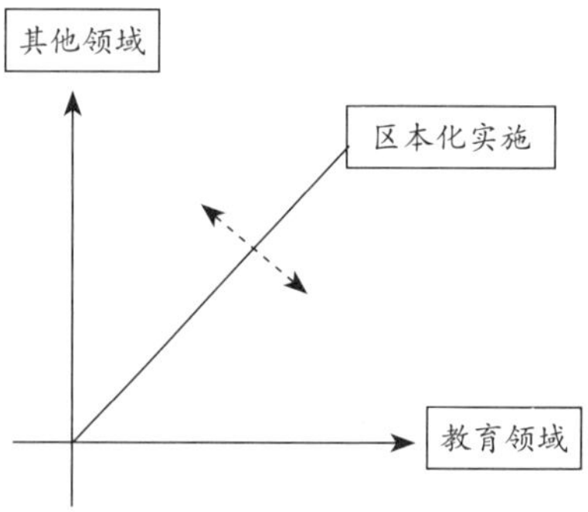

图4-7 普通高中综合素质评价区本化实施的社会互动模式

普通高中综合素质评价区本化实施的基本范式致力于以采用全景化研究视角，关注区域内所有利益群体的实际境况，如此说来，区本化实施效能产生的核心在于社会各领域合力共促，在于从各自所能出发，配合方案有效实施。要和社会其他领域之间自觉形成互动关系，教育领域就必须有相应的动力和条件，前者使其愿意设法满足相应的社会需求，后者让其行动有保障并产生相应的行动。从制度转变代价昂贵，除非新制度安排中个人净收益超过制度变迁费用，否则制度变迁就不会自发产生。①普通高中综合素质评价区本化实施需要多措并举，合力共促，但总结起来，其实就是两个层面的事：一是充分调动推进主体的积极性、主动性、创造性，共同把普通高中综合素质评价区本化实施这一事业做好、做顺；二是让从事普通高中综合素质评价区本化实施这一工作的意义与价值得到更充分体现，让推进主体有更多获得感。对于普通高中综合素质评价区本化实施的顺利开展来讲，两者缺一不可。

1.内部缺失激励配套机制，影响实施主体的主观能动性发挥

像其他工作一样，普通高中综合素质评价区本化实施的进度与深度，直接受制于区本化实施主体的主观能动性发挥程度，只有在预期利益的诱致下，教育个体才具有对教育制度创新的需要。②也就是说，只有对现行教育制度进行修正或创新潜在收益时，教育个体才会受到激励去修正或者创新现行的教育制度，他们在工作中的投入与付出时刻体现着这一点。普通高中综合素质评价区本化实施以多主体参与的方式服务于学生发展，但却没有给予参与主体足够的关注与激励，这已成为影响普通高中综合素质评价有效实施的一大因素。

“获得感”是生发于社会改革的一个时代名词，经过中央全面深化改革领导小组第二十一次会议及十九大等多次报告的主题提炼，逐步被打造成为人民群众共享各项改革开放成果后产生的满足感，并成为评价改革开放和现代化建设成效的重要标准，也逐步成为无法用正式规则来解释的非正式但不成文的制度性约束，以持续的工作激励增加区本化实施工作的“获得感”就是新时代组织权力和权威新的表现形式。“获得感”内生出的是对普通高中综合素质评价区本化实施复杂性的高度敏锐力以及对实施工作长效机制构建的高度认可，它给予区本化实施工作一种可以衡量的“收获”，或物质层面，或精神层面，可以使普通高中综合素质评价区本化实施目标不至于流于空泛，同时也彰显出对实施主体的人文关怀。合理的配套制度可以激发持续的工作动力，这正是当前普通高中综合素质评价区本化实施

① 周彬.决策与执行：制度视野下的学校变革［M］.北京：教育科学出版社，2005（6）：290.

② 周彬.决策与执行：制度视野下的学校变革［M］.北京：教育科学出版社，2005（6）：290.

中少有的、缺乏的。

陈玉义、万明钢（2019）对乡村教师荣誉制度的实践困境进行了总结，发现当前教师荣誉制度面临着荣誉价值消解、荣誉载体缺失、荣誉表征失当和荣誉效用阻绝的实践困境。[①]具体到普通高中综合素质评价区本化实施，参与实施的教师群体同样面对着荣誉制度困境，这是导致实施动力缺乏的重要原因。荣誉本为承载于符号或物质载体中的精神存在[②]，荣誉价值可以理解为精神和物质两个维度的相加，前者需要通过施誉者的身份、地位和稀缺性得以展现，后者能够进行一般性比较的货币来衡量。普通高中综合素质评价的价值难以外化于“学业成绩”，且由于网络位置、社会资本等外在资源不同，实施效果存在较大差异，但荣誉机制中少有以此为评选依据，参与普通高中综合素质评价区本化实施的荣誉价值长期处于价值归零的“风险”，荣誉载体以低层次为主且长期去物质化，荣誉表征里没有突出区本化实施中“长期投入和坚守”的“稀缺性”。这些最终导致内部精神激励配套机制缺失，影响实施主体的主观能动性，影响普通高中综合素质评价区本化实施顺利开展。

褚宏启（2018）基于20世纪80年代的内生增长理论，认为教育的内生发展问题，关键在于为教育发展提供人力支持和智力支持。[③]教师群体是普通高中综合素质评价区本化实施的关键主体，明确的专业发展方向和多元的专业发展路径是诱发他们实施激情的有效手段，也是新时代教师群体“获得感”的重要组成。类似于教育群体的其他实施主体的“获得感”也同样需要得到关注与投入，这是有效发挥实施主体主观能动性，使其积极参与普通高中综合素质评价区本化实施的关键抓手，是当前配套机制中较欠缺的。

2.外部缺失资源重置配套机制，影响资源整合优化

教育机制指教育系统内部诸要素之间，以及教育系统与社会其他系统

---

① 陈玉义，万明钢.公共视域下乡村教师荣誉制度的实践困境与对策——基于甘肃、山东等6省区的调查分析[J].中国教育学刊，2019（4）：28-33.

② 陈玉义，万明钢.公共视域下乡村教师荣誉制度的实践困境与对策——基于甘肃、山东等6省区的调查分析[J].中国教育学刊，2019（4）：28-33.

③ 褚宏启.教育现代化2.0的中国版本[J].教育研究，2018（12）：9-17.

之间诸教育要素之间的相互关系及其运行方式。区本化实施机制创新的目的在于解决普通高中综合素质评价区本化实施中优质资源的配置问题，具体来讲，是通过对教育资源的适当整合，激发各教育要素的活力，实现普通高中综合素质评价区本化实施整体优化，进而产生经济学意义上教育资源配置的“帕累托最优”[①]。配套机制的缺失直接导致普通高中综合素质评价区本化实施助推结构紧张，这是诱发普通高中综合素质评价区本化现实问题的关键因素。

资源的合理配置是机制创新的前提保障。斯梅尔瑟（Neil J.Smelser）认为，规范导向的行动通常受到结构紧张的助推，尤其是那些在社会行动情境中创造出再调整需求的结构紧张。[②]出于规范导向考虑，普通高中综合素质评价区本化实施机制创新需要进行资源要素的结构性重组，直至产生价值累加效应，激发符合综合素质评价改革愿景期待的系统结构紧张状态，有效促进普通高中综合素质评价区本化实施。所以，丰富集群种类，将普通高中综合素质评价区本化实施集群拓展为教育行政部门集群、学校集群、教师集群、学生集群、家长集群、其他社会领域集群，是激发合理的系统结构紧张、实现价值累加、提升区本化实施机制创新力度的基本路径。就普通高中综合素质评价区本化实施教育资源整合的要素主体来讲，与机制创新相关的潜在种类应包括省级、市县区级教育行政部门集群、学校集群、教师集群、学生集群、家长集群等多元变式。区本化实施改变了以往以“学校集群”单一维度去设计普通高中综合素质评价实施机制的发展模式，它关注的是区域层面的协作、校际联盟、行动共同体等拓展模式，在具体实践中可以有效规避以往普通高中综合素质评价落地落实中的不足之处，如被动应付与模仿借鉴多，主动探索与创新实践少等问题。相对于校

---

① 帕累托最优（Pareto Optimality）是以意大利经济学家维弗雷多·帕累托的名字命名的概念。他在关于经济效率和收入分配的研究中最早使用了这个概念。它指资源分配的一种理想状态，人们追求“帕累托最优”的过程，其实就是管理决策的过程。管理学所研究的管理活动，其目的是充分利用有限的人力、物力、财力，优化资源配置，争取实现以最小的成本创造最大的效率和效益。

② Neil J. Smelser. Theory of Collective Behavior[M]. 2nd ed. New Orleans，Louisiana：Quid Pro Books，2011：171.

本化实施问题的单一性，普通高中综合素质评价区本化实施是更大场域内的教育资源重置，此时的优质教育资源配置不合理或优质教育资源供需失衡，就更难充分满足教育发展需求，区域内资源交流不充分，呈单向、负向流动，不利于触发集群行动，从而导致实施动力不足，实施多停留于上位政策驱动下碎片化的问题解决，加剧了教育系统内部的结构性紧张，并在一定程度上延缓了教育集群整体优化的进程。

如表4-6所示，教育政策执行碎片化主要有四种类型。具体到普通高中综合素质评价区本化实施，执行碎片化可能有诸多表现：国家与地方实施目标的不一致、区域内合作不力、区域间协调不充分、教育行政部门资源整合不力等。这些属于外部资源重置配套机制缺失，在普通高中综合素质评价区本化实施中会影响资源优化及整体性治理。

表4-6 教育政策执行碎片化类型及其表现①

类型	主要表征
央地关系碎片化	中央与地方政府间教育政策执行目标不一致
同地关系碎片化	同级地方政府间教育政策执行合作不足
部际关系碎片化	政府部门间教育政策执行协调不充分
政社关系碎片化	政府在教育政策执行中整合社会力量不力

（四）实施条件不充分难以构筑区域协同

协同发展是普通高中综合素质评价区本化实施的愿景之一。区本化实施的顺利开展离不开校本化实施的有效积淀、各学校的协同发展，或者也可以从另一个角度来讲，区本化实施是在强化学校之间的协同局面。综合素质评价改革需要的区本化实施不只是一个学校的任务完成，鉴于改革的系统性、复杂性、长期性，区本化实施必然是区域内所有学校互学互鉴、协同共进、合力发展的过程。区域内学校虽执行着同一方案，但各学校教情不同，各色各异，这些特色对于区本化实施的整体工作来讲，不应成为

① 孙科技．教育政策执行碎片化及其防治策略：一个整体性治理的视角［J］．教育发展研究，2018（1）：33-38．

协同共进的障碍。普通高中综合素质评价区本化实施不应是哪所学校形单影只的独角戏，而应是所有学校各有千秋、百花齐放的大舞台。再者，综合素质评价实施具有共生性，区域内学校间的协同可以有效促进区本化实施的长效性和持续性。这正是实现综合素质评价常态化、规范化实施的重要前提，也是普通高中综合素质评价区本化实施的主要目标。

协同性不强直接导致的是普通高中综合素质评价区本化实施的社会资本结构失衡。迈克尔·武考克（Michael Woolcock）把社会资本划分为“微观层次上的整合和链合，宏观层次上的整合和协作”。[①]每个行动者（个体、组织、地区甚至国家）都拥有一系列种类相异的社会资本，合理的社会资本结构有助于行动者实现行为目标，反之会对行动产生负面影响。

如图4-8所示，个人或团队的微观社会资本可以从内部与外部来理解。内部网络指群体内成员之间的相互联系，每个成员的社会资本趋于同质，团体成员的社会资本由个体成员社会资本“整合”而成；外部网络指个人或团体与外部社会主体的链合，相对来讲，外部网络的社会资本高度异质，这也是外部网络中的个体间、群体间会有更多别样机会的原因。个体

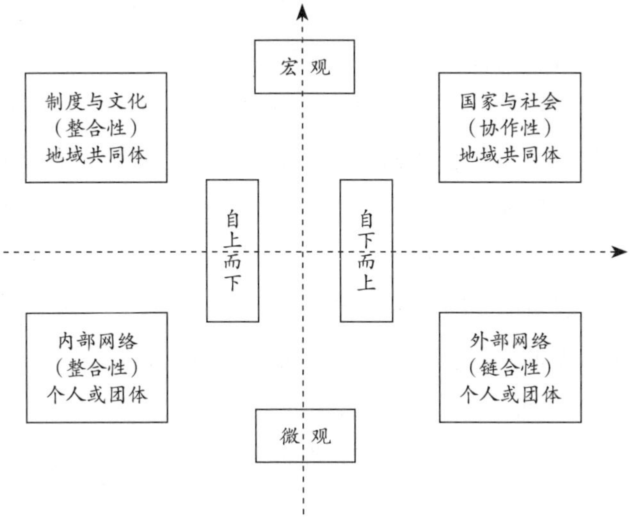

图4-8　行动者社会资本结构示意图[①]

① 李惠斌，杨雪冬．社会资本与社会发展［M］．北京：社会科学文献出版社，2000：275．

社会资本结构失调主要有两种情况：一种是行动者拥有优质外部网络，可以获得很多异质的社会资源，但同时也具备失去提供认同和支持的稳定社群基础；另一种是行动者大多只局限在内部网络中的同质性社会交往，由于缺少“异质性社会交往”，导致少有能够通过“链合”获得有用的异质性资源。普通高中综合素质评价区本化实施中，由于生源、师资、获取投入等处于相对“底层”，导致能够争取到的社会资本非常有限，相应地，在实施普通高中综合素质评价时会遇到相对较多的挑战和困境。柳夕浪（2011）谈到“最好的政府”是权力最小但责任最大，即在限制公民自由方面属于“小政府”，但在提供公共服务方面应当是“大政府”。[②]公共服务不到位，就会影响社会教育机构积极作用的有效发挥。例如：教育部和财政部建设的基础教育示范性综合实践基地，难以充分发挥最大的辐射作用；社会上各种教育机构，如各级博物馆、科技馆、少年宫、天文馆、图书馆及少年儿童图书馆、影剧院、职业体验馆等，由于条件不充分，难以及时为学生综合实践活动的开展提供场所，难以参与多种教育活动的组织、实施、指导；其他可以提供学生进行社会实践活动的场所，如医院、敬老院、展览场馆等，由于学校协调能力有限，而教育行政部门职能发挥不充分，导致难以为学生提供多种参与社会实践的岗位和机会。

总之，就实际而言，区域内实现协同或者相关共同体形成之后，区本化实施的优质特征一般会从相对强校输入到相对弱校，但如果区本化前期动员不充分或一味单向度地采取自上而下的行政命令，就会形成部分实施主体归属感下降、失落感增强的局面，这是一种影响凝聚力形成的不利现象，且会经由诸多细节问题引发强弱校之间的“排异反应”，进而出现校际整合目标达成度低、区本实施机制创新形式化的结果。

（五）实施方式单一影响效能发挥

多元的实施方式涉及硬件与软件资源的有效利用，具体到通过普通高

① 钟云华．社会资本对大学生就业的负面效应及其发生机制分析［J］．教育发展研究，2018（3）：58-65．

② 柳夕浪．用力缓慢，但能穿透纸板——高中学生综合素质评价的突破点［J］．人民教育，2011（17）：32-37．

中综合素质评价区本化实施。硬件资源主要指构建区本化实施数字化平台的物质基础和必要条件，包括数字化工具、设备、平台等；软件资源主要指相关的思想基础、智能条件和组织保障，如实施主体终身学习素质（包括理念、价值观、道德观、内源性动力、数位智能等）、课件研究和开发以及辅导与技术人员队伍等。面对区本化实施的有效资源，我们往往囿于固有范式而无法善用，难以及时借助新技术、新设施找出新策略、新途径，创新地解决普通高中综合素质评价区本化实施面临的突出矛盾和问题。例如：一线教师的专业引领可以借助什么资源得到更好的实现？区本化实施工作的经费支持可以通过何种方式得到更好的利用？区教研室、名师工作室、特级教师联谊会、教研联合体等组织的力量有多少资源或潜能有待挖掘？实施工作平台可以汇集多少资源发挥更高效能？等等。诸如此类的问题都与有限资源的有效利用有关，利用得好，以一当十，事半功倍；否则，只能是形同虚设。能否以多元方式催生多样化资源利用，能否发掘出被习惯思维冷落的有效资源，是影响普通高中综合素质评价区本化实施问题治理的重要因素。这其中，现有资源的开发与利用是挑战之一。由于缺少专项经费的支持、信息技术资源开发与使用有限、师资配备不足等多个原因，导致区本化实施现有资源缺少智能化、个性化利用，资源使用方式亟待优化，如何以扁平化、便捷化的方式促进现有资源有效利用成为制约当前普通高中综合素质评价区本化实施效能发挥的重要因素。

区域教研是有效利用区域资源，消解区域内专业人员技术能力供需矛盾的主要方式。李万峰（2018）基于对北京市某区2198名中小学教师的调研分析，指出当前的区域教研供给与教师需求未能有效对接，突出表现为：教研内容上，供给过于关注学科课程内容，课改前沿信息和学法、学情的教研供给不足；教研方法上，供给的单向理论传递与需求的实践互动取向相冲突，也就是说教师偏好源于实践的教研，但教研供给偏重理论指导，教师偏好交流互动，但教研供给偏向单向传递。[①]所以，创新区域教研供给，就在于多层次、多方面满足教师的教研需求，对于不同学科、不同

---

① 李万峰．让区域教研供给真正满足一线教师需求——基于北京市通州区2198名中小学教师的调研分析[J]．中小学管理，2018（7）：34-37.

学段、不同发展期的教师进行分层分类资源供给，如优化常规教研活动，构建教研供给自主选择系统，借助教育大数据分析，智能推荐、智能选取，逐步实现资源利用的个性化定制等。这些都是当前普通高中综合素质评价区本化实施中缓解实施方式单一造成的资源有效利用难这一问题的重要抓手。

普通高中综合素质评价区本化实施工作的贯彻与落实，既需要在政策解读中有理论高度、思想深度，强调从上到下的一致要求，又需要有针对性、指导性，强调常态化、制度化对推动本地区、本部门普通高中综合素质评价发展稳定的重大意义，以及自下而上的规范的操作与践行，强调要深入浅出、联系实际，唤醒对普通高中综合素质评价区本化实施工作的责任意识和担当精神。普通高中综合素质评价区本化实施方式有多种，培训、专题研究、专项研讨、范例引领等都可以从不同的组织方式、不同的专业内容激发出推进主体积极性，并生发出积极的参与热情与坚定的工作信念。例如，专题研究，根据研究的侧重，又可笼统分为专题调研和课题研究两类。专题调研多用于现状调查，侧重于发现问题；课题研究多用于重点突破，侧重于找到解决思路。因为两者都有相对固定的实施程序。再如，专项研讨，重在依据会议主题研究与讨论，它的本质是综合素质评价工作交流会，它每次都有主题，就区本化实施综合素质评价的基本设计、具体做法、困难问题、经验范例等事宜进行充分交流，并组织相关专家现场答疑，在研讨中逐步捕捉到真问题、真想法，发现差距、理出思路，从而凝聚成力，互通有无、互学互鉴，还可以相互监督、坚定信念。多种方式合力共促可以有效缓解现有资源难用的现实状态。典型案例的挖掘是一个对实践问题高度集中、理论思想高度凝练的经验提取过程，是对现有资源最为充分的利用，但也最容易被疏忽，从文本解读到实际操作的稳中提质都是典型案例示范可以带来的积极效果，普通高中综合素质评价区本化实施中很多现实问题都可以在这里找到启示和借鉴。

第五章　普通高中综合素质评价区本化实施的理论建构

基于前期的研究分析，当前普通高中综合素质评价区本化实施的核心要素——主体、动力、程序、方式、条件等逐步显现，而理论架构的生成将会是统领上述核心要素、消解区本化实施关键问题的重要切入点。据此，本研究尝试从核心要素提炼、实施模型构建两个层面对普通高中综合素质评价区本化实施进行系统构思与解读，以期为综合素质评价改革提供一些参考。

一、普通高中综合素质评价区本化实施的核心要素

综合素质评价改革因问题而生，又在不断破解问题中得以深化，为了避免受林林总总的细节问题影响，需要对普通高中综合素质评价区本化实施若干理论问题有一个基本的立场。这对于总结规律、优化策略是重要的、必需的。

要素，即必要因素，是系统的基本单元和最小单元，同时也是事物整体产生与发展的动因。作为一项工作，普通高中综合素质评价区本化实施同样牵涉着谁来做、为什么做、按什么程序做、选择什么方式做、什么条件下才能做等核心问题，与此相对应的就是普通高中综合素质评价区本化

实施过程中的实施主体、实施动力、实施程序、实施方式、实施条件等核心要素。如图5-1所示，它们每一个都必不可少，且相互依存、相互促进，共同构成并维持普通高中综合素质评价区本化实施的开始、进展、深化。

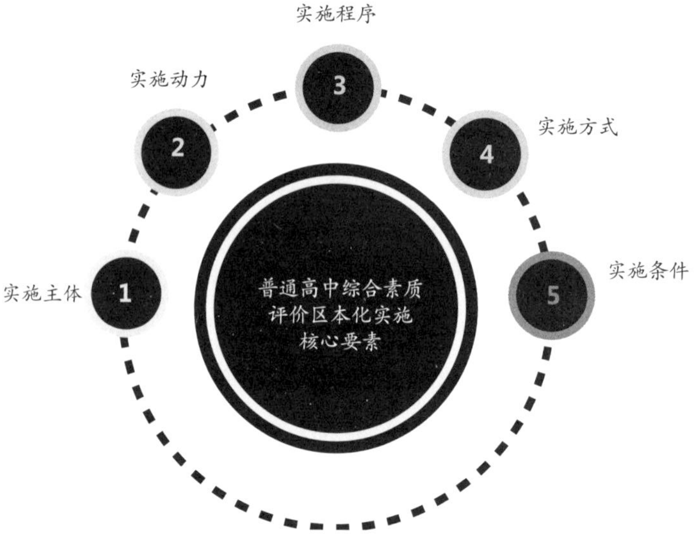

图5-1 普通高中综合素质评价区本化实施核心要素

总体来看，普通高中综合素质评价区本化实施核心要素有以下几个共同特点：

首先是层次相对性。这是各要素最突出的特点。指一个要素相对于它所在的整个系统来讲是要素，但对于构成它的内容来讲是系统，所以，每个要素在系统中的层次具有相对性。例如，实施主体相对于普通高中综合素质评价区本化实施这一系统来讲是要素，但相对于组成它的教育行政部门、学校、教师、学生、家长等要素来讲，则是系统。

其次是结构选择性。指系统内各要素相互独立，整个系统就是一个完整但又随时与外界进行信息交换的动态结构。需要注意的是，这种结构不是随意的、固化的，而是按比例的、发展的，是被系统实践选择的。普通高中综合素质评价区本化实施是一个由多元要素构成的完整系统，这种完整性是经过综合素质评价改革验证的、选择的，具备一定的发展能力与变革潜力。

再次是差异决定性。什么决定了结构选择？差异。这里的差异是指各要素依据方案实施的阶段任务与工作重点会有相应的微调与变动，如果某一要素与其他要素差异过大，便被决定着要脱离整个系统，这是整个系统实现前进、得到深化的动力所在。普通高中综合素质评价区本化实施相应的阶段调整，可能引起各要素数量的或增或减。例如，随着普通高中综合素质评价区本化实施的不断发展，综合素质评价改革的社会联动性会吸引越来越多的关注，会有越来越多的主体参与，可以预见实施主体这一要素必会在区本化实施整个系统中占有越来越大的比例。这种差异决定了实施主体在普通高中综合素质评价区本化实施中的重要地位与价值。

依据重要性考究（为什么）、基本构成（是什么）、身份勘定（为什么是它们）、职能作用（能做什么）这样的逻辑顺序，本研究对普通高中综合素质评价区本化实施的主体确定、动力驱动、程序设计、方式选择、条件保障等问题进行了系统思考，为综合素质评价改革向纵深发展提供了一个思路、一种参考。

（一）普通高中综合素质评价区本化实施主体确定

1.实施主体的重要性

对普通高中综合素质评价区本化实施主体确定问题的解答，其实就是从根本上回答“谁”来实施的问题，是从理论与实践角度出发，讨论谁在既定实施机制“内”，谁在“外”，以及为什么的问题。这类似于梅丽莎·莱恩（Melissa Lane）在《政治的起源》中提到的双面模型（Janus-faced），它表达的是一种普遍的可能性，但同时也具有内在的封闭性，“它小于整个人类的特定共同体，使共同体成员之间互惠互利，但把该共同体成员的利益置于其他共同体成员利益之上”。[①]普通高中综合素质评价区本化实施需要全社会关注，所以全社会共同参与可以是一种普遍的可能性，但同时也需要有能够给予普通高中综合素质评价区本化实施更专业、更直接、更长效关注与支持的群体。这一群体小于整个人类的特定共同体，但实施共同体成员

① 梅丽莎·莱恩，政治的起源［M］.刘国栋，译.上海：上海文艺出版社，2018（5）：203.

的利益在当前一段时间内高于其他共同体成员利益：一切为了普通高中综合素质评价区本化实施，为了学生全面而有个性的发展。

人是教育改革中最核心、最活跃的因素，对人的关注是教育改革的本真，为了一切人，为了人的一切，一切为了人，这是综合素质评价改革以人本主义为价值取向的重要体现。所以，关注普通高中综合素质评价区本化实施主体问题，是综合素质评价改革的出发点和回归点。区本化实施普通高中综合素质评价，需要通过人与人之间的沟通、协作才能达成，它是行政指令的自上而下执行，同时也是在相互协作中理念认同的逐步提升。这是综合素质评价实施十余年发展历程所证明的。总体来讲，普通高中综合素质评价区本化实施主体是指具备独立从事综合素质评价区本化实施政策解读能力和行为实践能力的个体或群体。解读普通高中综合素质评价区本化实施相关政策，是为了掌握综合素质评价的相关知识，理解综合素质评价改革；践行普通高中综合素质评价区本化实施，是为了落实综合素质评价的改革理念。只有具备了这两种基本能力的个体或部门群体才是普通高中综合素质评价的区本化实施主体。

综合素质评价实施初期，缺乏对实施主体重要性的认知，把综合素质评价实施较多地布置在学校内部，学校也较多地把这一任务分配给个别教师，少有从全局出发，全面思考实施主体对综合素质评价实施的重要意义。综合素质评价实施基本被框定为从教师到学生的单向度事宜，学校和教师是评价者，学生是被评价者，双方是一种典型的评价与被评价的关系，缺少更多实施主体的深度参与，难以营造实施氛围，也为后期不断出现实施工作新问题埋下隐患。

随着综合素质评价实施的不断深入，新问题、新境况不断暴露出“教师—学生”这种实施向度的局限性。全面而有个性的评价指向需要得到更多利益主体的支持与配合，综合素质评价实施不再单是学校内部的工作，校本化实施要想做得更好，需要统筹校内外各利益相关主体的参与和支持，评价过程中的各利益相关者都被裹挟进评价改革的进程中来。只有合理分配实施权限，才能真正发挥不同实施主体的社会作用，进而形成合力，共同促进普通高中综合素质评价的整体实施。这是评价改革发展的需要，更是评价生态向好的诉求，具体工作需要通过多主体共同开展，宏大改革红利等待多主体共同分享，这是多中心治理理论所倡导的共建共享的最好彰显。

2.实施主体多元样态的必要性

普通高中综合素质评价区本化实施是一件多领域互涉的事情，所以，它的实施主体呈现出多元样态，是一个多元实施主体参与的过程，其中，既有学生、教师和学校，还有上级教育行政部门、教育职能部门、招生学校、用人单位等，这种多元样态是综合素质评价改革的现实需要，属于综合素质评价改革在发展中做出的历史选择。

从综合素质评价理论发展角度来看，实施主体的多元特征源于评价主体的多元性。

纵观教育评价发展史，从评价主体单一化倾向到评价主体多元化态势，这是一个人们不断探索、深化的过程。测量时代的评价主体和泰勒时期的评价主体基本上都由某一类人担任，测量时代里是掌握了一定测量技术的人，泰勒时期里是能够描述目标与结果一致性程度的人，两个时期的评价主体几乎无一例外地都集中在评价对象之外的人身上（如评价方案的制订者、实施者或某些决策者），评价主体的单一化倾向非常明显。此后，不少学者在批判借鉴泰勒目标评价的基础上，陆续提出了新的评价思想和评价模式，尽管他们没有明确提出将利益相关者纳入评价者之中，但无疑评价主体多元化的态势已经显现。20世纪80年代末，第四代评价理论认为评价是参与评价的所有人，特别是评价者与被评价对象双方交互作用，形成共同的心理建构的过程，这是一种评价主体“全面参与”的原则。该原则明确指出，从“评价的组织者和实施者”到“参与评价活动的所有人”都是评价主体的组成者，评价的效果取决于所有参与者的“对话”“协作”，即评价是一个意义建构过程。这种观点同时也成为实施主体多元样态的有效论据。

从实践工作需要来看，上述这些主体都是与区本化实施普通高中综合素质评价利益相关的，在具体工作中都有其不可替代的重要性：上级教育行政部门要从区域宏观层面出发，为区域内综合素质评价实施营造氛围、提供指导，确保综合素质评价工作的常态化和实效性。随着家校联系渠道的不断拓宽，学校和家庭双向互动逐步频繁，家长一方面可以了解到学生在校学习生活多样化信息，另一方面也可以意识到如何与学校教育配合，家校协作，共同促进学生全面而有个性的发展与成长。学生本人作为评价主体时，一方面通过自我评价，可以学会自我反思、自我总结、自我规划，并最终获得自我教育、自我发展的可能；另一方面通过同学互评，可以帮助学生学会关注他人、审视他人、欣赏他人，加强交流与合作，相互启发和激励，共同获得成长和进步。社会其他领域要从各自的社会角色出发，为类似于综合实践活动课的开展提供条件支持。高一级学校应从自身办学定位出发，全面思考综合素质评价信息的有效利用。实施主体的重要意义在普通高中综合素质评价区本化实施过程中得到不断发挥，综合素质评价改革在这种良性发展中得到逐步深化。

3.多元实施主体的职能定位

鉴于区本化实施的主要诉求仍是普通高中综合素质评价在学校里的常态化、规范化实施，所以，关于主体职能定位的探讨绕不开“区域”与“学校”两个层面。前者主要指学校外各级教育行政部门和职能部门，后者主要指学校内参与综合素质评价的各利益主体，包括校长、教师、家长、学生等。

教育行政部门和职能部门是普通高中综合素质评价区本化实施的首要主体，指对实施工作进行组织领导、管理、技术支持的机构或部门，主要包括省级、市县区级教委（基教科、中教科、体卫科、高招办等科室）、教科研部门、信息部门以及其他相关部门。实际工作中，这一类实施主体需要站位于区域教育发展，依据国家政策要求，对区域层面普通高中综合素质评价实施进行顶层设计与整体统筹。据此，这一主体首先要解决的就是如何对普通高中综合素质评价进行整体实施、过程谋划、结果反馈。所以，他们的主要职责就是从全局出发对普通高中综合素质评价区本化实施进行领导、组织、协调、保障和专业支持。

学校作为实施主体，主要包括学校德育、体育卫生、信息、科研、教研组或年级组等各部门负责人。具体工作中，这类实施主体需站位于通过综合素质评价改革，让学校实现优质变革、教师实现专业提升、学生实现全面而有个性的发展。这也是综合素质评价得以常态化、规范化实施的美好愿景。据此，这一主体需要解决的主要问题就在于如何对校本化实施进行校内领导、组织、协调、保障和专业支持，其主要职责是建立、健全校内综合素质评价组织管理机构，制订校内综合素质评价工作计划，检查、指导，完成校级综合素质评价电子平台的数据输送，并注意搜集相关经验与问题，适时向上级教育主管部门请示、汇报、反馈。

教师作为实施主体，主要是指承担综合素质评价工作的班主任、任课教师群体，他们是综合素质评价理念的具体践行者。依据工作需要，此类实施主体应当站位于通过综合素质评价理念与实际教育教学有机融合，提升能力、增强认同、积极践行。所以，这一主体的主要职责是依据学校安排，对学生进行日常性评价、学期阶段性评价等，组织学生自评、互评、小组评，指导家长查阅评价手册，交回学校验收、归档。

学生作为实施主体，需要站位于对照标准做好自评、同学互评、小组评，从而认识自己、发现自己、实现自己。

家长作为实施主体，应当站位于理解、参与、配合学校综合素质评价改革。家长不再是以往学校教育的旁观者，而是直接参与评价，家庭教育与学校教育由此形成合力，共同为学生发展提供支持和服务。具体工作中，一方面，家长需要通过家长委员会、家长培训会、学生反馈、查阅并填写评价手册等多种方式了解学生在校的表现和学习情况；另一方面，也能实现家长自身的观念更新，改进家庭教育方式，充分发挥家庭教育在学生成长中的作用。

总体来讲，上述实施主体虽然参与程度不同，但只有分工不同，没有任务大小，他们从不同角度出发，合力服务于学生全面而有个性的发展目标。另外，还需要注意的是，根据普通高中综合素质评价区本化实施工作的发展趋势与目标达成度，上述主体的作用发挥是必需的，但还是不够的，这一问题会随着区本化实施工作的不断进展与不断完善得到逐步重视并解决。

（二）普通高中综合素质评价区本化实施动力驱动

1.实施动力的重要性

动力，是使机械做功的各种作用力。动力问题的探讨对普通高中综合素质评价区本化实施有着重要意义。普通高中综合素质评价区本化实施动力就是推动普通高中综合素质评价常态化、规范化实施的力量，是关系综合素质评价改革进程与效能的重要事项。

充沛的动力驱动是持续实施普通高中综合素质评价，使“全面而有个性”的评价理念在实际教育教学中落地落实的重要保障。普通高中综合素质评价会在常态、持续的状态下收获到新的理论生长点与实践出发点，实施问题会被及时发现，实施经验会被有效推广，实施方式会被不断创新，实施条件会被合理完善，实施主体会更加多元，整个区本化实施进程会在动力驱动下呈现良好秩序，会由可控的差异化失衡发展到相对的优质均衡，循环往复，在这种螺旋式上升的状态下营造出综合素质评价改革良好的发展态势。

相反，如果动力不足或缺失，区本化实施普通高中综合素质评价最终会流于形式，成为口号，甚至停滞不前，影响综合评价改革整个进程。综合素质评价改革实施多年以来，因动力不足或缺失而产生的不良影响时有发生。例如：由于缺乏及时指导而产生的相互观望、浅尝辄止，由于缺乏相互协作而产生的相互推诿，由于缺乏有效激励而产生的应付情绪，等等。所有由于动力不足或缺失而产生的问题都会在区本化实施过程中被放大，长此以往，综合素质评价理念会失去对教育教学的变革与引领作用，会动摇各利益主体对综合素质评价改革的集体认同，综合素质评价改革整体进程会因此而梗阻、停滞。

动力驱动所要解决的其实就是“为什么要实施”的问题。英国学者大卫·多罗维兹和大卫·马什认为“政策为何要移植”的问题分析里有三个视角：自愿性（想移）、混合性、强迫性（必须移）。其中“自愿性”与“强迫性”的视角对于分析普通高中综合素质评价区本化实施动力重要性有着积极的启发意义。

首先，自愿性，即普通高中综合素质评价区本化实施哪些方面让实施主体产生“想实施”的动力。为什么“想实施”？在诺斯看来，这属于“报酬递增”的感召，也就是说，实施主体意识到参与普通高中综合素质评价区本化实施将会拥有值得期待且可持续的预期。这正是普通高中综合素质评价区本化实施切合时代需求的突出表现，即它在当下具备的时代价值。综合素质评价改革对于时代最大的贡献，在于它输出了一种站位前沿的评价观，即全面而有个性的发展，体现着对人性的深刻关怀、理解与热爱，是为了一切学生、为了学生的一切、一切为了学生的最好体现。对于实施主体有着无限的精神感召，可以最大限度产生共情，容易转化为内部动力，激发实施主体参与普通高中综合素质评价区本化实施的热情。

其次，强迫性，即普通高中综合素质评价区本化实施哪些方面让实施主体产生“不得不实施”的动力，此时的动力也可称之为“压力”。为什么“必须实施”？诺斯也贡献出了一个思路，即由于“路径依赖”而产生的秩序感，也就是说，在普通高中综合素质评价被纳入高一级学校招生评价体系之后，实施主体意识到由于新高考制度改革的倒逼，如果不参与普通高中综合素质评价区本化实施，将会导致自身与教育现场的疏离，进而会打乱个体所处环境的公共秩序和个体内心的私人秩序，所以，必须参与普通高中综合素质评价区本化实施，这是对综合素质评价改革路径的一种依赖。这种强迫性容易转化为压力，督促实施主体参与普通高中综合素质评价区本化实施。

2.实施动力的主要来源

持续的、常态的、规范的动力驱动可以促使普通高中综合素质评价区本化实施更加稳健有力。普通高中综合素质评价区本化实施动力所要激发的是区本化实施全程的创新能力、全局的调控能力、全面的系统服务能力以及各要素的协同发展能力，它所秉承的是综合素质评价常态化实施目标高于一切，综合素质评价区本化实施的所有工作都要围绕这一主题进行。区本化实施是基于高度认同和坚决执行而产生的普通高中综合素质评价常态化与规范化发展态势，这源于促进学生发展的理念感召，源于新高考制度改革的倒逼。

综合素质评价秉承新课程改革的基本理念，对立德树人育人目标的实现有着重要的理论价值与现实意义。经过校本化实施的积淀与印证，普通高中综合素质评价区本化实施成为综合素质评价改革的新阶段、新目标、新任务。在此背景下，参与并相互协作，共同实现学生全面而有个性的发展目标，对于教育工作者来讲，是必然的职责；对于家长来讲，是法定的义务；对于社会其他领域的利益相关者来讲，是应有的配合。多元主体共同参与、形成合力，已成为区本化实施普通高中综合素质评价的重要动力之一。

新高考制度改革牵动人心，把综合素质评价纳入高一级学校招生中去，这对普通高中综合素质评价区本化实施有着强大的倒逼作用。一方面，新高考制度改革是普通高中保质保量开展教育教学工作的强大动力。它影响着高中阶段教育教学的方方面面，大到部门管理，小到师生对话，普通高中阶段教育的每个细节都充盈着对新高考制度改革的观望与期待。另一方面，新高考改革也是高一级学校关注的焦点。基于综合素质评价改革的深入发展，学生的综合素质成为高一级学校招生重要的参考信息，遵循“谁使用谁评价”的原则，高一级学校依据区域层面的信息反馈，更容易对校本化实施积累的过程性材料进行分析、评鉴，可以对学生做出更为全面的评价，从而打破“一考定终身”的严峻局面，有效发挥综合素质评价在招生中应有的作用，这对于新高考制度改革有着重要的工具价值与时代意义。基于这两点原因，普通高中综合素质评价必须在常态化、规范化氛围中为新高考制度改革提供有价值的参考信息。这是普通高中综合素质评价区本化实施另一个重要驱动。

相对而言，综合素质评价改革是教育发展的内部需要，尤其对于各级教育行政或技术部门领导、校长、教师等实施主体来讲，是他们的职责所在，以饱满的精神和专业的能力坚决执行，是职业要求，是教育事业发展的时代需求。新高考制度改革的倒逼属外部压力，随着综合素质评价改革的深入实施，综合素质评价在新高考中的“参考”价值越来越受重视，“参考”的话语权越来越大，相关的有价值信息作用越来越大，区本化实施普通高中综合素质评价逐步成为综合素质评价改革的必然，成为新高考制度改革的有效助推，是区本化实施所处的浓厚氛围，是一种外部压力。

如此，内外两类动力不断驱动着普通高中综合素质评价区本化实施深入进展。

（三）普通高中综合素质评价区本化实施程序执行

1.实施程序的重要性

程序，指一系列特定的动作、行动或操作，在相同的执行方式下通常会得到相同的结果。普通高中综合素质评价区本化实施程序指行政区域内实施普通高中综合素质评价的基本步骤，旨在高效、规范、透明地将普通高中综合素质评价区本化实施从无序整改到有序的一种操作步骤和管理方式。

程序执行主要谈的是如何在政策范围内稳步实现普通高中综合素质评价区本化实施目标，这对于综合素质评价改革的顺利开展有着重要意义。普通高中综合素质评价区本化实施程序的重要性通过顶层设计、过程监管、反馈深化三个阶段得以体现。普通高中综合素质评价区本化实施是综合素质评价改革的新阶段、新要求，是新高考制度改革的有机组成，是关乎教育领域综合改革深化程度的重要环节。培养全面而有个性的人这一目标锁定之后，就需要有规范、高效的程序来维护秩序、稳妥推进。

程序执行的重要性首先体现在综合素质评价理念的落地并非简单的执行问题，而是一个复杂、长期、曲折的需要经过设计的"本土化"过程。它包含实施前的方向指引、过程中的路径提示、实施后的愿景展望，需要在规范中实现高效，需要在高效中彰显规范，这是一种有效规避改革风险、最大限度降低改革成本的实施布局。

其次，公开、透明的程序设定可以有效避免互相推诿、相互观望以及沟通不畅。普通高中综合素质评价区本化实施是一个系统的社会工程，关涉多领域、多部门、多主体、多路径。各要素以及要素之间需要相互匹配、有机衔接，所以，清晰、明确的程序设定和边界勘定可以最大限度地确保普通高中综合素质评价区本化实施中各部门定位准确、协作互助。

再次，程序最可能产生的弊端就是按部就班、执行僵化。普通高中综合素质评价区本化实施强调步骤，但步骤服务于目标实现，所以它仅是一套"基本"程序，不是必须按部就班地固定操作，必要时可机动调整，灵活处理应急事宜，以便最大限度确保目标达成。这也是区域统筹的应有之义。

2.实施程序的执行路径

在普通高中综合素质评价区本化实施过程中，需要有三种执行路径共同协作：行政命令自上而下层层抓落实，体现普通高中综合素质评价区本化实施的政策领导力；重视主动探索，深度总结经验、挖掘典型，自下而上反馈并生发出普通高中综合素质评价的理念变革力；借助培训、研讨、教研联合体、实施共同体等各类区域专业机构或团体，上下结合，充分发挥普通高中综合素质评价区本化实施工作机制的自组织力。三种路径相互补充、相互依存，确保普通高中综合素质评价区本化实施工作方向正确、力量稳健、内涵丰富。

（1）自上而下

自上而下的普通高中综合素质评价区本化实施路径，是指由政府主导，依托行政力量，从全局出发思考自上而下如何布局、如何统筹、如何协调，确保计划展开、目标实现。这种路径意味着在普通高中综合素质评价区本化实施工作开展中，大部分的资源与决策权由政府部门负责配置，当职能部门之间发生矛盾时，需要由他们进行协调。

这一路径侧重于相关实施政策的上传下达，它的首要特点是可以最大限度地确保普通高中综合素质评价区本化实施方向的正确性、行为的规范性。所以说，这一路径传递的是政府的工作目标，下沉的是区域教育行政部门承担的工作职责，导入的是区本化实施工作的必备保障。它是省级、市县区级、校级三级教育职能部门在区本化实施工作上步调一致、相互支持、上下一体、有机统一、衔接运行的“政策链”。用一句话表述就是：先由省级教育行政部门愿景引领、行政指挥，再经市县区级教研、培训、督导等部门整体联动，然后由学校实施，三个层面自上而下全员参与。

自上而下的实施路径执行有赖于一线校长与教师的行动自觉，所以，综合素质评价的区本化实施中，理念的解读宣传、规范执行至关重要，不能有任何的曲解与误读。据此，自上而下的普通高中综合素质评价区本化实施需要从机制构建、组织管理、信息对称等方面得到有效保障。

（2）自下而上

自下而上的普通高中综合素质评价区本化实施路径，指基于区本化实施工作实际，多主体广泛参与，自主探索，由下而上的实施路径。

普通高中综合素质评价区本化实施需要自下而上的主动探索，它彰显着一种凝聚力，是孕育综合素质评价改革力量的必要积淀。普通高中综合素质评价区本化实施担负着综合素质评价常态化实施、促进学生全面而有个性发展的改革重任，各类实施主体都需要在过程中完成行为主体的再组织，从而实现从“执行群体”到“行为个体”的过渡。作为区本化实施工作的重要路径，自下而上强调多主体参与，并促进实施力量的不断整合，实施主体实施综合素质评价的自觉性、自发性、自主性、自助性由此得到持续强化。自下而上的创新探索和基层实践越深入，普通高中综合素质评价区本化实施道路就越清晰。

（3）上下结合

普通高中综合素质评价区本化实施，既不可能完全由上级主导，也不可能完全依赖下级探索。自上而下更多地体现为对区本化实施工作的结构性建构，自下而上更多地表现为区本化实施工作内在活力的激发。单纯强调这两点，不符合普通高中综合素质评价区本化实施工作的发展实际，两者的有机统一才能实现区本化实施工作的善作善成。

上下结合的路径执行，政府不直接干预综合素质评价的实施，而是赋权市县区制度创新空间，由区域依据国家相关文件要求自行制定行为规范、衍生架构和工作机制以保障综合素质评价的实施顺利进行。这种路径已经在当前的治理实践中得到了充分的认可与肯定。它生成的是区本化实施工作机制的发展活力，积聚的是实施主体的参与热情，积累的是日益壮大的区本化实施力量，强调在追求自上而下层层抓落实的同时，要兼顾下级的合理关切，鼓励他们把自身利益同区本化实施的共同利益结合起来，并努力扩大上下共同利益的汇合点，形成联动效应，促进普通高中综合素质评价区本化实施有效开展。

与另外两种路径的明显区别是，“上下结合”中的“下”，即对基层期待的关注，赋予了综合素质评价改革一种制度温度。相对于前两种实施路径，上下结合是一种双向互动的实施工作组织形式，它是前两种的有益补充，在协助各职能部门更好履行职能中，帮助他们找到自身的角色定位和功能定位。这一模式中的工作重点在于问题治理，增加区域公共政策和社会服务的效率和效能。同时，区本化实施机制开始自我管理、主动适应，并致力于找准上级与下级两者之间的运行契合点，加强沟通、保持畅通、增进理解、消除壁垒、相互对接，以坚定的实施信念和坚实的民意基础，促进普通高中综合素质评价区本化实施工作顺利开展。

区本化实施需要上下两级相互协调、相互适应。谁能在此博弈中有更多的话语权，取决于谁在这一过程中掌握的信息更丰富。下级的信息更生动、更务实、更接地气，但缺乏高度与广度；上级的信息更前沿、更先进、更有视野，但乏于深度。上下结合的实施路径在这一阶段作用凸显。它常用于普通高中综合素质评价经验需要总结、制度需要完善、难点需要突破、实施需要深入的新阶段。上下结合关注的焦点在于促进实施机制完善与提升专题研究质量。前者强调实施工作的更加规范化、程序化，这体现着实施工作的职能宽度；后者决定实施工作的专业化、针对性，影响着实施工作的执行深度。两者对于普通高中综合素质评价区本化实施有着积极的促进作用。

虽然仍有政府监管的成分，但这一路径从实施主体、实施方法、实施机制等方面来讲，都具有自我规制的特征。所以，宏观来讲，属于实施工作的逐步完善阶段，其间各项工作的制度设计与策略选择都趋于成熟；相对来讲，属于实施工作“技术”层面的修缮与改进，虽然是“修修补补”，但更显精细化、专业化。它不再把目光更多地停留在综合素质评价改革“自上而下”或“自下而上”的政策空间转移。这种明显的政策实施“二分法”过于关注政策执行的“是什么”和“谁来做”，而对其背后的“为什么”和“如何做”考虑不够。区本化实施引发的变革不是简单的主题引入，它更多的是包括理论预设、分析模式、发生场域和方法论在内的问题解构，上下结合可以更好地孕育出这种变革态势。

所以，总体来讲，三种路径相互依存，共同指向普通高中综合素质评价区本化实施的愿景目标。不同于自上而下较为明确的行进轨迹，自下而上和上下结合在某种程度上是相通的，两者都关注下级实施主体的利益表达。但相对来讲，自下而上更侧重于自主探索，且它的行动轨迹仍是单向朝上的；上下结合更侧重自主探索之后的自我管理，因为它的行动轨迹是上与下双向互动、左右联动。所以，上下结合是更有群众基础、更能集聚主体智慧的实施路径。

（四）普通高中综合素质评价区本化实施方式选择

1.方式选择的重要性

方式，指开展普通高中综合素质评价区本化实施工作所采用的手段或策略。综合素质评价改革能否进一步深化，就在于能否科学、合理地选择实施方式开展工作。

方式选择与问题治理有着极强的对应关系，适当的方式可以在最短时间内找到最有效的问题治理方案，反之会延迟甚至干扰实施的正常进展。基于综合素质评价改革的迫切性与必要性，如何在最短时间内使综合素质评价理念落地落实，以常态化、规范化实施样态促进学生全面而有个性的发展，方式选择很重要。

普通高中综合素质评价区本化实施以来，许多问题的发生都与方式选择不够科学、不够合理有关。这里面更深层次的原因在于对综合素质评价改革的重要性认识不足、相关问题的分析不深、问题治理缺乏创新思维。本质上讲，不同的时代有不同的问题治理方式。当前普通高中综合素质评价区本化实施方式影响着能否便捷、高效地把综合素质评价融入学校的日常教育教学中，融入各区域的日常教育管理中。随着信息技术的发展，以及社会其他领域，如经济、文化发展水平，管理技术水平的提高，普通高中综合素质评价区本化实施方式也会有所变革。当前来讲，方式选择与实施主体的即时立场有着重要的联系，且直接决定着实施主体即时身份勘定与任务执行，这也正是方式选择重要性的有效体现。

一般来讲，实施主体可以选择的立场大致分为三类，依据实施目标、任务、内容、路径等维度的不同可以在三种立场中适当切换，以最大限度服务于普通高中综合素质评价区本化实施为准绳。

第一类是行政领导立场的方式选择，如常规例会、专题研讨、工作表彰等，目的在于进行主题选定、精神解读、理念宣传、工作安排等，选择此类立场的实施主体指参与区本化实施的教育行政部门或学校领导。这类方式选择对于统一认识、统一步调、统筹资源配置有着重要意义。

第二类是专家立场的方式选择，如培训、课题研究、专题研讨、案例示范等，它的主要用意在于典型经验评析、研究难题破解等，选择此类立场的实施主体一般是参与区本化实施的教育技术部门或教育科研机构的专家、学者。这类方式选择对于普通高中综合素质评价区本化实施问题的集中治理、重点突破有着重要意义。

上述两类选择实施方式的立场在于找到问题要害、理清问题矛盾、缓和对立、有效对话，从规范化的角度出发，在不同诉求中找到妥协的可能、实施的可能。这对于普通高中综合素质评价区本化实施问题治理大有裨益。

第三类是研究者立场的方式选择，如培训、课题研究、专题研讨、案例示范、学生讨论、家长会等。家长和学生的研究者立场，是综合素质评价改革赋予这类实施主体的特殊身份。身份确认会催生责任觉醒，这类方式选择对于增强实施认同、提升实施能力、诱发实施动力有着重要意义。相对来讲，此种选择实施方式的立场依据非批评准则，是在把分歧或争议或误解当作研究对象，用描述的方式来分析隐藏在争议中的判断和行为原则。这类方式选择对于确保普通高中综合素质评价区本化实施意义建构的连贯性有着积极意义。

2.方式选择的主要目的

由于实施工作的长期性、复杂性，单一、单向度的实施方式难以实现普通高中综合素质评价区本化实施预期目标。为了更有针对性地突出实施工作目标与实施方式的关联性，基于前期文献综述中对国际教育改革区本化实施策略分析，普通高中综合素质评价区本化实施方式主要分为政治—行政策略、理论—经验策略、规范—再教育策略等。

政治—行政策略的基本站位应是普通高中综合素质评价的理念宣传与渗透、实践设计与筹谋。普通高中综合素质评价区本化实施初期阶段，可利用的经验梳理与问题分析少，所以，政治—行政策略所要解决的主要问题就在于能否在最短时间内统一认识、统筹信息、规范实施。据此，这一实施方式的目的就在于在区域内进行全面、深入、有针对性的培训与管理，让多个层面、多个领域的参与者充分地了解、认识、理解、认同、践行它，从而营造积极的舆论氛围，保障综合素质评价实施的自觉自发，善作善为。

理论—经验策略的基本站位应当是通过经验分享实现理论升华、实践提质。随着区本化实施工作的不断深入，各实施主体、实施各环节在践行综合素质评价理念的过程中基本有了相对成形且可供讨论、交流、借鉴的经验与范例。这些既是前期具体实践的总结与提升，又是后期工作开展的起点与基础。所以，理论—经验策略关注的是如何基于理论实现经验分享。据此，这一实施方式的主要目的在于互学互鉴，创新实施的工作方式方法，强化综合素质评价理念认同。

规范—再教育策略的基本站位是观念的再统一、实践的再规范。普通高中综合素质评价区本化实施是校本化实施基础上更大格局的改革设计与统筹。协调发展理论视域下的普通高中综合素质评价区本化实施允许差异实践。整个实施系统也就是在诸多差异化问题的均衡治理中实现协调发展，但差异过大，必然导致实施系统各主体之间利益关系的严重失衡。所以，规范—再教育策略关注的问题就是如何确保普通高中综合素质评价区本化实施中适度、相对的差异，这是区本化实施系统内要素相互协同、共促发展的重要前提。据此，这一实施方式的主要目的就在于以实施问题为导向，专门组织专业人员在既定时间内进行专项研究与研讨，在普通高中综合素质评价区本化实施中坚守理论自信、坚定理论立场。

3.实施方式的基本类别

基于上述分析，政治—行政策略主要指凭借政治、行政力量，区域内自上而下地实施普通高中综合素质评价。这种方式的典型代表就是培训。普通高中综合素质评价区本化实施的培训方式主要指有组织地对综合素质评价区本化实施工作相关知识、技能、标准、信息、信念等内容进行普及与渗透的行为。

理论—经验策略重在结合普通高中综合素质评价区本化实施理论与实践，有计划、迅速地对新思想、新经验进行宣传与转化。这是一种拉近经验提供者与学习者之间距离，以当下的高效协作代替以往的机械认识的有效途径。这种方式的典型代表就是电子平台构建与典型案例示范。前者是线上交流平台，是信息技术背景下普通高中综合素质评价区本化实施工作的方式方法创新，并由于其信息储藏量大、及时、快捷、直观等特点，逐步不可或缺；后者指以典型案例推广引领普通高中综合素质评价区本化实施工作整体推进、全面提升。

规范—再教育策略强调通过规范性的再教育，统一各实施主体对普通高中综合素质评价区本化实施的认识与态度，以免出现非规范的主体统领，破坏区本化实施各要素间的整体协同。这种方式的典型代表是专题研究或专项研讨，主要指依据实施需要专项分析、研讨，开展有针对性的问题解决活动。

工具服务于目的。鉴于实施工作的复杂性与反复性，在实际操作中，方式的选择与应用大多是你中有我、我中有你的存在状态，即一种实施方式并不必然运用在一个工作安排，反之亦然，但主要目的都是通过多种方式整合区域数据，发挥区域统筹优势，利用信息中的规律和联系，创新性地开展普通高中综合素质评价区本化实施工作。

（五）普通高中综合素质评价区本化实施条件保障

1.实施条件的重要性

条件是事物存在、发展的影响因素，分为充分不必要条件、必要不充分条件、既不充分也不必要条件和充要条件。普通高中综合素质评价区本化实施条件指的是确保区本化实施工作开展的充要条件。

对实施条件问题重要性的探讨，在罗伯特·贝茨（Robert Bates）（1988）看来，是在回答“为什么要供给制度”[①]的问题，这对于我们理解实施条件的重要性很有启发。

罗伯特·贝茨认为，之所以需要改革，是因为它可以扩大参与者的福利，这是所有参与者潜在的共识，并据此，参与者成为改革中的契约论者，所追求的是改革所能带来的新的均衡，并相信这种均衡可以使他们不用承

① 转引自埃莉诺·奥斯特罗姆. 公共事物的治理之道：集体行动制度的演进［M］. 余逊达，陈旭东，译. 上海：上海译文出版社，2012（4）：50-51.

受单独行动的风险，便可凭借均衡秩序来协调自身的活动。均衡的发展结构可以营造良好实施秩序，各方面力量均衡，相互之间才会产生一种契约履行的合法性、正当性、稳定性。但改革的回报不一定与人们的期待对等，而且，改革所能提供的是一个集体性的承诺，由此，基于对改革的关注及其形成的相关共识，参与者将会更深刻地理解个人理性如何与社会理性保持一致，为改革提供何种必需的条件或供给便成为思考的必然。

上述分析说明，改革的本质是在解决集体困境。普通高中综合素质评价区本化实施条件的重要性在于它致力于表达信任并努力营造一种集体观念，无论是打造专业的实施队伍还是统筹资源配置，抑或是设立专项资金，都是基于对区本化实施的高度认同并对其有一个合理预期，这是普通高中综合素质评价区本化实施顺利开展的重要保障。

普通高中综合素质评价区本化实施是一项理念逐步更新、行为逐步改进的系统工程，需要有一支师德高尚、业务精湛、结构合理、充满活力的高素质专业化教育工作者队伍，需要有一定相关配套制度设施，需要有一定经费投入保障。这是区本化实施的基本保障，也是综合素质评价改革的基本需要。

综合素质评价与新课程改革一脉相承，在实施初期，很多学校都把它作为新课程改革的常规工作布置下去，缺少对综合素质评价理念的专业思考，从主体参与到设施配套，再到经费投入，都没有得到足够重视。实施初期新生问题多、有效经验少成为影响综合素质评价常态化、规范化实施的直接因素。尤其是在普通高中阶段，一边是新高考制度改革的压力，一边是综合素质评价改革的工作需要，上述三类条件保障更难以到位，普通高中综合素质评价校本化实施困难重重，区本化实施进程相对较为缓慢。

但也有一些学校、区域在人员组织、设施配置、经费投入上给予普通高中综合素质评价足够的重视。实践证明，条件保障到位，综合素质评价改革氛围浓厚，区本化实施普通高中综合素质评价才能落到实处，全面而有个性的目标达成才成为可能。

2.实施条件的类别及其必要性

普通高中综合素质评价区本化实施条件主要包括实施工作队伍建设、

设施配置、经费保障等，各区域可以根据实际情况，因地制宜制定相应政策，提供有利的条件保障。

区本化实施普通高中综合素质评价的条件首先应该是多元的，它需要有专业、固定的实施队伍，需要有全面、到位的设施配置，需要有充沛、及时的经费保障。其次，应该是协同的。这意味着对综合素质评价改革高度认同是基本前提，设施配置对实施工作的支持是及时、有效的，经费投入应当是与实施工作需求同步甚至是超前的，而且队伍建设、设施配置、经费保障三者之间也应该是相互补充、合力共促的。再次，应该是持续的、常态的。实施队伍的专业能力需要在设施配置的帮助与经费保障的前提下得到及时提升，设施配置也需要随之得到及时更新，经费投入同样需要依据实际进行及时调配，三者共同确保区本化实施普通高中综合素质评价顺利开展、有效实施。

区本化实施普通高中综合素质评价是解决“培养什么样的人”的问题，同样，一支什么样的队伍来开展这项工作至关重要。对综合素质评价理念的解读与落实直接影响着改革的成效，属于改革中的关键环节。所以，能否依据综合素质评价理念及时更新自我认知，是否在区本化实施普通高中综合素质评价的全过程对改革理论高度认同、坚决执行，关乎实施成败，关乎改革成效。普通高中综合素质评价区本化实施工作队伍主要包括管理队伍、研究队伍、监督队伍、实施队伍等。一方面，队员的年龄、学历、职务（职称）、学科结构以及学段、城乡分布结构与综合素质评价改革发展相协调，队伍管理制度科学、规范、高效、开放。另一方面，队伍建设绝不等同于一两次的培训，它是伴随队伍成长且只有开始、没有止境的终身教育样态。综合素质评价区本化实施的执行需要教育行政、研修、培训、督导等部门整体联动，要思考：如何以省级统筹、重点引领对改革理念进行逐层传递、层级互动；如何以“区域层次＋机制功能”的方法，优化省域内市区县各级职能部门对区本化实施的管理，强化各部门、各机构功能定位；如何全力支持网络平台建设，以科研引领、专家引领、职能引领在各区层加强创新团队构建。所以，优化区域内人力资源配置，一方面需要通过相关课题项目研究夯实区本化科研基础，另一方面，要通过资金投入、资源共享、研讨培训等形式加大对普通高中综合素质评价区本化实施的对口支援，提高这一工作的人才溢出效应。

普通高中综合素质评价区本化实施设施配置指实施工作所需的完善的技术装备，积极的实施氛围，充足的学习资料、设施设备及耗材资源配置。对综合素质评价改革的参与不能仅靠热情与口号，必须通过一定的设施配置，使综合素质评价理念切实与教育教学有机融合，健全的实施机制营造充满生机的实施氛围，先进的信息技术提供必需的平台支持，详细的培训计划拓展专业发展空间……普通高中综合素质评价区本化实施首先需要确立相对稳定的工作机制，初步实现机制常态化，在制度构建层面能够给予稳定的实施预期和健康的工作氛围；再者，综合素质评价区本化实施一线工作者的职能发挥是重要前提，区本化实施全程都要把建立健全学习保障机制纳入计划，确保实施主体时刻处于区本化实施相关信息的前沿位置。另外，新时代信息技术的发展也为普通高中综合素质评价区本化实施提供了改进工作方式方法的充沛条件，最为突出的就是电子平台构建。具体实践中，主要分为用于记录学生综合素质评价材料的平台和用于区际、校际交流信息的平台，它们都以电子平台为载体，依据实际需要，设置权限，记录、存储综合素质评价过程性事实材料及结果性事实材料，开放、可视，是增强综合素质评价材料信息的原始性、规范性、可信性的有效途径。信息技术时代，还能通过微信群、QQ群等，汇聚实施工作的各类利益相关群体，群策群力，及时更新理念、交流思想、共享成果，提高普通高中综合素质评价区本化实施效能。

充足的经费保障是普通高中综合素质评价区本化实施顺利开展的必要前提。普通高中综合素质评价区本化实施经费保障指开展工作所需的经费开支，主要包括常规费用与预算费用等。前者主要指稳定的专项经费、专款专用，以满足区域层面普通高中综合素质评价工作的研究、宣传培训、指导、奖励及电子平台的开发、维护和督查等各项工作必要的经费要求；后者主要指运用信息化手段进行科学化、规范化的工作预算，也属于经费管理中的必要一环。

核心要素的梳理与论证旨在找到一种思考问题的路径，发展出一种分析框架。普通高中综合素质评价区本化实施为综合素质评价改革提供了新的驱动引擎、注入了新的发展动力。在协调发展理论、多中心治理理论、自组织理论的思想指导下，协同、多元、有序、常态等理论要义，合理定义了对普通高中综合素质评价区本化实施主体确定、动力驱动、程序执行、方式选择、条件保障等方面的思考原点与话语体系。在新的历史阶段里，实施主体的积极性、实施动力的驱动性、实施程序的稳定性、实施方式的多样性、实施条件的充沛性，统筹联动、协同发力，共同致力于普通高中综合素质评价区本化实施的导向鲜明、基础稳固、参与多元、程序完善、保障有力。新时代综合素质评价改革也正是以这样的理论思考为原点不断完善、不断深入，以越来越强的规律性和越来越大的可操作性解决着新问题、适应着新形势。

普通高中综合素质评价区本化实施属于综合素质评价改革的新阶段，有着与改革类似的利益重置的本质属性，围绕这一属性，普通高中综合素质评价区本化实施有着以下的理论预设，如图5-2所示。

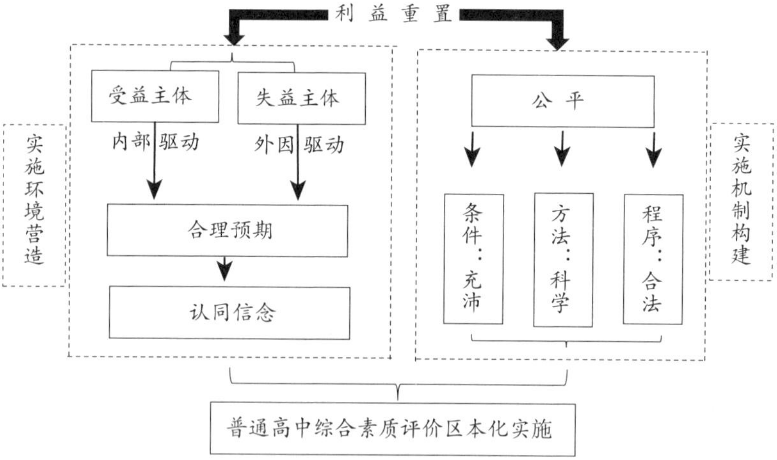

图5-2 普通高中综合素质评价区本化实施理论预设

“利益”的主要诉求在于营造健康的实施环境，其关键在于找到普通高中综合素质评价区本化实施的受益主体与失益主体。基于利益分配的不同，受益主体有着积极的内部实施动力，失益主体需要外部相关配套机制作为利益驱动参与实施。基于对区本化实施的一定预期，两者在实践中逐步生成共同的认同与信念，这是普通高中综合素质评价区本化实施重要的氛围营造。“重置”的主要诉求在于构建完善的实施机制，其关键在于公平处置资源分配，这一目标对实施机制的要求体现在实施条件充沛、实施方法科学、实施程序合法，这是普通高中综合素质评价区本化实施关键的制度保障。在健康的实施环境与健全的实施机制两者合力共促下，普通高中综合素质评价区本化实施有着生动、可期的发展图景。

二、普通高中综合素质评价区本化实施的实践模型

（一）普通高中综合素质评价区本化实施基本原则

原则，指行事所依据的准则。普通高中综合素质评价区本化实施的基本原则指适用于普通高中综合素质评价区本化实施全过程的总体性原则，对于普通高中综合素质评价区本化实施规范、高效地实现工作预期有重要意义和价值。

1.问题治理原则

以问题治理为原则，强调普通高中综合素质评价区本化实施应该着眼于问题生成的区域背景、问题转化的区域形变、问题解决的区域路径、问题治理的区域评价等方面，即对普通高中综合素质评价区本化实施做“为什么”“是什么”“如何做”“做得如何”等问题的梳理与治理。问题治理原则是普通高中综合素质评价区本化实施的首要原则。2013年11月，党的十八届三中全会提出实施国家治理体系和治理能力现代化的科学命题。“先试点再推广”的改革思路给予国家教育治理体系和治理能力现代化的实现很多启发，是普通高中综合素质评价区本化实施问题治理原则的思考原点和理论语境。

普通高中综合素质评价区本化实施的复杂性体现在实施细节中，关键事宜、关键环节、关键人物的抓取是顺利实施综合素质评价改革的重要前提。这些关键因素直接影响着人们对区本化实施工作的态度、对区本化实施政策的理解、对区本化实施进程的掌控、对区本化实施结果的评判，直接影响着普通高中综合素质评价区本化实施的目标实现。

遵循以问题治理为原则的普通高中综合素质评价区本化实施要以促进

综合素质评价的规范化、常态化实施为出发点和归宿，即：不但要关心个体的经验，研究普通高中综合素质评价区本化实施的规律，更要重视它与社会其他领域的关系研究，以科学、专业的问题敏感度，从全局出发，在研究政治、经济、社会、文化与综合素质评价实施关系中，以问题治理为原则领会政策，把握当前普通高中综合素质评价区本化实施的现状与困境、需要与诉求、攻坚方向和重点举措，为一些带有方向性、根本性、战略性的重大问题，提供解题思路，孕育实践力量。

2.可持续发展原则

普通高中综合素质评价区本化实施的可持续发展原则，解决的是普通高中综合素质评价区本化实施中“做得如何”的问题。可持续发展认同度最高的定义来自世界环境与发展委员会，即：满足当代人需要，且不对后代人满足其需要的能力构成危害。这一概念的核心要义在于：需要中适当限制，限制中实现持续，重视当前利益与未来利益、眼前利益与长远利益的关系问题。这有赖于当前利益与长远利益的有机结合，构建出一种长效机制。所以，这一原则规定下的普通高中综合素质评价区本化实施既关注当前，又心怀未来，既需要有顶层设计，又需要有终端激活，它是普通高中综合素质评价区本化实施各要素相互协调、合力共进的一种实践过程，同时又是不断更新、富有生机的一种愿景旨向。

遵循可持续发展原则的普通高中综合素质评价要做到以下几点：以协调、高效的区本化实施体制构建为着眼点和切入点，完善可持续发展的信息共享和决策咨询服务体系；以提高区本化实施决策与管理能力为重要内容，全面提高区本化实施体制机制的科学决策和综合协调能力；以培养高素质的区本化实施决策人员和管理人员为抓手，同时，综合运用行政、经济等手段，提高区本化实施工作的主体参与程度，增强多元主体对普通高中综合素质评价区本化实施的认同、支持和参与，这是可持续发展原则作用体现的必要保证。

普通高中综合素质评价区本化实施的可持续性发展原则体现的是区本化实施全程的创新能力、全局的调控能力、全面的系统服务能力以及各要素的协同发展能力。它要求综合素质评价常态化实施的目标高于一切，综合素质评价区本化实施的所有工作都要围绕这一主题进行。它背后有对综合素质评价改革长期性、复杂性的理性判断。依据这一原则开展的普通高中综合素质评价区本化实施更具导向性与变革性。

3.创新原则

创新是对现有思维模式的再改造或改进，且能获得一定有益效果的行为。创新原则的本质是突破，即突破思维定式；创新原则的旨向是发展，即规范、有序的可持续发展；履行创新原则的根本路径是实践，即解决矛盾的自觉自发；体现创新原则的核心是"新"，它或者是区本化实施的整体布局、阶段部署的变革，或者是路径设计、方法手段的再造，或者是组织形式、内容要素的丰富和完善。

遵循以创新为原则的普通高中综合素质评价区本化实施要把深化综合素质评价改革转化为内在自觉，它解决的是综合素质评价区本化实施中"如何做"的问题。普通高中综合素质评价区本化实施强调的创新是一种实践行为，它是对实施矛盾与问题的否定与再造，是实施持续开展的基本点，体现的是综合素质评价改革无限的自我更新力。

普通高中综合素质评价区本化实施需要以制度创新为保障，以体制机制创新为根本，以管理创新为手段，以促进综合素质评价常态化实施为依托，探索出综合素质评价区本化实施工作新的方式方法。它顺应新时代发展，是深化综合素质评价改革、实现学生全面而有个性发展的基本遵循。把作为保障的制度创新、作为根本的体制机制创新、作为手段的管理创新、作为依托的综合素质评价常态化实施等规制到一个系统框架里来思考与构建，就形成了综合素质评价区本化实施创新原则的科学体系。

三种原则之间并不是简单的包含与被包含关系，每一种都有其他两者不能涵盖，但却可以相互补充的所指及其意义，所以，它们之间更多的是相互融通的关系，而且这种关系是开放的，能够在具体实践中与外界进行信息交换。这三项原则不断丰富、不断完善，符合区本化实施规律，成就了区本化方案的实施。

普通高中综合素质评价区本化实施坚持什么原则至关重要。秉持问题治理、可持续、创新原则，普通高中综合素质评价区本化实施集中彰显了今后综合素质评价改革的发展着力点和前进方向。总体来讲，它们有着以下几个共同的特征：

首先，反映的实践规律是客观的。普通高中综合素质评价区本化实施原则根据对综合素质评价改革的规律认识而确定，综合素质评价改革规律体现了教育发展的规律。教育发展的规律是客观的，所以，普通高中综合素质评价区本化实施的规律也是客观的，且需要不断丰富和完善。

其次，坚持的目标旨向是一致的。普通高中综合素质评价区本化实施的目标实现，需要所有参与者共同努力，是目标统一、行动一致的结果。从这一点来讲，上述三项原则所坚持的旨向是一致的，都是为了促进普通高中综合素质评价区本化实施，是各类实施主体必须遵守的行动纲领。

最后，要求的实施行为是规范的。遵循原则的目的在于统一思想、规范行为。普通高中综合素质评价区本化实施的原则是规范各种行为方式的有效保障。它们要求在区本化实施过程中，把综合素质评价理念内化为一种日常行为，并通过更广、更深的观察与思考，坚定方向，有秩序、高效能地朝着综合素质评价改革目标迈进。

（二）普通高中综合素质评价区本化实施模型解析

模型建构在于表达一种心理捷径，是对具有相似特质的问题进行研判简化后得到的信息解释与工作处理机制，是基于环境变化，培养有机式“自适应”能力，并在持续和动态演化中缓冲变革阻力的理论尝试。基于上述三个基本原则，普通高中综合素质评价区本化实施应在问题治理中勇于创新、善于突破，一切以综合素质评价改革常态化、规范化的可持续发展为旨归，保障综合素质评价改革理念在一定区域内的落地落实。

具体来讲，普通高中综合素质评价区本化实施应注重构建互动机制，实现实施主体、制度框架体系、实施目标三者之间互通、互动，以多元化的协商参与逐步消解单一化的权威行使，并依据实施结果自我改善、自我调适，提升普通高中综合素质评价的区域自洽。

1.普通高中综合素质评价区本化实施模型的基本内涵

如图5-3所示，普通高中综合素质评价区本化实施基本是以下一种实践场景：在区本化实施前台、后台的共同作用下，通过以统筹规范为主要诉求的自上而下、以反馈调整为主要诉求的自下而上两种路径构筑出区本化实施主场，各实施主体在此以谁来实施、为何实施、如何实施、如何持续等多元互动样态展开利益博弈，最终实现普通高中综合素质评价区本化实施的合理持续。其中“谁来实施”重在进行主体确定，强调普通高中综合素质评价区本化实施主体的基本构成与职能分工的问题回答；“为何实施”重在进行动力驱动，强调分析普通高中综合素质评价区本化实施的动力来源，并适时给予适当激励确保持续驱动，有效确保区本化实施顺利开展；“如何实施”重在选择具体的方式方法，以确保普通高中综合素质评价区本化实施效能最大化；“如何持续”重在给予普通高中综合素质评价区本化实施以条件保障，以确保普通高中综合素质评价区本化实施效能常态化。

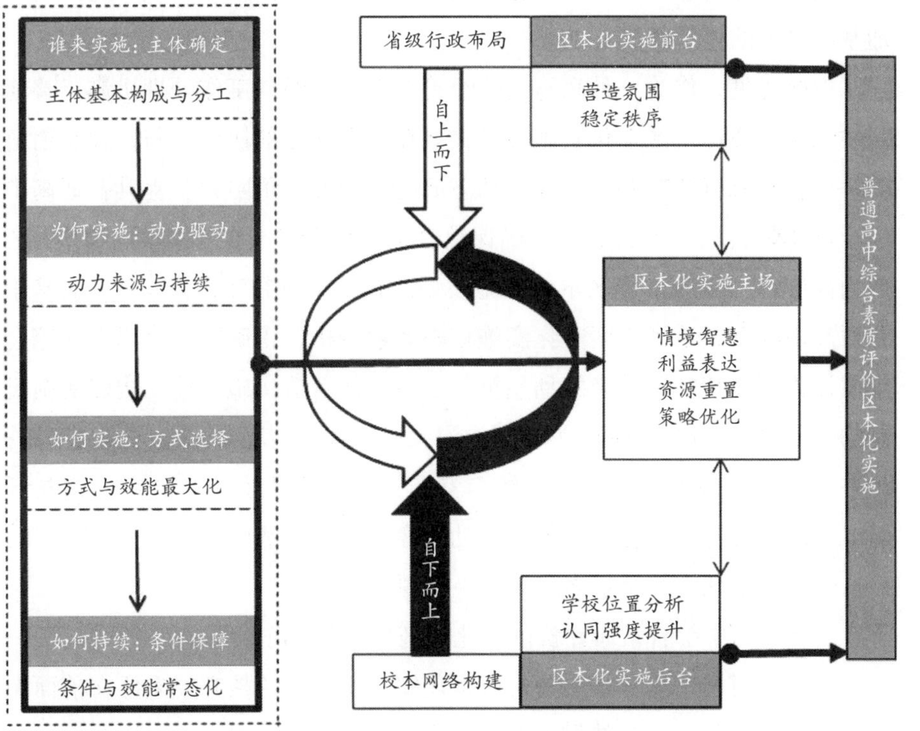

图5-3 普通高中综合素质评价区本化实施模型

普通高中综合素质评价区本化实施主要是省级、市县区级、校级三方互动的结果，其中：省级重在凭借行政布局为区本化实施营造氛围、维护秩序；市县区级有赖于关键人物的情境智慧、实施主体的利益表达、区本资源重置、行动策略优化等，实现普通高中综合素质评价各实施主体在这一层面的互动博弈；学校重在通过学校的网络位置分析、主体认同强度提升构建校本实施网络。三者分别是普通高中综合素质评价区本化实施的前台、主场、后台，互动的结果即为普通高中综合素质评价区本化实施方案的合法化、合理性、可行性。具体来讲，普通高中综合素质评价区本化实施模型，致力于全面发掘区域内潜在的校际互补互利机会，使“单打独斗”的普通高中综合素质评价校本实施转化为校际联盟，实现强强联合或者以强带弱，以效能互补催生效能升级，从而汇聚区域内普通高中综合素质评价实施的更大合力，并逐步转化为推动综合素质评价改革的动力机制，突破普通高中综合素质评价校本化实施结构性失衡的困局，实现实施效能增加基础之上的再平衡。

由此可见，作为一种超越具象经验的信息解释与工作处理机制，普通高中综合素质评价区本化实施模型，旨在以多元化的协商参与，逐步消解单一化的权威行使，并在持续和动态演化中缓冲变革阻力，提升普通高中综合素质评价的区域自洽性，确保综合素质评价理念的落地落实。故此，普通高中综合素质评价区本化实施模型的践行关键在于两点：一方面基于普通高中综合素质评价区本化实施核心要素分析，正确面对普通高中综合素质评价区本化实施带来的利益重置，在如何营造实施环境、构建实施机制的理论设计中以“协调”为旨归，深入思考理论与现实之间的张力问题；另一方面要合理调控普通高中综合素质评价区本化实施中省级、市县区级、校级三方互动，在如何促进互动博弈的具体实践中以“高效”为旨归，创造性地消解现实与愿景之间的差距问题。

2.普通高中综合素质评价区本化实施模型的运作及影响因素

鉴于普通高中综合素质评价区本化实施所涉及的核心要素已在前面做了详细论述，所以，此处重点对该模型所涉及的前台、主场、后台运作方式及其影响因素进行探讨，进而对该模型的前景和限度做出规律性研判。

(1)普通高中综合素质评价区本化实施前台

省级行政布局，即区本化实施前台是普通高中综合素质评价区本化实施的顶层设计舞台，是区本化实施方案的构思、商议、决策的行政体系，主要指省级教育行政部门及体制内的机制、流程、权限的赋能与优化。这一层面的工作重心在于通过行政体系把权威的实施要求转换为有效、清晰的实施细则，关系着普通高中综合素质评价理念能否在区域层面落地落实。行政布局依靠正式规则运行，属于普通高中综合素质评价区本化实施公共决策的合法性力量，实施氛围、实施程序、资源分配方式等因素是影响这一过程决策意愿和效能的基本变量，这些因素代表着实施方案的战略选择，决定着实施方案的宏观走向。

实施氛围的形成是一个实施主体的心理聚合过程，这一过程是形成改革认同的重要影响因素。普通高中综合素质评价区本化实施需要一种浓厚的组织认同，这是一种特殊的社会认同方式，表现为社会组织成员对其所在组织的心理及情感依附，它能使组织成员在内部交往中相互产生信任感，并意识到自身与组织间联系的紧密性。[①]这是一种形成基本信念的过程，也是一个实施主体进行形势研判的过程。在这一过程中，分散在不同区域，处于实施网络不同位置的实施主体通过参与区本化实施逐步达成共识，产生相对接近的共同信念，这是实现普通高中综合素质评价区本化实施愿景的基本前提。缺乏实施氛围的社会改革，难以实现从外在改革理念到内在群体认同的转变，集群行动虚无化或远离行动目标势必会成为影响普通高中综合素质评价区本化实施的一大问题。

实施程序是第二个重要的影响因素。如前所述，普通高中综合素质评价区本化实施程序执行中存在着一种自上而下的基本路径，在新制度主义看来，这是一种借助政府、法律等行政权威自上而下的强制性制度变迁，带有强制性、迅速性的特征。从某种程度上讲，普通高中综合素质评价区本化实施，需要通过行政命令来促成，这种自上而下的强制性变迁，其本质是由教育行政机关提供实施框架及标准模板，监督并规范实施主体的行为意义。不过，相对来讲，这种强制性里还带有突变的意味，资源重组及利益重置在短时间内不容易调整到位，实施主体难以在较短时间内适应改革

① 孙健敏，姜铠丰.中国背景下组织认同的结构——一项探索性研究[J].社会学研究，2009(1)：184-216，246.

的进程、体验改革的效益，这些会导致普通高中综合素质评价区本化实施内生需求不足、内发动力不够，进而成为影响普通高中综合素质评价区本化实施前台效能发挥的关键因素。

(2)普通高中综合素质评价区本化实施主场

区本化实施主场重在实现区域内普通高中综合素质行政布局体系与学校网络之间的有效沟通与权益博弈，最终实现普通高中综合素质评价区本化实施方案的有效执行。这一过程包括正式的工作安排和非正式的研讨商议等，主要依靠行政程序和规则互动。区本化实施主场参与群体较为多元，包括技术人员、政府官员、专家、社会大众等各类利益相关者。所以，利益博弈是这一场域的主要运作方式，即通过广泛的意见征求、调研讨论和协商，在最大限度上达成一致共识，博弈状况在一定程度上决定着实施走向，博弈的实质是利益博弈下的权力交锋，表征为行为主体“合作—冲突”的互动结构，这一结构受到各利益相关者的力量大小和行为选择等多种因素的影响。

如图5-4所示，省级教育行政部门是区本化实施的上层保障，学校是区本化实施的关键力量，家庭与社会其他领域是区本化实施的储备力量。区本化实施场域就是这几方力量博弈互动的主场。它是普通高中综合素质评价实施的政策交接界面，展示的是实施方案各主体间沟通信息、明确职

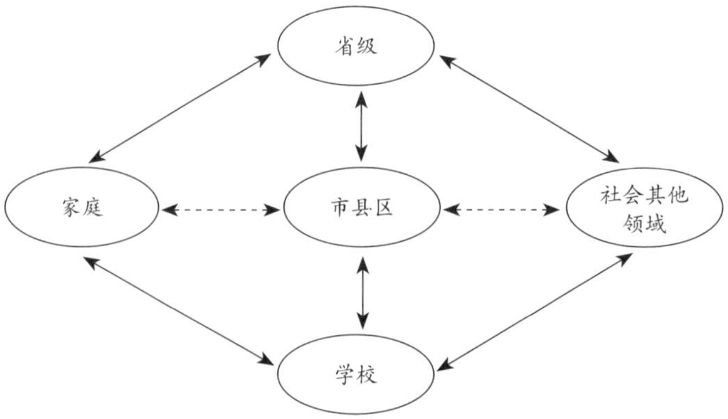

图5-4 普通高中综合素质评价区本化实施多主体博弈图

责、合力共进的连接关系；它是普通高中综合素质评价实施的“契约空间”，所呈现的是“签约”是否合意、信息是否对称、权责是否明晰等以“契约—责任”为主的张力关系，是一种以政府权力行使和多方责任担当为主导，相互依存、相互连结又相互制约的关系。这一过程取决于区本化实施关键人物的情境智慧、实施主体的利益表达、资源重置、策略优化等因素，这些都是影响互动效能的基本变量，并将决定普通高中综合素质评价区本化实施的根本走向（如区本化实施方案的制订）。

区本化实施关键人物的情境智慧是一种坚守价值观并发挥主体能力的领导智慧，它将内部治理建立在情境认知的基础之上，致力于破解当下固化的“区本化领土法则”，通过组织、协调、统筹、管理等能力，积极地促进强有力的、创新的实施环境的设计、实施和维持，为区域内普通高中综合素质评价实施最大限度地争取社会资本和实施利益，也是自上而下垂直治理中刻板与僵硬的“消解剂”，是一种卡里斯玛型[①]的智慧能力。总体来讲，普通高中综合素质评价区本化实施关键人物的情境智慧主要体现在以下几个关键问题的认识与处理上：一是对区本化实施的价值取向的理解上。普通高中综合素质评价区本化实施的主场是综合素质评价改革价值证成的主要场域。塔尔科特·帕森斯（Talcott Parsons）指出，价值在不同取向中做出选择的依据或标准，并不关注事情所期望状态对行动者的意义，关注的是选择标准本身。从这个意义上来说，价值取向的概念是一种逻辑上的工具。[②]关键人物对区本化实施的价值理解关系着区本化实施的逻辑架构。二是资源重组及均衡需求带来的挑战。普通高中综合素质评价区本化实施打破了个体学校单打独斗的局面，从区域层面实现了优质教育资源的共建共享，促进了多所学校的同步改进以及一些薄弱学校的快速改进。但另一方面，又表现为不同层级的政府及其部门之间，政府与学校、社会组织、市场间以及学校领导、教师与家长间不同教育利益主体教育权力与利

---

① 卡里斯玛（Charisma）型是德国社会学家马克斯·韦伯论述权威类型时引用的一个术语，也称个人魅力型，意味着超人的力量或品质，这里指把多元主体吸引在其周围从而凝聚合力进行普通高中综合素质评价区本化实施的智慧和能力。

② Talcott Parsons. The Social System，Glencoe，Illinois，The Free Press，1951：12，36-37.

益的合理配置与博弈[①]，是一个从重建教育秩序进而力图突破规制、以法治赋权、实施协商共治的过程，一个寻求不同教育利益主体间适度张力与激发其活力的过程，一个从规制走向赋能的过程。这些都在考验着区本化实施关键人物的情境智慧。

实施主体的利益表达是这一过程中另一个重要影响因子。利益表达本质上是实施主体的偏好显示。“社会偏好”是行为经济学的一个领域。泰勒认为，个人除了追求经济利益，还有很多“违背理性”的偏好，如利他主义、不公平厌恶、无条件信任等，这些统称为社会偏好。实施主体是拥有喜怒哀乐的活生生的人，他们会对经济刺激做出反应，也会对一些看似无关但汇聚活力的设定做出反应，所以，不能简单地把实施主体视作无差异的、被动的“实施供给”，而是要重视区本化实施各个环节与个人偏好的匹配性和匹配度，允许他们自我选择，合理发声，并通过偏好汇聚机制进行科学分析，了解实施动态，掌握实施动向，及时对实施预期进行科学研判、适度调整。

对区本化利益相关者进行识别和分类是普通高中综合素质评价区本化实施的基础。“利益相关者”一词最早出现在美国斯坦福研究所的管理学研究里。20世纪90年代后期，美国学者米切尔和伍德（Mitchell & Wood（1997）针对利益相关者分类提出了一种评分法（score-based approach），从而推动了利益相关者理论的实践应用。

如图5-5所示，米切尔评分法中利益相关者涉及合法性、影响力和紧迫性等三个属性。[②]基于对这三个属性的研判，分析群体之间的利益矛盾。合法性，是指某一群体是否在法律和道义或是某种特定情况下被赋予对企业拥有的索取权；影响力，即某一群体是否拥有影响企业决策的地位、能力和相应的手段；紧迫性，是指某一群体的要求能否立即引起企业管理层的关注。依据米切尔评分法对利益相关者群体的界定和分类，普通高中综

① 范国睿，孙闻泽.改革开放40年教育体制机制改革的历史与逻辑分析[J].教育研究，2018（7）：15-23，48.

② Mitchell，A. & Wood. Toward a Theory of Stakeholder Identification and Salience：Defining the Principle of Who and What Really Counts[J]. Academy of Management Review，1997（4）：853-886.

合素质评价区本化实施工作是一个典型的利益相关者组织，可以依据合法性、影响力和紧迫性三个维度对实施主体进行评分。

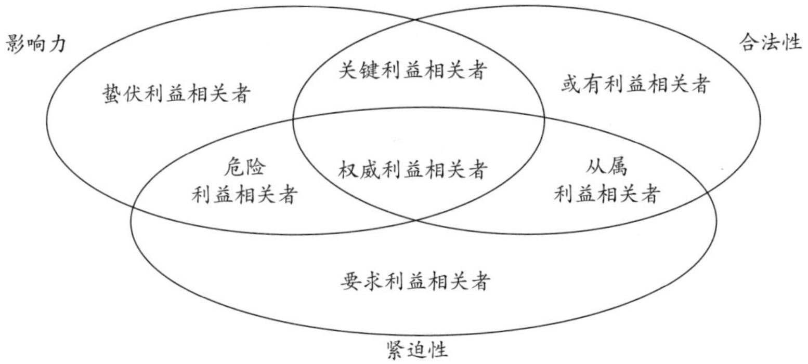

图5-5　米切尔利益相关者分类图①

如图5-6所示，全实线是确定利益相关者，全虚线是预期利益相关者。普通高中综合素质评价区本化实施的确定型利益相关者主要指教师、校长及教育行政部门，这一利益群体同时拥有合法性、影响力和紧迫性三种属性，他们对普通高中综合素质评价区本化实施的进展产生较大影响，需要紧密关注这类群体的全方位动态；普通高中综合素质评价区本化实施的预期型利益相关者涉及以家长为代表的社会公众。预期型利益相关者具备上述三类属性中的任意两种，两种属性的不同组合可分为三种情况：一是对区本化实施的管理具有合法性和影响力的群体，他们的需求受到区本化实施管理者的高度关注，其需求能够得到较大程度的满足，如学生、高一级学校、教科研机构；二是对区本化实施拥有合法性和紧迫性的群体，由于其自身的影响力较弱，所以他们往往通过与其他人结成团体而对区本化实施产生作用，从而达成自己的目的，如家长；三是对区本化实施拥有紧迫性和影响力的群体，由于缺少合法性的支持，这一群体在谋求利益时缺少规则的保护和限制，如社会其他领域的参与者等。普通高中综合素质评价区本化实施涉及的利益相关者种类比较广泛，不能忽视任何利益相关者的

① 转引自孙立新，李梦真. 高校继续教育利益相关者分类实证研究［J］. 教育发展研究，2018（9）：76-84.

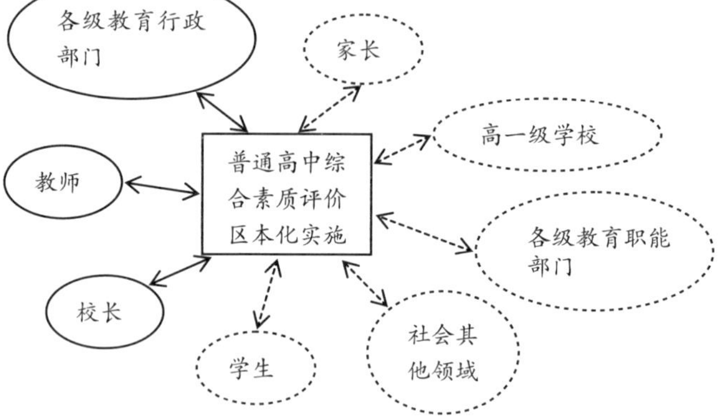

图5-6 普通高中综合素质评价区本化实施的利益相关者[①]

利益需求，不能忽视任何利益表达渠道的构建与维护。从本质上讲，综合素质评价改革的逐步深化就是利益关系的重新调整，必然涉及多方利益的平衡与和谐。健康、通畅的利益表达可以维持普通高中综合素质评价区本化实施理性秩序，激发实施的动力与活力。

马克斯·韦伯认为，“合法性”关注的是制度适用问题。在教育领域有学者指出，合法性指向教育价值选择的正当性、有益性和公正性。[②]总体来讲，区本化实施互动过程实质上就是普通高中综合素质评价区本化实施方案及细则逐步正当、公正、合规律，当前来讲，这更多是趋于一种合法改革背景下的合理性。制度化层面上的行政体系和校本网络构建分别提供实施方案的正式规则和公共场域，但这两者能为普通高中综合素质评价区本化实施提供的仅是“形式上的合理性”，即实施的正当性与合规律性，仍需区本互动博弈为普通高中综合素质评价提供“实质的合理性”，即实施的公正性。因此，只有省级行政布局、区本互动博弈、校本网络构建三者有效互动才能合力促成普通高中综合素质评价区本化实施的合理化。

总体来讲，普通高中综合素质评价区本化实施模型是一种实践创生物，表现出一定的公共性和稳定性，但同时又处于生成流变、发展改进中。

① 受启发于孙立新，李梦真. 高校继续教育利益相关者分类实证研究［J］. 教育发展研究，2018(9)：76-84.

② 姚翔.“校长实名推荐制”政策的合理性与合法性研究［D］. 长沙：中南大学，2010：69-80.

这一方面表现在实施主体处于互动模型中时的创造性意义建构上，另一方面也表现在实施主体对互动模型的丰富和发展上。所以，从某种意义上讲，“互动”是在谋求多重“对话”的意义上，关于普通高中综合素质评价区本化实施规范化、常态化的构建与审议，旨在开启一种双重的实践自觉：一方面，这种实践自觉是反省性的，它要求省级、市县区级、校级实践共同体积极反思当前普通高中综合素质评价实施机制流弊；另一方面，这种实践自觉又是建设性的，它要求各实施主体自觉、自律，逐步实现对普通高中综合素质评价实施机制的共创、共建、共享。也正因为如此，随着普通高中综合素质评价区本化实施，综合素质评价改革正试图摆脱生硬的“行政摊派”，逐渐体现其“本已的自律性要求”。[①]

资源重置是第三个重要的影响因素，主要指教育行政部门的内部分权与外部分权，把“活力”分配给普通高中综合素质评价区本化实施各利益主体。其中内部分权主要指高层级向低层级的教育行政分权，特别是中央政府向地方政府的分权，这里主要指省级向市县区级的教育行政分权；外部分权主要指教育行政部门向学校、社会和市场的分权。资源配置受到各利益相关方博弈的影响，国家教育行政部门有强烈的约束性期待，省级、市县区级存在着自主探索与他主配置的博弈、显性配置（传统、定位）与隐性配置（声誉、特权）的融汇。所以，普通高中综合素质评价区本化实施过程中多重博弈和多因素交织是其资源配置的明显特征。林达尔均衡（Lindahl equilibrium）配置区域内各种资源可以使区本化实施无限接近帕累托最优。林达尔均衡的核心理念是，在每个公共产品或服务的使用者依据自身的真实偏好支付该公共产品或服务的情形下，所有人都是上述公共产品或服务效用最大化的理想产出水平的成本，即在此成本下产出水平为该产品或服务的效率最佳水平。[②]基于林达尔均衡的区本化实施资源配置路径，需要依托互联网平台，构建以民主达成、一致同意为基础的偏好显示与汇聚机制。第一步，各级教育行政部门全方位收集偏好显示主体对普通

① 吴晓明．论当代中国学术话语体系的自主建构［J］．中国社会科学，2011（2）：5-13，4，220．

② Erik Lindahl. Just Taxation—A Positive Solution［A］. Classic in the Theory of Public Finance（eds）. Richard A. Musgrave and Alan T. Peacock［C］. New York：St. Martin's Press，1967：69-76.

高中综合素质评价区本化实施的成本分担意愿，并结合区域教情，制订多种选择方案。第二步，由所有偏好显示主体群体代表对普通高中综合素质评价区本化实施方案进行投票。第三步，根据投票结果，对方案进行修改，再投票。第四步，通过不断投票及对方案的不断改进，最终汇聚成所有偏好显示主体都认可的区本化实施方案。这一程序相对烦琐，但对于区本化实施资源配置有着一定的启发意义，可以通过偏好显示与汇聚机制的形成与运作增强普通高中综合素质评价区本化实施的理解与认同，进而缓解各级各类实施主体的实施焦虑，积聚区本化实施的最强合力。

多元的策略选择也是重要因素之一。相对来讲，普通高中综合素质评价区本化实施阶段的工作重点需要从注重“结构化秩序”向注重“精准化服务”转变。在区本化实施特征不明显的阶段，校本网络扩张最需要的是建立框架式、结构化的秩序，明确政府、学校与社会之间，各级各类教育之间，教师学生家长之间的关系，并建立相应的行为规则和惯例。随着综合素质评价改革的逐步深入，普通高中综合素质评价区本化实施的内涵发展成为其主要诉求，即形成沉浸式、精准化的实施范式。这就要求在治理机制及策略选择上，需要由封闭转向开放，由局部转向整体，由垂直转向扁平，由滞后调控转向即时处理。在策略保障上，要有向下延伸的制度供给、条件保障和更精准的专业指导。

（3）普通高中综合素质评价区本化实施后台

校本网络构建，即区域内以学校为基本单位实施普通高中综合素质评价，属于区本化实施中的集群构建：集聚实施力量、形成实施态势，是区本化政策的试错、检验、评鉴空间。校本网络构建集聚区域内学校效能，其工作重心在于通过学校自主探索完成规定动作并兼具学校特色，孕育区域内普通高中综合素质评价实施的自发性、持续性，并在实施主体自发提议、自行开展的实施行为中，自下而上地实现综合素质评价改革的渐进演变。从制度变迁的成本及效益来看，区本化实施后台中的自下而上诱致性路径与实施前台的自上而下强制性路径有机结合、相互补充，利于打通信息渠道，广泛吸收处于政策下位的意见要求，确保不同群体的合理发声，更是积极搭建透明公开的方案实施平台，满足广大群众的价值目标，减小区本化实施阻力的关键事项。两种路径建构起的实施秩序对于普通高中综合素质评价区本化实施来讲，缺一不可，且在区本化实施主场，两种基本路径会在共同作用的氛围中产生出新的实施情境。相对来讲，校本网络构建更多地依靠非正式规则运行，学校所处的网络位置、主体的认同强度、行动策略等因素是影响这一过程的基本变量，并决定着区本化实施的整体联动及其质量效能。

网络位置是理解普通高中综合素质评价区本化实施体系复杂关联的动态图景。在校本化实施网络中，“空间中弥漫着社会关系，它不仅被社会关系所支持，也生产社会关系和被社会关系所生产”。①这里的“空间”，不再单单是一些地理空间，而是一种“列斐伏尔（Henri Lefebvre）空间”，即不再是无生机、空洞、易被忽视的物理或地理空间，而是充斥着社会关系与社会生产的空间。区域内各利益主体在长期互动中会逐步形成诸多交往规范，这些规范往往是多重社会特质叠加而来的结果，既与各利益主体在区域社会中的生存状态、经济活动、社会地位、文化生活及其流动与地方化进程息息相关，又彰显出多元政治经济背景下，社会个体的竞争、协商与妥协，它是在区域“流动的地方性”中形成的弹性、灵活的社会关系、生存心态与文化实践。区域网络位置一般受社会分层、身份认同、资源配置等因素影响，另一方面，它又影响着利益群体的意识形成及其认同建构，处于不同网络位置的利益主体间的互动“是一种文化关系的表达，既关乎边界与认同，又涉及由此形成的生存心态②，同时包括区域内不同人群间的资源分配、竞争与共享③”。在相互交往中，区域内网络位置差异不是日常生活的重点，也未必会直接导致冲突，“唯有在人口流动、族群迁徙、民族国家建设抑或地方生态环境变化、社会经济转型，生存于区域内的诸多族群面临更大范畴的资源配置与权力竞争时，差异与边界才会逐渐成为族群生

① 包亚明. 现代性与空间的生产［M］. 上海：上海教育出版社，2003：48.
② 王铭铭. 从“当地知识”到“世界思想”［J］. 西北民族研究，2008（4）：60-82.
③ 王明珂. 反思性研究与当代中国民族认同［J］. 南京大学学报（哲学·人文科学·社会科学版），2008（1）：55-67.

态与政治议题[①]，甚至被动员或强化，进而成为一种竞争的生存逻辑”。普通高中综合素质评价区本化实施中因资源重置而导致的利益均衡问题是当前与区域网络位置联系较为密切的一种现象。费孝通先生在研究中国乡村结构时提出的“差序格局”概念，也是理解区本化实施中学校网络位置的现实意义的方法之一。“差序格局”即“以己为中心，其社会关系不像团体中的分子一般在一个平面上，而是像水波，一圈圈推演，愈推愈远，也愈推愈薄”[②]，如此，每个人都有一个以自己为中心的圈子，同时又从属于以优于自己的人为中心的圈子。实施主体的网络位置是参与普通高中综合素质评价区本化实施学校的地理位置、校长的社会资源、教师的团体能力、生源及其社会关系等在内的社会综合分值，关系着区本化实施资源的区域内重置、获取、发挥等，由网络位置引发的差异格局是影响区本化实施后台效能发挥的重要因素。

实施主体的认同强度是这一运行过程中的另一个关键因素。新制度主义社会学强调，制度习惯于通过一些固有剧本或模板来形塑组织成员的自我印象、身份认同和情境理解，以便于分析形势、合理研判、付诸行动。制度的合法性构建扎根于既有社会文化系统之中，区本化实施同样需要在共同信念与意义系统及行动逻辑的文化—认知层面赢得不同利益群体的共同接纳与认同；否则，即使群体或个体利益博弈达至平衡，区本化实施的合法化进程依然没有彻底完成，而且维系不稳定实施结构的成本会相当高昂。来自不同学科背景、不同社会领域的区本化实施群体，要对普通高中综合素质评价这个多领域关涉、高利害的知识领域形成稳定、清晰的学科归属感和学术认同感并非易事。因此，区本化实施机制构建的关键在于促进各利益相关者对普通高中综合素质评价身份的社会认同与自我认同，不仅使各利益相关者形成对实施表层符号系统的认知，而且形成对深层学术特性的尊崇，激励和保障他们热爱并投身于区本化实施，并在组织场域中实现强大的实施向心力、凝聚力和支持力。所以，校本化网络构建的关键

① 王明珂．反思性研究与当代中国民族认同［J］．南京大学学报（哲学·人文科学·社会科学版），2008（1）：55-67．

② 费孝通．乡土中国　生育制度　乡土重建［M］．北京：商务印书馆，2011：48．

之一在于取得实施主体对普通高中综合素质评价的高度认同。

3.普通高中综合素质评价区本化实施模型的前景与限度

综合素质评价改革是以变革学校教育教学实践为切入点，对学生全面而有个性发展的深度思考与践行，是新时代教育领域改革的重要组成部分，是驱动评价制度生成、评价生态改善的关键抓手，具备夯实的理论积淀和宽阔的实践前景。

模型是一种规律性认知，其核心在于快速获得目标效能。实践证明，普通高中综合素质评价区本化实施模型中的制度安排能有效保障区本化实施决策民主、参与积极、效能持续，省级、市县区级教育行政部门、教育机构、学校决策层、社会力量（源于包括家长在内的社会其他领域成员）共同参与规划与实施，多渠道全方位地听取实施主体的意见和要求，促进有效参与，凝聚方案共识，在充分发扬民主的基础上形成区域内具有最大公约数的实施方案。"功能结构"是哈肯（Haken）的协同学重要概念之一：功能和结构互相依存，当能量流或物质流被切断的时候，相关系统也会相应失去自己的结构；但是，"大多数生物系统的结构却能保持一个相当长的时间，这样生物系统颇像是把无耗散结构和耗散结构组合起来了"。[①]普通高中综合素质评价区本化实施模型能否顺利运转，并不完全取决于教育部门的行政职权，还取决于各职能部门之间能否建立一种协同机制，具备相互对接的功能结构。这种功能结构最大限度地克服了信息不对称的问题，克服了个人决策上的片面性、随意性、主观性，最大限度地提升了实施方案的合理性、可行性，确保了决策科学、执行规范，这正是此模型具备强大生命力的根源。

总体来讲，普通高中综合素质评价区本化实施模型设计中各实施主体个性化的利益表达是重要的制度保障。在具体的实施过程中，各实施主体对综合素质评价制度的理解、认同是确保改革顺利开展，进而形成良性评价生态的重要保障。涂尔干（Durkheim）认为："任何个体的思考，都有着社会性的起源。"这一论断暗含着"制度如何思考"的问题。玛丽·道格拉

① 赵丽丹.基于协同理论的生物产业发展系统分析[J].统计与决策，2011（4）：65-68.

斯（Mary Douglas）认为，现代社会中有很多潜在群体（latent group），某些特定事件一旦发生，它们就可能会浮现、组群、共同行动。在她看来，只要我们阐明了潜在群体的形成和消亡，也就对“社会如何可能”的问题做出了回答。当前综合素质评价改革处在一个新的发展阶段，是利益关系不断磨合、调整的过程，随着改革的不断深入，普通高中综合素质评价区本化实施需要越来越多的“潜在”实施主体参与进来，每个实施主体也都希望得到更为透明的制度环境，都希望得到更多参与制度建设的权利，拥有更多表达自己利益愿望的机会。普通高中综合素质评价区本化实施的制度运作，需要关注更多主体的利益表达，需要捕捉到“硬冷”的制度条款无法顾及的个性化、多元的但同样重要的声音。改革在什么样的环境下更具生命力，这不仅仅是普通高中综合素质评价区本化实施应该思考的问题。如果说改革需要理性、需要强制、需要“冰冷”，那么这种制度设计就在于引发一种综合素质评价的改革情怀，就在于赋予普通高中综合素质评价区本化实施一个可以感知的温度。这种情怀与温度是实现综合素质评价常态化、规范化实施的重要保障。

改革并不存在绝对正确、唯一适用的方法。任何方法如果孤立地、失去限度地使用，都会产生偏差，容易造成教育发展共识不足、方向模糊、秩序紊乱、实效不够、难以持续等问题。当前普通高中综合素质评价由于高利害性，在现阶段仍然存在实施主体单一（仅局限为以教育为圆心的小范围辐射面）、实施驱动不足、资源配置不均衡、实施意愿不强、互动模式制度化程度不高等问题，在很多方面极大制约了普通高中综合素质评价区本化实施互动模式对方案实施规范化、常态化的优化功能。调研中发现，由于制度化水平不足，在某些区域这种区本化互动模式在现实中甚至带有一些“人治”色彩（即由领导决定是否要通过或多大程度上通过互动程序来实施普通高中综合素质评价），相对降低了这种方案实施模式的应用价值，同时也是对综合素质评价改革公信力的严重挫伤。所以，有效促进普通高中综合素质评价区本化实施的科学化、规范化，有必要推动这种互动模型的常态化、制度化。

具体来讲，可以从以下几个环节着手：一是从弱功利角度启智社会全面理解普通高中综合素质评价区本化实施，发挥综合素质评价改革理念正向的价值导向功能。二是创造各利益群体平等参与普通高中综合素质评价区本化实施的博弈平台，合理、积极争取更多的社会支持与参与，增强社会其他领域的实施主体在方案实施过程中的影响力，以实现实施过程的平等博弈。三是发挥新媒体民意表达功能，畅通利益表达渠道，保障各利益主体拥有平等的话语表达权。

虽然普通高中综合素质评价区本化实施模型为综合素质评价改革新的发展阶段提供了一个可以参考的框架，但如何更为科学规范地实施及体现效果，还有待进一步的理论探讨与实践检验。

第六章　普通高中综合素质评价区本化实施的践行策略

评价改革往哪里去？这已经成为新时代教育领域最具挑战性的问题之一。普通高中综合素质评价区本化实施策略，是关于“培养什么人、如何培养人”的重要解说，它所关涉的是社会全领域、各部门的职能行使与责任担当，需要有更大的“问题域”与“解答域”来思考改革的指向与方案的执行，从中凸显综合素质评价的导向性、普适性、长效性。尽管彻底解决问题有待时日，但依托研究主题为综合素质评价改革提供一种思路、一种图景，值得期待。

一、以完善制度设计落实主体责任

这一策略的优化目的在于消解综合素质评价改革顶层设计向下延伸不足的现实问题，关键在于构建省级、市县区级、校级三级教育行政、职能部门步调一致、有机衔接的“政策链”。本质上讲，完善的制度设计在一定程度上具有变革实践甚至创生实践的力量，这种力量在多大程度上能够得到认可并得到释放，有赖于主体的责任担当，有赖于理论与实践的耦合情境。因此，常态化、规范化实施普通高中综合素质评价，需要实施主体具有明晰的话语自觉，更需要在区本化实施及其实施话语的创生之间，构筑出一种交互生成、双向建构的生态关系。

如图6-1所示，政治流由诸如公众情绪、利益集团、政党或者意识形态等因素构成，且通过讨价还价在公众情绪、有组织的政治力量和政府之间建立起共识。[①]这是一个“问题流”与“政策流”反复动态嵌套，“政治流”起主导作用的复杂过程。

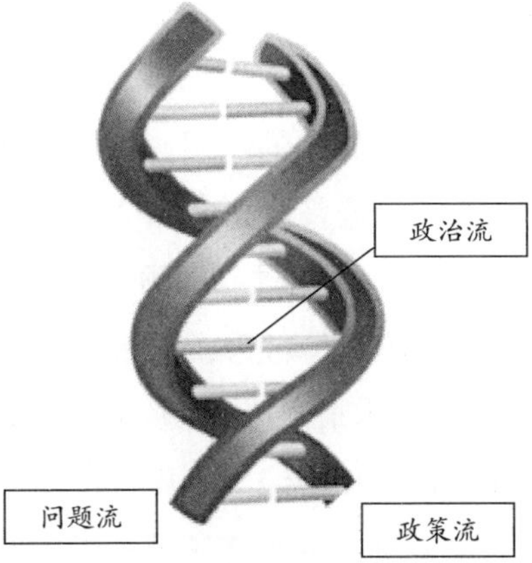

图6-1　“三流耦合”的过程与机制[②]

区本化实施普通高中综合素质评价“问题流”的涌动，影响着综合素质评价改革“政策流”的变化，积蓄着中国教育改革“政治流”的力量。但在更多时候，由于制度设计上的不够完美，导致三流汇合是不充分、不完整的：治理之道与问题汇合，但缺少合适的政治气候；“政治流”与“政策流”汇合，但缺少解决紧要问题的感受；“政治流”和“问题流”都要求采取适当的行动，但缺少值得倡导的可行方案。只有三流汇合，才能极大地改善机会，以将某一主题牢牢固定在决策议程上。[③]亦即，“当政策方案同政策问题相结合并同政治紧迫性或必要性相合拍的时候，政策之窗才被打开”。[④]这意味着，在具体的普通高中综合素质评价区本化实施中，需要重

① 吴会会，薛二勇.《民办教育促进法》修订的政策过程研究——基于动态嵌套的“多源流理论”视角[J].教育发展研究，2018（13）：38-44.

② 吴会会，薛二勇.《民办教育促进法》修订的政策过程研究——基于动态嵌套的“多源流理论”视角[J].教育发展研究，2018（13）：38-44.

③ 杰伊·沙夫里茨，卡伦·莱恩，克里斯托弗·博里克.公共政策经典[M].彭云望，译.北京：北京大学出版社，2008：151.

④ 杰伊·沙夫里茨，卡伦·莱恩，克里斯托弗·博里克.公共政策经典[M].彭云望，译.北京：北京大学出版社，2008：151.

视“问题流”驱动的方案修缮，通过信息互动体现区本政策的生命力和真实性；需要重视“政策流”实施的场域研判，充分考量，有效筛选，确保多主体权益间的动态平衡；需要回归“政治流”阐释的综合素质评价公共利益，增强对多主体利益诉求与意见表达的制度性吸纳。

所以，总体来讲，完善制度设计旨在提高区本化实施机制创新改革行动的社会控制力，这是促进区本化实施集群行动有序展开的重要保障。鉴于省级和市县区级在区本化实施中的作用，应分别从设计角度给予不同的制度侧重：省级层面统筹并规范普通高中综合素质评价区本化实施宏观走向，重点在于加强政策引领，强化政府干预；市县区层面反馈并调整普通高中综合素质评价区本化实施具体行为，重点在于关注实施信息的“上下”反馈，及时进行差异调整。具体来讲，可以从以下两方面切入：

首先，建立健全省级普通高中综合素质评价实施领导制度。其关键在于组建省级普通高中综合素质评价实施领导小组，发挥制度优势，打破利益固化藩篱，突破行政隶属，整合多部门职能职权，从顶层设计的角度出发，在现有实施框架的基础上，高度重视综合素质评价改革在区域教育发展及整个社会可持续发展中的重要作用，秉承综合素质评价规范化、常态化发展的战略思维，将普通高中综合素质评价纳入省级宏观教育发展的总体框架内，科学决策、因地制宜。

其次，完善市区县普通高中综合素质评价实施执行制度。其关键在于体现系统集成，统筹普通高中综合素质评价区本化实施资源，依据受益范围、外部性、信息对称性等原则，加快建成统一开放的实施体系和公开透明的实施规则，建章立制，勘定职能边界，制订符合本区域实际的实施方案及配套制度。同时适时问责，通过清单管理确保普通高中综合素质评价实施顺利开展。

二、以信息闭环反馈精准问题治理

普通高中综合素质评价区本化实施信息应用是掌握教育舆情、改革进展和薄弱环节的基础，是把握宏观问题进行专题分析的前提。促进问题有效治理就是要最大限度缩短综合素质评价理念落地时间，以创新驱动监管。钟绍春、唐烨伟(2018)认为，在人工智能时代推进教育信息化2.0背景下，可以从技术支持的解决策略出发，构建促进策略实施的智慧支撑系统。所以，在此基础上，通过技术赋能，精准定位区本化实施过程中的重点、难点，确保综合素质评价改革落地落实，这是以技术支持促进教育问题有效治理的重要路径。

如图6-2所示，信息技术背景下，技术对决策系统的应用会极大影响系统运行的终端设备和载体。大数据呈现系统、人工智能、虚拟现实、增强现实等，这些都可以促进问题的有效治理。也正因为如此，通过数据分析实现过程监管就是实现普通高中综合素质评价区本化实施的效能最大化，这是信息时代应该重视的优先选择，是综合素质评价改革赢得未来的关键。

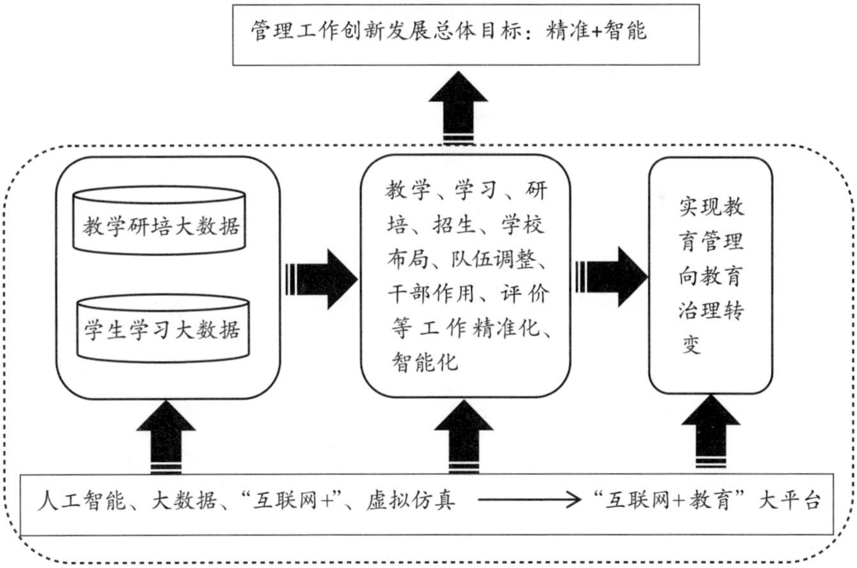

图6-2　管理工作创新发展总体目标[①]

普通高中综合素质评价区本化实施信息的有效整合与分析是精准定位问题、确保高效的首要动力。凭借对新技术、新场域、新时代的积极适应，创新工作方式方法，增强对普通高中综合素质评价区本化实施的信息敏感

① 钟绍春，唐烨伟. 人工智能时代教育创新发展的方向与路径研究[J]. 电化教育研究，2018(10)：15-20，40.

度与掌控力，是打破外部僵局，收获普通高中综合素质评价区本化实施新秩序、开创综合素质评价改革新局面的有效路径。

闭环，也称反馈控制系统，是在系统元件参数不确定的情况下，对比测量值与期望值，依据两者的偏差信号对系统进行有效调控、削弱干扰，使测量值尽量接近于期望值。信息闭环反馈的本质是通过区本化实施信息整合的二次转换，提高数据分析能力，增强区本化实施问题精准治理，有效监管实施程序。

如图6-3所示，普通高中综合素质评价区本化实施需要通过从数据到证据的闭环反馈，环环相扣、自我驱动，提高问题分析的精确度，在最短的时间内依据实际与期望的偏差对实施系统进行有效调控，使区本化实施演化为一种动态的、发展的、有活力的行为模式，确保普通高中综合素质评价区本化实施行为朝着改革愿景进展。

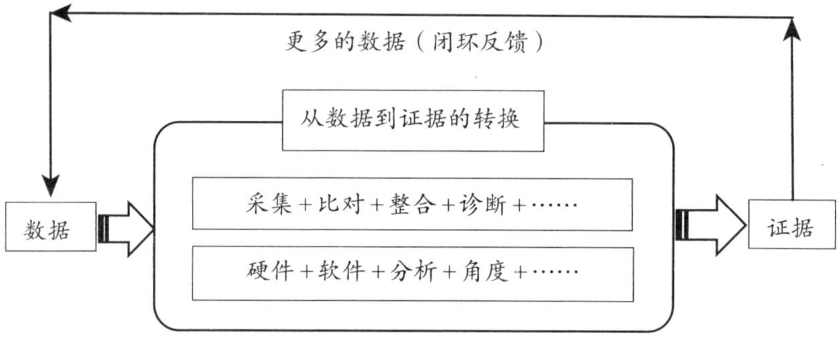

图6-3　普通高中综合素质评价区本化实施数据信息闭环反馈核心模式

具体来讲，可以从以下几个方面着手：一是衔接国家系统，加强从省级，到市县区级，再到校级的各类普通高中综合素质评价区本化实施数据收集与分析，并提供数据平台，通过技术弥合差距、缩小鸿沟。二是厘清数据类型，结合区本需求完善数据种类。从数据关系划分，大数据的类型大致可以分为三种①：非结构化数据，主要指通过实地访谈或考察获取到的信息；半结构化数据，主要指通过电子平台获取到的体现网络舆情的信息；

① 李伟涛. 决策支持视角下的国家教育决策系统功能分析——基于证据整合的教育决策支持[J]. 教育发展研究，2018（5）：61-67.

结构化数据，主要指通过问卷、数据统计获取到的信息。如图6-4所示，其中网络舆情数据在其他两类中也可以得到体现。三是探索数据应用，提升数据素养。主要指建立指标数据分析体系，分步骤拓宽指标和数据信息范围，对指标进行细化分解，并加强信息指标的综合运用，将日常管理融入决策系统中，从应用中提升决策主体的数据素养。四是融合多维数据，实现数据可视化。即通过将普通高中综合素质评价区本化实施积累的大量数据以适合的方式加以呈现，并利用计算机模拟优势，将决策结果转化为可视化的“决策语言”，更深层次地挖掘数据背后的意义与价值，并形成相应的数据分析报告，为普通高中综合素质评价区本化实施的教育行政与职能部门全面、正确、深入理解数据，治理问题、有效监管、科学决策等发挥关键性作用。

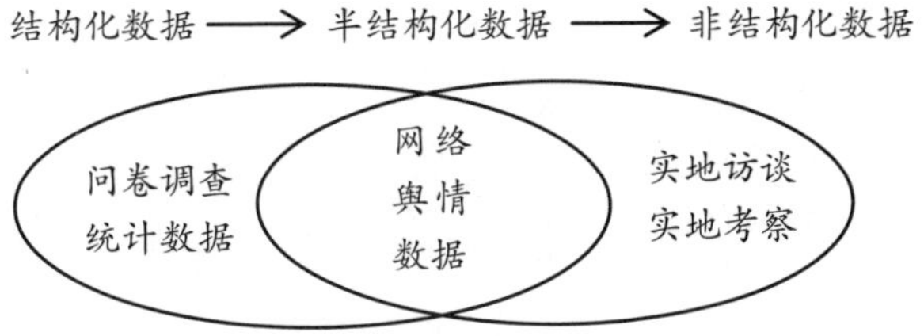

图6-4　决策支持系统中的主要数据来源①

三、以共同体意识强化区域协同

对于普通高中综合素质评价区本化实施来讲，构建共同体、实现合力共进，其本质在于建立新型“协同教育”供给模式，解锁区本化实施制约因素，减少甚至消除僵化的、条块状的工作部署与交接带来的实施波动大、时效低、资源不匹配或不均衡等一系列问题，把能够生发实施动力的各种部门、各种职能、各种主体、各种方式、各种活动集结聚能，突破行政边界，放大公共理性，更高效、更高质、更低成本实现普通高中综合素质评价区本化实施的有效持续。

以共同体意识强化区域协同发展有着极大的现实可行性。区域内的普

① 李伟涛.决策支持视角下的国家教育决策系统功能分析——基于证据整合的教育决策支持[J].教育发展研究，2018（5）：61-67.

通高中综合素质评价实施意味着：一是实施生态趋同。校际的发展氛围、政策导向、隶属关系基本类似，所以在实施目标设定、实施路径选择、实施机制构建等方面具有天然的共生性。二是实施步调协同。类似的实施程序、实施步骤更能确保区本化实施的预期成效。三是实施效能易持续。区域内协同发展，比较类似于集团式发展，一人一事一物的变动不容易改变实施成效，整个区域的实施导向、实施战略更具稳定性与持续性。在此背景下，构建普通高中综合素质评价区本化实施共同体，利好于实现区域内各学校的协调发展，齐学共进，利好于区本化实施工作的多主体参与、多利益表达，利好于区本化实施系统自我组织、自我管理的探究与深化。

从某种程度上讲，共同体构建类似于秩序重建和生态营造。如图6-5所示，普通高中综合素质评价区本化实施有着自己独特的生态秩序。横向

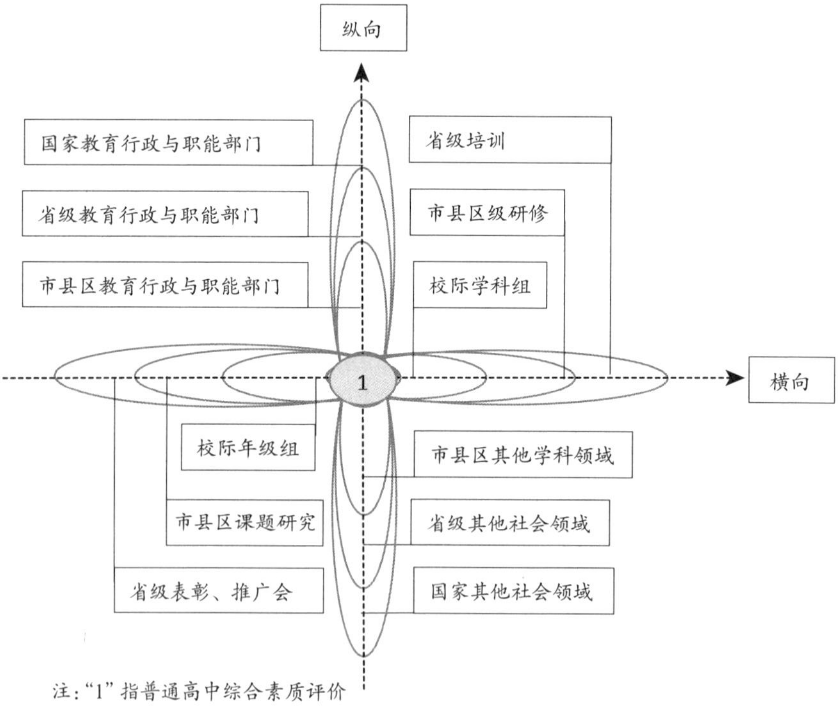

图6-5　普通高中综合素质评价区本化实施生态示意图[①]

① 汪国新，项秉健. 社区学习共同体：重拾共同体生活的现实载体[J]. 教育发展研究，2018（9）：64-69.

坐标中呈现出协同与共生关系。这种关系不再将单个因素放在首位，处于首位的是以相互作用和交互因果关系的方式将它们关联起来的联系。这是因为有意义的普通高中综合素质评价区本化实施更多建立在生态框架下的日常活动中，而不仅是在复杂的团体决策中。相对于自上而下的计划或基于一致性的计划，平层中的拓展是区本化实施团队协同生态变革过程更有建设性的框架。经过分享、沟通，完成一定的实施任务，相互影响、共同促进，综合素质评价改革效能也就逐步得到了提升。

普通高中综合素质评价区本化实施共同体构建可从以下两个方面着手：

首先，围绕普通高中综合素质评价构建区本化实施协同机制激发力量对接。一是以明晰的分期目标取代宏大的顶层设计。综合素质评价的常态化、规范化实施是所有学段的统一要求，而在普通高中阶段的实施有哪些特征、哪些分期、哪些预期等问题都需要围绕“普通高中”这一关键词进行二次探讨，而不能再用过于宏大的统一要求进行价值统领与意义召唤，这属于构建区本化协同机制的制度要求。二是以明确的权责划分取代笼统的任务分配。这一方面要求放大各职能部门的共同点，缩小其差异性，即在服务普通高中综合素质评价区本化实施这一明确目标上求同存异、同向而行；另一方面还要尽量减少各部门间的“天然”屏障，纳入区本化实施范畴这一共同愿景来发挥作用，这属于构建区本化协同机制的路径选择。

其次，围绕普通高中综合素质评价精准定位区本化实施问题合力消解重难点。以协同策略探寻、消解普通高中综合素质评价区本化实施协同重难点，意味着要以精准的需求分析取代宽泛的日常学习，可以从以下几点入手：一是构建区域内普通高中学校校长联盟或学校协作发展共同体，用以保障区域内普通高中学校间相互学习，强化合作，实现共赢、多赢；二是形成普通高中阶段学科发展共同体，用以打造普通高中综合素质评价的“集聚”效应，促进其与教材建设、学科教学、教师培训、学校文化等层面的融合发展能力；三是组建普通高中名师工作室，用以打破校际壁垒，以生动、鲜活的区域研究氛围，吸引特级教师、骨干教师在普通高中综合素质评价区本化实施层面上发挥更大的专业引领作用；四是重视部门联动发展共同体，区域内相同部门承担同样职责、面对同样任务、商讨同步策略，同一区域内，既是息息相关的利益共同体，更是携手前行的行动共同体。

四、以双向合力诱发使实施动力充沛

这一策略的本质在于：由教育行政部门借助一切可以影响实施方向的情境因素，重构区本化实施的“选择架构”，促使实施主体自然做出符合普通高中综合素质评价区本化实施的预期行动。其中，基于“选择架构”的区本化实施行为塑造是助推式区本化实施的核心机制。

如图6-6所示，理想化的区本化实施行为有三个主要诱因：一是嵌入实施主体潜意识，改变其无意识行为，并借力其直觉思维系统，敦促其反思或改变日常行为选项；二是对实施主体具有释放足够的刺激量，使其能够从复杂选择架构、行动情况中脱颖而出；三是具备一定价值能量或正能量，引发实施主体在区本化实施情境产生积极反应或负责任的行动，以促使实施主体向期待的正向目标前行。

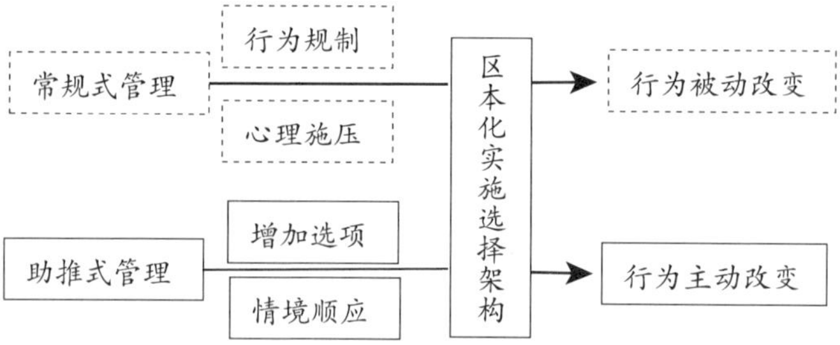

图6-6 区本化实施行为塑造的助推原理图解

“双向驱动”助推普通高中综合素质评价区本化实施包含以下两种向度：

首先，释放危机信号反向施压，激发普通高中综合素质评价区本化实施动力。行为经济学的重要心理发现之一是“禀赋效应”，它的内涵是人的行为选择中对利害的权衡是不均衡的，即“对‘避害’的考虑远大于对‘趋利’的考虑”，这是一种较为常见的“止损”心态，一旦意识到自身的既得利益将会受损，人们便会紧张、焦虑，人的无意识反应区即刻得到调动，且容易受到从众心理的影响，无意识地做出社会期待的行动选择。所以，在普通高中综合素质评价区本化实施中，管理者应该及时将这些可预期的“生存危机信号”提前释放给各级各类实施主体，如可以预期的能力提升、评优评先、参与补助等与个人切身利益相关的重要事项，进而改变其随性而行、盲目乐观的侥幸、避让、推诿心态，诱导管理者期待的普通高中综合素质评价区本化实施行为。

其次，默认诱导正向引领，确保普通高中综合素质评价区本化实施动力充沛。需要实施主体做出某种付出、努力与投入时，人们的选择常常会无意识地滑向回避责任、逃离义务、从众心理的一端，不利于集体积极区本化实施行为的出现。在这种情况下，将积极、理性的公众选项设置为“默认选项”，就可以极大提高公众决策的科学化水平。例如，在普通高中综合素质评价区本化民主管理中，把优秀的实施行为设定为“倡导行为”的默认选项，利于实施行为正能量的增强，利于用积极行动选项主宰实施主体的实践行为，同时形成对不符合实施期待的行为的挤压之势，有力改善区本化实施公共舆论与实施群体行为方式。实施主体愿意投入综合素质评价改革的动因是多样的，管理者可以对其进行逐一分析，并在分析中尽量突出那些既符合实施主体的期待又利于区本化实施的选项，以达到潜在、正向引领普通高中综合素质评价区本化实施的目的。

从本质上讲，以双向合力诱发动力充沛，这一策略意味着作为区本化实施体系的主要执行主体，国家、政府需要把“获得感”考虑在内，在物质与精神上给予工作者充分的肯定与激励，凭借这种“获得感”，内外互促，逐步转化为普通高中综合素质评价区本化实施的有力助推。要实现上述目标，可以从以下几点着手：其一，确立相对稳定的普通高中综合素质评价区本化实施工作机制，在制度构建层面给予综合素质评价区本化实施工作稳定的预期；其二，设立普通高中综合素质评价区本化实施专项经费，专款专用，主要用于区域层面的培训、专项研究、交流研讨等各项工作，在经费保障层面为普通高中综合素质评价区本化实施提供坚实后盾；其三，完善监督检察机制，确保政令畅通，实施公平分配，在政策实施层面增加综合素质评价区本化实施工作与其他工作相比的相对公平感；其四，充分重视对先进单位和个人的表彰，建立灵活的人才激励机制，给予工作者充分的物质与精神上的激励，为区本化实施工作注入动力与活力，调动整个实施系统的积极性，在队伍建设层面增强区本化实施工作参与者的凝聚力。

五、以长效机制构建确保愿景呈现

综合素质评价改革态势已经形成，但综合素质评价区本化实施仍然任重道远，区本化实施是一项深度变革。改革进程中的问题大多具有隐蔽性和反复性，只有在综合素质评价的常态化实施中才能逐步凸显，这就需要构建出一种长效机制，对突发问题和风险保持足够敏感，通过跟踪普通高中综合素质评价区本化实施的新情况，掌握综合素质评价改革的新数据、新动态、新趋势，及时总结、及时反思、及时纠错，确保普通高中综合素质评价区本化实施持续、长效。

如图6-7所示，普通高中综合素质评价区本化实施长效机制构建需要使原有的学术共同体，通过引入公共组织、社会力量参与公共事务，逐步演化为减少以“多元化”“异质性”“区域性”为特征的研究共同体，并在等级、族群、文化认同等冲突和裂变逐步消解的过程中，淡化已有的结构

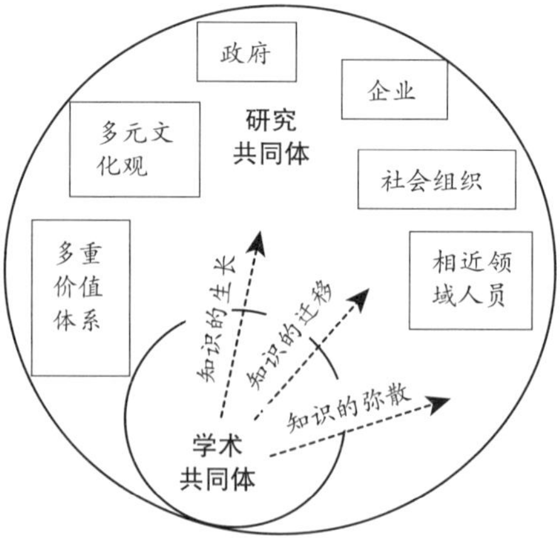

图6-7 研究共同体的演变[①]

① 汪国新，项秉健. 社区学习共同体：重拾共同体生活的现实载体［J］. 教育发展研究，2018（9）：64-69.

化特征，逐步寻找权力多极下的平衡，形成创新触发机制、持续性竞争优势与社会繁荣的驱动力。

总体来讲，构建普通高中综合素质评价区本化实施长效机制可以着重从以下切入：

首先，完善普通高中综合素质评价区本化实施长效机制的外部体系。一是全面、系统设计普通高中综合素质评价实施方案。打通行政壁垒，以机制融通实现整体谋划，从而确保普通高中综合素质评价区本化实施愿景实现是长效机制构建的制度前提。发挥区域统筹管理的优势，逐步把综合素质评价列为区域行政管理的常规工作，作为学校干部教师的职务行为，使之常态化、规范化、制度化。二是加强普通高中综合素质评价区本化实施实践基地的遴选。实践基地的遴选与确立需要区域层面统筹社会各领域资源，通过整体开发、区域引领、校级联合，为普通高中综合素质评价实施打通教育系统内外资源渠道，快速反应，切实解决难题。三是推动普通高中综合素质评价区本化实施本身的评价体系构建。"长效"的原因与指向需要及时、有效的评价给予保驾护航，所以要对普通高中综合素质评价区本化实施做出科学评估，以可参考性和实用性的评价体系确保区本化实施长效持续。这需要以学生发展为根本，以区域合力形成为抓手，并在评价中适时加入跟踪回访的反馈机制，对普通高中综合素质评价区本化实施效能进行监督修整。

其次，厘清普通高中综合素质评价区本化实施长效机制的内部关系。一是明确普通高中综合素质评价区本化实施的多维价值。区本化实施的直接目标是综合素质评价的常态化实施，但不能把工作的底线局限于此，还应当着眼于常态化实施之后的长效发展上，聚焦在综合素质评价对学生能力发展、对教师专业提升、对学校组织优化、对区域发展有效等方面上来。多维的实施使得普通高中综合素质评价区本化实施成为综合素质评价改革的必经阶段，有着理论合理性与实践紧迫性。二是固化成果，凝练区域特色，积极营造区本化实施舆论氛围。一方面根据区域人才培养特色，挖掘是否有综合素质评价的独特作用；另一方面各市县区、学校在市级评价方案基础上拓展、延伸，形成自己的特色，加大对典型经验、成功案例的总结和宣传力度，通过扩大宣传、增强交流、表彰激励等措施，积极营造普通高中综合素质评价区本化实施的良好氛围。

再次，培育普通高中综合素质评价区本化实施长效机制运行载体。一是建立健全普通高中综合素质评价区本化实施管理机制。逐步建立和完善省级、市区县级、校级各司其职、各负其责的三级实施管理机制。省级重行政统筹，市区县重职能分解，校级重日常落实。二是完善普通高中综合素质评价区本化实施信息平台。确保信息对称，以信息的畅通交流，串联区本化实施前台、后台、主场实施合力，这是衍生相关制度以保障长效机制良性运行的技术前提。三是提升普通高中综合素质评价区本化实施的自我更新能力。持续的学习与自我更新可以产生不竭动力，这是构建普通高中综合素质评价区本化实施长效机制的重要基础。及时整合市县区级研究机构（如教研中心或进修学校等），吸纳专业研究力量，从实践中发现、提升研究问题，通过问题研究推动研究性变革实践，为普通高中综合素质评价实施提供专业引领和支撑，便于科学实施、主动探索。

普通高中综合素质评价区本化实施长效机制构建还要充分考虑中国的历史传统和价值立场，探索有区域特色的普通高中综合素质评价理论体系和实践模式。回望中国教育改革话语的文化之源，对中国教育真正具有引导力的理念，最终只能形成于中国的文化与社会境脉之中，并最终会带有中国特色。这应当成为谋求理论普遍性、独立性、独特性的综合素质评价改革的前提性共识。[①]所以，以自觉的理论话语意识，在生动、多元、积极的实践场域中创生综合素质评价改革实践，是建构区本化实施话语体系的关键。普通高中综合素质评价区本化实施理论话语要来源于鲜活的教育实践。普通高中综合素质评价区本化实践场域，本质上是一种创造性活动，它既内在地蕴含着实践主体丰富的文化心理和价值取向，也受到历史与现实、空间与环境的多重制约。所以，普通高中综合素质评价区本化实施长效机制构建，首先要打破被动待命的状态，构建新型网络关系，促进政府、社会、教育的协同，将联动发展与协同推进作为长期式、开放型的重点实

---

① 吴会会，薛二勇.《民办教育促进法》修订的政策过程研究 —— 基于动态嵌套的“多源流理论”视角[J].教育发展研究，2018（13）：38-44.

践举措；其次，调整未来发展战略，实现不同模式的有序融合，不同类型、主题的举措皆应客观立足于区域教育发展定位、理性明晰方向路径、科学规划实施部署，进一步优化资源配置结构、增强内涵建设、规避同形同质、突显特色亮点；再次，利用普通高中综合素质评价区本化实施的时代担当进行精神感召与行为改进，促使各实施主体对共同需要和共同利益进行深度思考，面对一些困惑和摩擦，能够建设性地来管控分歧，将区本化实施保持在一个健康、稳定、持续发展的轨道上。

第七章　结　语

随着综合素质评价改革的不断深入，区本化实施普通高中综合素质评价逐步成为必然。当前，普通高中综合素质评价区本化实施经验与问题并存。本研究力图超越具象经验，对作为综合素质评价改革新阶段的普通高中综合素质评价区域层面实施做出解读、解释，并对相关问题进行深入分析与及时回应，为全面推进综合素质评价改革，提升实施的规范性和科学性，更加有效地促进学生全面而有个性的发展提供理论准备和实践思路。但要直接推论出它在当前能否具备较大的普适性，还需要更深入的探讨和验证，这是本研究的未竟之志，也是后续研究的着力之处。

理念或理论的创新与伟大，除了贡献于社会发展，还贡献于自我升华。目前，综合素质评价区本化实施中的很多症结需要被正视、化解、超越。学生全面而有个性的发展，是综合素质评价改革倡导的新价值坐标，有具体的针对性和可期的指向性，当这一新的价值坐标深入人们内心深处，沉淀下来，会逐步发展出新的价值系统。所以说，综合素质评价区本化实施在进行顶层设计时，必须站在足够高的战略高度，这是促进评价制度更新的重要起点，是普通高中综合素质评价区本化实施的首个要求。

综合素质评价区本化实施的执行力主要指：对总体部署执行前的理解力和领会力，执行中的服从力、组织力、贯彻力和创新力，执行后的评估力、问责力、纠错力。它是综合素质评价变革力的有效彰显。但强调区本化实施的执行力度，其目的不在于瓦解教育评价既有秩序和规则，而是为了强调补充，这是一种理性的、基于现实且利于实现良性持续的客观判断。所以，以足够的执行力度进行综合素质评价改革，是普通高中综合素质评价区本化实施的第二个要求。

综合素质评价区本化实施着力于追问：评价为什么、评什么，并把这种追问与教育的意义和价值相结合，以促成根本突破。这样的思维方法一旦进入区本化实施的逻辑深处，便会内生出一种精神力量，且不同于外部强制性灌输，更多是自省和觉悟，这是普通高中综合素质评价区本化实施最为坚实的基础，是一种最为可贵的实践自觉。所以，以足够的践行深度深化综合素质评价改革，是普通高中综合素质评价区本化实施的第三个要求。

普通高中综合素质评价区本化实施的核心动力源于综合素质评价理念、综合素质评价实践、综合素质评价实施体制机制三者互证与角力。宏观来看，普通高中综合素质评价区本化实施多是自上而下，但随着复杂性因素的日益增多，实施路径会有更多选项，但过程是否顺利，最终需要道德正当性体现普通高中综合素质评价区本化实施的价值取向，需要社会合法性保证普通高中综合素质评价区本化实施的顺利进展，需要过程有效性决定普通高中综合素质评价区本化实施的发展态势，需要结果可持续性验证普通高中综合素质评价区本化实施的效度与未来可能性。这些作为普通高中综合素质评价区本化实施特征的合理性与充分性将在随后的研究中得到逐步验证。

萨缪尔·亨廷顿（Samuel P. Huntington）认为：文化是政治行为的决定性因素，由文化界定的偏好具备压倒“理性的自我利益”的持久影响力。考试文化的形成在中国有着复杂的历史过往和难以逾越的社会影响，但另一方面，契合时代需要、诠释综合素质评价改革价值与迫切性的有效知识供给不足、思辨深度不够，难以激发更大范畴内的强烈共鸣。主要体现为：从学术角度来看，同质化、依附性话语过多，原创性、标志性、具备核心竞争力的概念和理论解释较少；从政策角度来看，有助于改善现有制度体系的运行和决策有效性的知识不足。所以，如何立足改革实践、融汇理论资源、创新话语体系、彰显时代精神，以促进考试传统与综合素质评价的价值重合是开解当前教育评价改革瓶颈的“时代之钥”。

弗朗西斯·福山（Francis Fukuyama）认为：要实现持久的繁荣和成功，保障合法变革和问责的制度建设必不可少。法治和问责，笼统来讲，前者是在行为规制中求常态，属于一种程序性的体制机制，后者是在维持常态中促规范，包括程序性的和非程序性的。程序性问责源于体制机制内的公共监督，非程序性问责源于个体的自我道德义务意识。法治与问责的存在不是因为已被价值证明，而在于它们的可靠性——借改革势能打造教育新秩序的可靠性，即：以法律、法规的形式明确多元主体在实施全程的站位、定位、方式、权能等；从制度上补齐不同利益群体发声的短板，强化宣教，培育氛围，凝聚共识。所以，为综合素质评价立法，启动问责程序，是构筑新时代评价生态的“改革之核”。

宏观层面上看，国家教育政策一直在谋求更有穿透力的评价改革；微观层面上看，校内的教育教学实践一直在探索更适切的育人目标的评价方式。综合素质评价给予两个层面同样的愿景与期待。随着普通高中综合素质评价区本化实施，评价改革逐步深化，评价生态向好的“拐点”已经到来。尽管艰辛，但已经在路上，且未来可期。

参考文献

（按外文、中文姓氏音序编排）

一、著作类

[1] Andreas Schleicher. Measuring Student Knowledge and Skills: A New Framework for Evaluation[M].Paris: OECD Publishing, 1999.

[2] Diane Hart. Authentic Assessment: A Handbook for Educators [M]. MA: Addison-Wesley Publishing Company, 1994.

[3] Ellen Weber. Student Assessment That Works: A Practical Approach [M]. Boston: Allyn and Bacon, 2002.

[4] Lazear D. Multiple Intelligence Approaches to Assessment: Solving the Assessment Conundrum [M]. Tucson: Zephyr Press, 1994.

[5] Nei J.Smelser. Theory of Collective Behavior[M].2nd ed.New Orleans, Louisiana: Quid Pro Books, 2011.

[6] OECD. Leadership for 21st Century Learning: Educational Research and Innovation[M]. Paris: OECD Publishing, 2013.

[7] 阿瑟·刘易斯.经济增长理论[M].周师铭，译.北京：商务印书馆，1996.

[8] 埃莉诺·奥斯特罗姆.公共事物的治理之道：集体行动制度的演进[M].余逊达，陈旭东，译.上海：上海译文出版社，2012.

[9] 沃恩，巴斯.科学决策方法：从社会科学研究到政策分析[M].沈崇麟，译.重庆：重庆大学出版社，2006.

[10] 大卫·A.鲍德温.新现实主义和新自由主义[M].肖欢容，译.杭州：浙江人民出版社，2001.

[11] 戴维·W.约翰逊，罗杰·T.约翰逊.领导合作型学校[M].唐宗清，译.上海：上海教育出版社，2003.

[12] 道格拉斯·C.诺思.制度、制度变迁与经济绩效[M].杭行，译.上海：格致出版社，上海人民出版社，2014.

[13] 迈克尔·富兰.变革的挑战——学校改进的路径与策略[M].叶颖，译.北京：北京大学出版社，2013.

[14] 赫尔曼·哈肯.协同学——大自然构成的奥秘[M].凌复华，译.上海：上海译文出版社，2001.

[15] 怀特海.观念的冒险[M].周邦宪，译.北京：人民出版社，2011.

[16] 杰伊·沙夫里茨，卡伦·莱恩，克里斯托弗·博里克.公共政策经典[M].彭云望，译.北京：北京大学出版社，2008.

[17] 雷蒙德·E.卡拉汉.教育与效率崇拜：公立学校管理的社会影响因素研究[M].马焕灵，译.北京：教育科学出版社，2011.

[18] 马克斯·韦伯.经济与社会[M].林荣远，译.北京：商务印书馆，1998.

[19] 梅丽莎·莱恩.政治的起源[M].刘国栋，译.上海：上海文艺出版社，2018.

[20] 科斯.财产权利与制度变迁：产权学派与新制度学派译文集[M].刘守英，译.上海：上海人民出版社，2004.

[21] 诺斯.经济史中的结构与变迁[M].陈郁，译.上海：上海三联书店，上海人民出版社，1994.

[22] 塞缪尔·亨廷顿.文明的冲突与世界秩序的重建[M].周琪，张立平，译.北京：新华出版社，2010.

[23] W.理查德·斯科特.制度与组织——思想观念与物质利益(第3版)[M].姚伟，译.北京：中国人民大学出版社，2010.

[24] 希尔.让学校改革卓有成效[M].范围，译.北京：北京大学出版社，2013.

[25] 希斯.卓越、公平与效率[M].肖晓，译.北京：北京大学出版社，2013.

[26] 伊·普里戈金，伊·斯唐热.从混沌到有序——人与自然的新对话[M].曾庆宏，沈小峰，译.上海：上海译文出版社，2005.

[27] 包亚明.现代性与空间的生产[M].上海：上海教育出版社，2003.

[28] 北京市教育督导与教育质量评价研究中心.北京市中小学生综合素质评价典型案例集(2013)[M].北京：北京出版社，2014.

[29] 北京市教育督导与教育质量评价研究中心.北京市中小学生综合素质评价典型案例集(2012)[M].北京：北京出版社，2013.

[30] 陈剩勇，等.组织化、自主治理与民主——浙江温州民间商会研究[M].北京：中国社会科学出版社，2004.

[31] 崔允漷.基于标准的学生学业成就评价[M].上海：华东师范大学出版社，2008.

[32] 费孝通.乡土中国　生育制度　乡土重建[M].北京：商务印书馆，2011.

[33] 何俊志.制度等待利益——中国县级人大制度模式研究[M].重庆：重庆出版社，2005.

[34] 何俊志.结构、历史与行为——历史制度主义对政治科学的重构[M].上海：复旦大学出版社，2004.

[35] 姜璐，时龙.自组织管理理论[M].北京：北京师范大学出版社.1995.

[36] 教育部基础教育司.新课程与学生评价改革[M].北京：高等教育出版社，2004.

[37] 李惠斌，杨雪冬.社会资本与社会发展[M].北京：社会科学文献

出版社，2000.

[38]李雁冰.课程评价论[M].上海：上海教育出版社，2002.

[39]林毅夫.关于制度变迁的经济学理论：诱致性变迁与强制性变迁[G]//R.科斯.财产权利与制度变迁——产权学派与新制度学派译文集[M].胡庄君，译.上海：上海三联书店，上海人民出版社，1991.

[40]刘复兴.国外教育政策研究基本文献讲读[M].北京：北京大学出版社，2013.

[41]刘海峰.高考改革的理论思考[M].武汉：华中师范大学出版社，2007.

[42]刘志军.走向理解的课程评价：发展性课程评价理论探索[M].北京：中国社会科学出版社，2004.

[43]柳夕浪.学生综合素质评价：怎么看？怎么办？[M].上海：华东师范大学出版社，2016.

[44]陆大道，等.区位论及区域研究方法[M].北京：科学出版社，1988.

[45]裴娣娜，等.发展性教学论[M].沈阳：辽宁人民出版社，1998.

[46]秦春华.超越卓越的平凡：北大人才选拔制度研究[M].北京：北京大学出版社，2015.

[47]上海市教育综合改革专家咨询委员会秘书处.为教育改革探路，为教育现代化助力：上海市教育综合改革发展报告(2014—2017)[M].上海：上海出版社，2018.

[48]谭长贵.动态平衡态势论研究：一种自组织系统有序演化新范式[M].北京：电子科技大学出版社，2004.

[49]涂艳国.教育评价[M].北京：高等教育出版社，2007.

[50]王婧.俄罗斯高校招生考试制度研究[M].武汉：华中师范大学出版社，2016.

[51]王晓辉，赵中建.为了21世纪的教育：问题与展望[M].北京：教育科学出版社，2002.

[52]吴钢.现代教育评价基础(修订版)[M].上海：学林出版社，2004.

[53]吴彤.自组织方法论研究[M].北京：清华大学出版社，2001.

[54]吴忠魁，张俊洪.教育变革的理论模式[M].成都：四川教育出版社，1988.

[55]徐冬青.公共治理：现代学校制度建设新探索[M].南京：江苏教育出版社，2011.

[56]许世红.基础教育学生评价研究：历史沿革、现实状况与未来走向[M].广州：广东高等教育出版社，2014.

[57]杨启光.全球教育政策转移比较研究[M].杭州：浙江大学出版社，2013.

[58]杨小微.整体转型：当代学校变革“新走向”[M].南京：江苏教育出版社，2012.

[59]易丽.文化生成：营造学校发展“新生态”[M].南京：江苏教育出版社，2011.

[60]张凤阳，等.政治哲学关键词[M].南京：江苏人民出版社，2006.

[61]张红霞.制度更新：探寻学校运行“新秩序”[M].南京：江苏教育出版社，2012.

[62]张立新.组织变革：重建学校管理“新关系”[M].南京：江苏教育出版社，2011.

[63]周其仁.产权与制度变迁——中国改革的经验研究[M].北京：社会科学文献出版社，2002.

[64]赵学勤.普通高中学生综合素质评价——基于北京市的理论与实践研究[M].北京：北京出版社，2012.

[65]郑健壮，叶峥.基于资源观的产业集群政策研究[M].上海：上海三联书店，2007.

[66]郑永年.未来三十年：改革新常态下的关键问题[M].北京：中信出版集团，2016.

[67]周彬.决策与执行：制度视野下的学校变革[M].北京：教育科学出版社，2005.

[68]周雪光.中国国家治理的制度逻辑[M].北京：生活·读书·新知三联书店，2017.

二、学位论文类

[69]陈朝晖.普通高中学生综合素质评价实施研究[D].开封：河南大学，2016.

[70]范晓娜.博弈视角下的多中心治理模式研究[D].南京：南京农业大学，2007.

[71]郭少东.基于复杂性科学的课程研究方法论初探[D].桂林：广西师范大学，2009.

[72]胡艳华.系统论方法在思想政治教育中的应用[D].遵义：遵义医学院，2012.

[73]黄欣荣.复杂性科学的方法论研究[D].北京：清华大学，2005.

[74]刘志军.发展性课程评价研究[D].上海：华东师范大学，2002.

[75]孟雯娉.综合素质评价纳入高考招生体系研究[D].石家庄：河北师范大学，2012.

[76]乔桂娟.俄罗斯教育现代化区域推进模式研究[D].长春：东北师范大学，2013.

[77]王杰.社会自组织理论研究[D].武汉：华中师范大学，2012.

[78]王诗宗.治理理论及其中国适用性[D].杭州：浙江大学，2009.

[79]王文锦.中国区域协调发展研究[D].北京：中共中央党校，2001.

[80]王艺军.中国公共政策执行研究[D].郑州：郑州大学，2004.

[81]杨小微.社会转型时期学校变革的方法论初探[D].上海：华东师范大学，2002.

[82]姚翔."校长实名推荐制"政策的合理性与合法性研究[D].长沙：中南大学，2010.

[83]谢培松.区域推进：基础教育课程改革的必然诉求[D].长沙：湖南师范大学，2005.

[84]于丹妮.复杂性科学视角下教育研究方法论变革探究[D].西宁：青海师范大学，2013.

[85]张济洲.广西区域教育现代化推进模式研究[D].桂林：广西师范

大学，2004.

［86］张杰.基于自组织理论的区域系统演化发展研究［D］.哈尔滨：哈尔滨工程大学，2007.

［87］张静.推进义务教育改革促进区域经济发展［D］.北京：中央民族大学，2008.

［88］张燕南.大数据的教育领域应用之研究［D］.上海：华东师范大学，2016.

［89］周红.区域推进校本研修策略的个案研究［D］.长春：东北师范大学，2014.

［90］周鹏程.湖北省基础教育均衡化发展政策与实践范式研究［D］.武汉：华中师范大学，2013.

三、期刊论文类

［91］Black P, William D. Assessment and Classroom Learning［J］. Assessment in Education, 1998(1).

［92］C. Ricketts & S. J. Wilks. Improving Student Performance Through Computer-based Assessment：Insights from Recent Research［J］. Assessment & Evaluation in Higher Education, 2002 (5).

［93］Carrier, Nathalie. How Educational Ideas Catch on：the Promotion of Popular Education Innovations and the Role of Evidence［J］. Education Research, 2017 (1).

［94］Deborah Perkins-gough. The Perils of High School Exit Exams［J］. Educational Leadership, 2005 (11).

［95］Gredler, M. E. Implications of Portfolio Assessment for Program Evaluation［J］. Studies in Education Evaluation, 1995(21).

［96］Hopkins, D.& Ainscow, M. Making Sense of School Improvement：An Interim Account of the Improving the Quality of Education for All Project［J］. Cambridge Journal of Education, 1993 (3).

［97］Jackson, Mary Jo, Jackson, William T. The Misuse of Student

Evaluations of Teaching: Implications, Suggestions and Alteratives [J]. Academy of Educational Leadership Journal, 2015 (3).

[98] Lynch, B. & Shaw, Portfolios, Power, and Ethics [J]. TEDOL Quarterly, 2005 (2).

[99] Mitchell, A.& Wood. Toward a Theory of Stakeholder Identification and Salience: Defining the Principle of Who and What Really Counts [J]. Academy of Management Review, 1997 (4).

[100] Yih-Fen Chen, Michael A. Martin. Using Performance Assessment and Portfolio Assessment Together in the Elementary Classroom [J]. Reading Improvement, 2000 (37).

[101] Taifel, H., & Turner, J. C. The Social Identity Theory of Inter-group Behavior [J]. Political Psychology, 1986 (3).

[102] 埃伦·M.伊梅古特，汤涛.新制度主义的基本理论问题[J].马克思主义与现实，2003 (6).

[103] 彼得·豪尔，罗斯玛丽·泰勒，何俊智.政治科学与三个新制度主义[J].经济社会体制比较，2003 (5).

[104] 恩斯特·姆·瓦尔纳，罗民炎.结构功能理论、行为理论社会学、行动理论——当代社会学主要流派介绍[J].现代外国哲学社会科学文摘，1982 (6).

[105] 格里·斯托克.作为理论的治理：五个论点[J].华夏风，译.国际社会科学杂志(中文版).1999 (2).

[106] 海因兹·迪特·迈尔，布莱恩·罗万，郑砚秋.教育中的新制度主义[J].北京大学教育评论，2007 (1).

[107] 卡罗尔·索尔坦，埃里克·尤西拉纳，维吉尼亚·郝夫勒，陈雪莲.新制度主义：制度与社会秩序[J].马克思主义与现实，2003 (6).

[108] 詹姆斯·马奇，约翰·奥尔森，允和.新制度主义详述[J].国外理论动态，2010 (7).

[109] 鲍传友.新型UDS合作：推进区域教育综合改革的探索——以北京市顺义区城乡联动教育综合改革项目为例[J].中小学管理，2015 (9).

[110] 边新灿.过程评价：高考改革和高中课程改革的共同探索——兼论高中学考、综合素质评价纳入高考评价体系的内在逻辑和现实途径[J].考试研究，2016（5）.

[111] 蔡敏.高中学生综合素质评价：现状、问题与对策[J].教育科学，2011（1）.

[112] 查日新.空间转向、文化协商与身份重构——霍米·巴巴后殖民文化批评思想述评[J].国外理论动态，2011（3）.

[113] 曹胜.新制度主义视野中的制度与行为关系——一种比较的视点[J].黄河科技大学学报，2009（4）.

[114] 崔允漷，柯政.关于普通高中学生综合素质评价研究[J].全球教育展望，2010（9）.

[115] 崔卓兰，孙波.追求更高层次的目标与价值——我国地方立法观念的推陈出新[J].当代法学，2007（3）.

[116] 陈家刚.全球化时代的新制度主义[J].马克思主义与现实，2003（6）.

[117] 陈建新.综合素质评价纳入高考录取的阻抗因素及克服[J].信阳师范学院学报（哲学社会科学版），2018（6）.

[118] 陈敬德，何世晖.农村贫困地区公共服务提供的制度安排[J].福州党校学报，2006（3）.

[119] 陈柳，赵志群.比较教育中的教育政策转移理论——对大卫·菲利普斯教育政策借鉴理论的反思[J].外国教育研究，2019（2）.

[120] 陈然，丁小浩，闵维方.教育对绿色GDP的贡献研究[J].教育研究，2019（5）.

[121] 陈瑞莲，杨爱平.从区域公共管理到区域治理研究：历史的转型[J].南开学报（哲学社会科学版），2012（2）.

[122] 陈玉义，万明钢.公共视域下乡村教师荣誉制度的实践困境与对策——基于甘肃、山东等6省区的调查分析[J].中国教育学刊，2019（4）.

[123] 陈振明.政治经济学的复兴——西方“新政治经济学”的兴起、主题与意义[J].厦门大学学报（哲学社会科学版），2004（1）.

[124]程龙.高中综合素质评价十年回顾与反思[J].教育参考，2015(6).

[125]程天君.教育改革的转型与教育政策的调整——基于新中国教育60年来的基本经验[J].北京大学教育评论，2012(4).

[126]程亚文.新知识短缺的历史与今天[J].读书，2018(12).

[127]丁煌.我国现阶段政策执行阻滞及其防治对策的制度分析[J].政治学研究，2002(1).

[128]丁煌，周丽婷.地方政府公共政策执行力的提升——基于多中心治理视角的思考[J].江苏行政学院学报，2013(3).

[129]范国睿，孙闻泽.改革开放40年教育体制机制改革的历史与逻辑分析[J].教育研究，2018(7).

[130]樊亚峤.综合素质评价纳入高考录取的阻力与对策[J].中国教育学刊，2016(6).

[131]付旭明.对于综合素质评价，不要被“假问题”吓倒[J].基础教育课程，2006(4).

[132]郭忠华.新制度主义关于制度变迁研究的三大范式[J].天津社会科学，2003(4).

[133]郝德永.我国当代教育改革的方法论偏差及症结[J].教育研究与实验，2018(1).

[134]何增科.新制度主义：从经济学到政治学[J].公共论丛(一)，1996(1).

[135]胡中锋，董标.论我国高考改革的十大困境——基于复杂性理论视角[J].教育研究与实验，2018(3).

[136]胡子祥.高校利益相关者治理模式初探[J].西南交通大学学报(社会科学版)，2007(1).

[137]黄新华，于正伟.新制度主义的制度分析范式：一个归纳性述评[J].财经问题研究，2010(3).

[138]黄志红.基础教育课程改革的区域推进审视——以北京、上海为例[J].课程教学研究，2013(2).

[139] 侯伊莎.新制度主义：人与制度的互动[J].深圳大学学报(人文社会科学版), 2005 (6).

[140] 姜添辉.教师专业理论的转变与新专业主义的诞生：制度化全球化的情境[J].清华大学教育研究, 2018 (4).

[141] 季青春.综合素质评价量化纳入高考体系的实践构想[J].高教学刊, 2018 (10).

[142] 金付栓，魏丽华.区域推进初中生综合素质评价的探索——以北京市延庆县为例[J].教育测量与评价(理论版), 2013 (11).

[143] 靳亮，陈世香.横向自发与纵向推动：我国政策扩散的双重逻辑——以地方文化体制改革为例[J].广西社会科学, 2017 (11).

[144] 金香花，孙启林.全球化时代中国比较教育区域研究现状与课题[J].全球教育展望, 2006 (8).

[145] 靳玉乐，倪哲.中小学综合素质评价相关制度的建立及其运用[J].西南师范大学学报(自然科学版), 2014 (2).

[146] 句华.助推理论与政府购买公共服务政策创新[J].西南大学学报(社会科学版), 2017 (2).

[147] 康建琴，张亮.论教育选择功能的价值及其合理化——兼谈结构功能主义和冲突理论视域中的教育选择功能[J].山西师范大学学报(社会科学版), 2005 (5).

[148] 柯政.学校变革困难的新制度主义解释[J].北京大学教育评论, 2007 (1).

[149] 李宝庆，樊亚峤.高中生综合素质评价方案：问题及改进[J].教育发展研究, 2012 (10).

[150] 李宝庆，魏小梅.新高考改革的困境与出路[J].教育发展研究, 2017 (8).

[151] 李宝庆，魏小梅.新高考改革的风险及其规避——基于风险社会理论的思考[J].教育发展研究, 2017 (12).

[152] 李超玲，钟洪.基于问卷调查的大学利益相关者分类实证研究[J].高教探索, 2008 (3).

[153] 李德国，蔡晶晶.基于助推理论的公共服务质量改进——一个研究框架[J].江苏行政学院学报，2016（5）.

[154] 李峰.探索区域间治理逻辑——《区域间主义治理模式》评介[J].中国社会科学报，2015（4）.

[155] 李福华.利益相关者理论与大学管理体制创新[J].教育研究，2007（7）.

[156] 李国强，徐湘林.新制度主义与中国政治学研究[J].四川大学学报（哲学社会科学版），2008（2）.

[157] 李峻.基于新制度主义的高考政策变迁分析[J].江苏高教，2010（2）.

[158] 李孔珍，任虹.县域基础教育政策执行：自主模式与竞争模式[J].首都师范大学学报（社会科学版），2013（3）.

[159] 李万峰.让区域教研供给真正满足一线教师需求——基于北京市通州区2198名中小学教师的调研分析[J].中小学管理，2018（7）.

[160] 李伟涛.决策支持视角下的国家教育决策系统功能分析——基于证据整合的教育决策支持[J].教育发展研究，2018（5）.

[161] 李卫英，李鹤松.学校与社区关系的社会学分析[J].四川教育学院学报，2007（3）.

[162] 李昕蕾，任向荣.国际环境政策协调中的扩散机制[J].社会科学，2012（6）.

[163] 李雪梅."三论"的基本原理对当代教育改革的意义[J].乐山师专学报（社会科学版），1991（4）.

[164] 李雪辉，罗英姿.博士研究生教育供给侧改革：目标强化与方向转轨[J].教育发展研究，2018（9）.

[165] 李雁冰.论综合素质评价的本质[J].教育发展研究，2011（24）.

[166] 李彰有.走出高中学生综合素质评价困境之浅见[J].教育与考试，2009（2）.

[167] 李志强，王庆华."结构—功能"互适性理论：转型农村创新社会管理研究新解释框架——基于农村社会组织的维度[J].南京农业大学学

报(社会科学版), 2014 (5).

[168]李柱朋.综合素质评价纳入高考招生的公平性困境与出路[J].考试研究, 2016 (3).

[169]刘欢, 汤维中, 任友群.数据可视化促进教育决策科学化: 内涵、策略与挑战[J].教育发展研究, 2018 (5).

[170]刘庆昌.教育经验主义现象批判[J].北京师范大学学报(社会科学版), 2018 (2).

[171]刘庆昌.一种弱功利的教育评价哲学[J].教育发展研究, 2018 (12).

[172]刘润忠.试析结构功能主义及其社会理论[J].天津社会科学, 2005 (5).

[173]柳夕浪.从“素质”到“核心素养”——关于“培养什么样的人”的进一步追问[J], 教育科学研究, 2014 (3).

[174]柳夕浪.考试招生制度改革背景下高中教学面临的挑战与应答[J].中小学管理, 2014 (10).

[175]柳夕浪.用力缓慢, 但能穿透木板 —— 高中学生综合素质评价的突破点[J], 人民教育, 2011 (17).

[176]柳夕浪.综合素质评价: 引导学生成为他自己[J].人民教育, 2016 (1).

[177]刘伟.国际公共政策的扩散机制与路径研究[J].世界经济与政治, 2012 (4).

[178]刘燕.论新制度主义的研究方法[J].理论探讨, 2006 (3).

[179]刘志军.发展性课程评价方法的探讨[J].课程·教材·教法, 2004 (1).

[180]刘志军.关于教育评价方法论的思考[J].教育研究, 1997 (11).

[181]刘志军.关于综合素质评价若干问题的思考[J].课程·教材·教法, 2016 (1).

[182]刘志军.教育评价的反思和建构[J].教育研究, 2004 (2).

[183]刘志军.课程价值取向的时代走向[J].教育理论与实践, 2004 (10).

［184］刘志军．课程评价的现状、问题与展望［J］．课程·教材·教法，2007（1）．

［185］刘志军．生命教育理念观照下的课程实践［J］．教育研究，2004（5）．

［186］刘志军．现代教学观念的理论基础［J］．清华大学教育研究，2001（3）．

［187］刘志军，徐彬．教育评价：应然性与实然性的博弈及超越［J］．教育研究，2019（5）．

［188］刘志军，杨会萍．区域推进：变革性教育实践的必然选择［J］．中国教育学刊，2010（10）．

［189］刘志军，张红霞．普通高中学生综合素质评价：现状、问题与展望［J］．课程·教材·教法，2013（1）．

［190］刘志军，张红霞，王洪席，等．新高考背景下综合素质评价的意蕴、实施与应用［J］．华东师范大学学报（教育科学版），2018（3）．

［191］刘志军．走向理解的教学评价初探［J］．教育理论与实践，2002（5）．

［192］龙宝新．论教育改革的路径［J］．华东师范大学学报（教育科学版），2014（3）．

［193］龙宝新．助推式课堂：课堂管理方式变革的新路径［J］．教育发展研究，2018（18）．

［194］陆璟．综合素质评价推动学校深度变革——上海市普通高中学生综合素质评价试点解读［J］．上海教育科研，2015（12）．

［195］陆夏．“新发展理念”的马克思政治经济学解读［J］．厦门大学学报（哲学社会科学版），2018（5）．

［196］罗燕．教育的新制度主义分析——一种教育社会学理论和实践［J］．清华大学教育研究，2003（6）．

［197］罗祖兵．关于将高中综合素质评价纳入高考体系的思考［J］．课程·教材·教法，2011（12）．

［198］罗祖兵，吴绍萍．高中综合素质评价统一性的问题及其对策［J］．

教育科学，2011（4）.

[199]罗祖兵.综合素质评价纳入高考的两难困境及其突围[J].全球教育展望，2015（8）.

[200]罗祖兵，邹艳.高中综合素质评价的矛盾探析[J].教育理论与实践，2013（8）.

[201]马海龙.区域治理：一个概念性框架[J].理论月刊，2007（11）.

[202]马丽华，叶忠海.社区数字化学习服务体系建设效益提升研究[J].教育发展研究，2018（9）.

[203]缪雅琴，熊文君，周小青.长沙市区域推进学生综合素质评价之十年探索[J].教育测量与评价（理论版），2016（1）.

[204]苗学杰.英国高中“综合素质评价”舞弊预防与惩戒机制探析[J].比较教育研究，2016（12）.

[205]聂高民.中国改革战略重点探析[J].中国经贸导刊，2012（2）.

[206]欧阳景根，李社增.社会转型时期的制度设计理论与原则[J].浙江社会科学，2007（1）.

[207]潘海燕，胡松林.试论新课程背景下的教师继续教育课程开发[J].中小学教师培训，2004（2）.

[208]彭韬，林凌.教育机智：赫尔巴特的实践智慧及其历史意蕴[J].全球教育展望，2018（6）.

[209]秦春华，林莉.高考改革与综合素质评价[J].中国大学教学，2015（7）.

[210]容中逵.教育改革的文化逻辑[J].教育研究，2016（6）.

[211]单凤姣，李震峰.我国公立高校资源配置：逻辑、障碍与路径——基于林达尔均衡的分析[J].教育发展研究，2018（13）.

[212]沈伟.城镇化背景下的校长领导力：基于空间社会学的考察[J].教育发展研究，2018（18）.

[213]史金峰.综合素质评价体系：“实然”与“应然”的偏离[J].课程教学研究，2016（12）.

[214]石凯，胡伟.新制度主义“新”在哪里[J].教学与研究，2006（5）.

[215] 孙彩霞.区域间高中综合素质评价标准的比较研究[J].基础教育,2014(1).

[216] 孙洪涛,郑勤华.教育大数据的核心技术、应用现状与发展趋势[J].远程教育杂志,2016(5).

[217] 孙健敏,姜铠丰.中国背景下组织认同的结构——一项探索性研究[J].社会学研究,2009(1).

[218] 孙杰,孙竞昊.作为方法论的区域史研究[J].浙江大学学报(人文社会科学版),2015(6).

[219] 孙科技.教育政策执行碎片化及其防治策略:一个整体性治理的视角[J].教育发展研究,2018(1).

[220] 孙立新,李梦真.高校继续教育利益相关者分类实证研究[J].教育发展研究,2018(9).

[221] 谭英俊.整体性治理视域下地方政府政策执行力提升的新思路[J].学习与实践,2014(12).

[222] 唐汉卫.论教育改革的逻辑[J].教育研究,2011(10).

[223] 田绘.结构功能主义、法律进化论和法律的自动生成理论——卢曼的法社会学思想评述[J].广西政法管理干部学院学报,2001(2).

[224] 田慧生.新时代创新人才培养模式应高度关注的几个问题[J].中国教育学刊,2019(1).

[225] 田野.国际制度研究:从旧制度主义到新制度主义[J].教学与研究,2005(3).

[226] 涂洪波.制度分析:对新制度主义的一种解读[J].广东社会科学,2006(6).

[227] 王春业.自组织理论视角下的区域立法协作[J].法商研究,2015(6).

[228] 汪国新,项秉健.社区学习共同体:重拾共同体生活的现实载体[J].教育发展研究,2018(9).

[229] 王浩斌.马克思主义社会结构理论的结构功能主义审视[J].曲靖师范学院学报,2010(5).

[230] 王洪席.高中学生综合素质评价：误读与澄清[J].中国教育学刊，2016 (3).

[231] 王华敏.信息论、控制论、系统论和语文教学改革[J].华南师范大学学报(社会科学版)，1986 (1).

[232] 王景荣，徐荣荣.基于自组织理论的区域创新系统演化路径分析——以浙江省为例[J].科技进步与对策，2013 (19).

[233] 王举，范国睿.论教育改革的理性化品格[J].清华大学教育研究，2013 (3).

[234] 王美.学习领导力：区域层面学校改进的新视角[J].教育发展研究，2018 (18).

[235] 王明珂.反思性研究与当代中国民族认同[J].南京大学学报(哲学·人文科学·社会科学版)，2008 (1).

[236] 王明珂.在文本与情境之间：历史人类学的研究方法反思[J].青海民族大学学报(社会科学版)，2015 (2).

[237] 王铭铭.从"当地知识"到"世界思想"[J].西北民族研究，2008 (4).

[238] 王庆兵.从历史制度主义路径看英、美两国政党认同的转换[J].经济社会体制比较，2004 (4).

[239] 王润，周先进.高中生综合素质评价监督机制的构建——基于新一轮高考改革的思考[J].教育理论与实践，2015 (26).

[240] 王淑莲.从整体搭建到分类发展：城乡教师共同体区域推进策略转换[J].教育研究，2019 (6).

[241] 王小明，丁念金.历史与嬗变：普通高中学生综合素质评价改革十年[J].现代教育管理，2015 (11).

[242] 王振权.区域教育改进：理论与发展模型[J].清华大学教育研究，2012 (4).

[243] 魏金宝，黄秦安，张勇.中小学生综合素质评价研究综述[J].考试研究，2016 (3).

[244] 伍宸，洪成文.我国异地高考问题、原因及解决对策——基于

新制度主义的分析[J].中国教育学刊，2012（11）.

[245]吴会会，薛二勇.《民办教育促进法》修订的政策过程研究——基于动态嵌套的“多源流理论”视角[J].教育发展研究，2018（13）.

[246]吴康宁.改革·综合·教育领域——简析教育领域综合改革之要义[J].教育研究，2014（1）.

[247]吴康宁.教育改革成功的基础[J].教育研究，2012（1）.

[248]吴康宁.谁支持改革——兼论教育改革的社会基础[J].教育研究与实验，2007（6）.

[249]吴康宁.政府部门超强控制：制约教育改革深入推进的一个要害性问题[J].南京师范大学学报(社会科学版)，2012（5）.

[250]吴康宁.制约中国教育改革的特殊场域[J].教育研究，2008（12）.

[251]吴彤.复杂性概念研究及其意义[J].中国人民大学学报，2004（5）.

[252]吴晓明.论当代中国学术话语体系的自主建构[J].中国社会科学，2011（2）.

[253]吴智鹏.高中生综合素质评价新理念及其实现路径——基于“大数据思维”[J].赣南师范大学学报，2018（2）.

[254]熊德平，朱银芳.经济发展中制度创新的逻辑[J].求是学刊，2003（3）.

[255]肖磊，李本友.综合素质评价的制度化：历程回眸与系统谋划[J].教育研究，2018（4）.

[256]邢利红.普通高中学生综合素质评价：高中学校的挑战与路径选择[J].教育理论与实践，2016（11）.

[257]徐国利.关于区域史研究中的理论问题——区域史的定义及其区域的界定和选择[J].学术月刊，2007（3）.

[258]徐金海.推进区域教育体制创新研究——以杭州市下城教育综合改革实验区为例[J].中国教育学刊，2013（5）.

[259]徐晓虹.区域学生评价变革的行动研究[J].中小学管理，2016（3）.

[260]许志春.结构—功能理论：当代政治学重要研究方法[J].理论学刊，1992（4）.

[261] 阎凤桥.教育的功利性及其超越[J].教育与经济，2018 (6).

[262] 延军强.关于在高考录取中纳入学生综合素质评价的思考[J].中国考试，2011 (10).

[263] 阎亚军，邬小撑.试论教育局长参与教育改革的实践逻辑[J].教育研究，2013 (5).

[264] 杨凤春.论中国政府的服务性[J].北京行政学院学报，2015 (1).

[265] 杨光斌.制度范式：一种研究中国政治变迁的途径[J].中国人民大学学报，2003 (3).

[266] 杨鸿，朱德全，宋乃庆，周永平.大数据时代学生综合素质评价：方法论、价值与实践导向[J].中国电化教育，2018 (1).

[267] 杨瑞龙.追踪新制度经济学的最新发展动态[J].经济学动态，2003 (11).

[268] 杨向东.综合素质评价：中国特色的创新[J].基础教育课程，2011 (4).

[269] 杨小微.素质教育区域推进的历史经验、现实问题及未来展望[J].基础教育，2009 (4).

[270] 杨银付.深化教育领域综合改革的若干思考[J].教育研究，2014 (1).

[271] 杨原.体系层次的国家功能理论——基于对结构现实主义国家功能假定的批判[J].世界经济与政治，2010 (11).

[272] 姚松，曹远航.教育精准扶贫的区域响应与创新：表现、问题及优化策略——政策文本分析的视角[J].现代教育管理，2018 (6).

[273] 姚友贤.邓小平系统论对教育改革的重要意义[J].广西青年干部学院学报，2005 (1).

[274] 于建福.促进人的全面发展　提升国民综合素质——改革开放30年素质教育重大政策主张与理论建树[J].教育研究，2008 (12).

[275] 郁建兴.治理与国家建构的张力[J].马克思主义与现实（双月刊），2008 (1).

[276] 袁弘.区本化教科研培训助推教师专业成长[J].大连教育学院

学报，2016（4）.

[277] 张德伟.国际比较教育学领域倡导“区域研究”的新动向[J].外国教育研究，2009（6）.

[278] 章全武.核心素养背景下高中生综合素质评价的发展路径[J].教育科学研究，2018（2）.

[279] 张晓峰.分布式领导：缘起、概念与实施[J].比较教育研究，2011（9）.

[280] 张永恒，郝寿义.从区位论的演化看区域的本质[J].区域经济评论，2016（4）.

[281] 张志松.综合素质评价的实践难题与改进策略[J].浙江师范大学学报（社会科学版），2016（3）.

[282] 赵波.马克思制度经济学与新制度经济学之比较[J].河北经贸大学学报，2005（1）.

[283] 赵丽丹.基于协同理论的生物产业发展系统分析[J].统计与决策，2011（4）.

[284] 赵利萍，周先进.综合素质评价纳入高考招生的困境及其超越[J].教育理论与实践，2015（2）.

[285] 郑海红，段作章.综合素质评价纳入高考的制约因素分析[J].教育理论与实践，2012（17）.

[286] 钟绍春，唐烨伟.人工智能时代教育创新发展的方向与路径研究[J].电化教育研究，2018（10）.

[287] 钟云华.社会资本对大学生就业的负面效应及其发生机制分析[J].教育发展研究，2018（3）.

[288] 朱传耿，王振波，仇方道.省际边界区域城市化模式研究[J].人文地理，2006（1）.

[289] 朱传耿，王振波，孟召宜.我国省际边界区域的研究进展及展望[J].经济地理，2007（2）.

[290] 朱光明，张晶.将综合素质作为一门“课程”纳入高考评价体系中[J].考试研究，2015（3）.

[291] 朱卫国，左盼盼.高考综合评价改革研究——以江苏省试点高考综合评价为例[J].中国教育学刊，2016 (3).

[292] 朱哲.综合素质评价的“怪圈”如何破解[J].人民教育，2014 (19).

[293] 周彬.新高考改革：经验、困境与出路[J].教育学报，2018 (4).

[294] 周诗婷.综合素质评价纳入高考录取遭遇阻抗的文化审视[J].中国考试，2018 (4).

[295] 周怡.社会结构：由“形构”到“解构”——结构功能主义、结构主义和后结构主义理论之走向[J].社会学研究，2000 (3).

四、电子文献类

[296] 高新区教育局强化“三导”并进规范学校综合素质评价[EB/OL].(2018-01-16)[2018-02-10].http：//www.wfjyxxg.com/XWZX/JYXX/201801/t20180116_2722519.htm.

[297] 上海四高校公布普通高中学生综合素质评价信息[EB/OL].(2016-09-12)[2018-03-01].http：//www.gaokao.com/e/20160912/57d67e2ef2b47.shtml.

[298] 4个设区市高一新生试点综合素质评价改革[EB/OL](2016-06-12)[2017-03-01].http：//www.fjedu.gov.cn/html/jyyw/jyt/2016/06/12/382df0b2-6822-45cc-8a0d-b0bbc8c101a4.html.

五、论文集

[299] Pamela Buckley，Concurrent Enrollment：Predicting the Odds of College Enrollment(and other college outcomes)[C]. American Educational Research Association(AERA)Annual Meeting Philadelphia，PA，2014.

[300] 曹飞.高中学生综合素质评价的区域推进策略分析[C].北京市普通高中学生综合素质评价典型案例集(2012).北京：北京出版社，2013.

[301] 吉战胜.优化管理抓落实，完善机制促发展[C].北京市中小学生综合素质评价典型案例集(2012).北京：北京出版社，2013.

［302］李凯.发挥“四个引领”落实“评价育人”［C］.北京市中小学生综合素质评价典型案例集(2013)，北京：北京出版社，2013.

［303］李壬戌.搭建平台，全面协调，做好学生综合素质评价服务工作［C］.北京市普通高中学生综合素质评价典型案例集(2010—2011)，北京：北京出版社，2013.

［304］王永庆.立足区域推动，着眼学生发展［C］.北京市中小学生综合素质评价典型案例集(2012).北京：北京出版社，2013.

［305］文军庆.开展综合素质评价，引导学生实现全面而有个性发展［C］.北京市中小学生综合素质评价典型案例集(2015)，北京：北京出版社，2015.

［306］魏淑珍.专题研究　范例引领——区域稳步推进学生综合素质评价工作的两种策略［C］.北京市中小学生综合素质评价典型案例集(2013).北京：北京出版社，2013.

［307］肖菲.长效机制保障　践行评价改革［C］.北京市普通高中学生综合素质评价典型案例集(2010—2011).北京：北京出版社，2011.

［308］邢利红.统筹与服务——中小学生综合素质评价的区域推进［C］.北京市中小学生综合素质评价典型案例集(2012)，北京：北京出版社，2013.

六、研究报告类

［309］Assessment Reform Group. Assessment for Learning：10 Principles［R］. Cambridge：University of Cambridge，2002.

［310］Evaluation Reform Group. Evaluation for learning：10 principles［R］. Cambridge：University of Cambridge，2002.

［311］刘志军.初高中学业水平考试和综合素质评价改革研究［R］.开封：河南大学，2018.

七、报纸类

［312］顾骏.综合素质评价改革何以不能跨大步［N］.中国教育报，

2016-09-16 (2).

[313]陆璟.真实，综合素质评价的生命线[N].中国教育报，2016-06-08 (5).

[314]田慧生.大数据为教育带来什么[N].社会科学报，2017-01-13 (5).

[315]曾天山.劳动教育的时代价值与落实机制[N].中国教育报，2018-12-27 (8).

[316]张雨强.普通高中综合素质评价实施路径[N].中国社会科学报，2016-08-04 (4).

图书在版编目（CIP）数据

普通高中综合素质评价区本化实施研究 / 王连照著. -- 杭州 : 浙江教育出版社, 2021.10
ISBN 978-7-5722-2581-9

Ⅰ. ①普… Ⅱ. ①王… Ⅲ. ①素质教育－教育评估－研究－高中 Ⅳ. ①G632.47

中国版本图书馆CIP数据核字(2021)第207426号

普通高中综合素质评价区本化实施研究

PUTONG GAOZHONG ZONGHE SUZHI PINGJIA QUBENHUA SHISHI YANJIU

王连照　著

责任编辑：冯　岩　　责任校对：滕超萍
美术编辑：曾国兴　　责任印务：陈　沁

出版发行：浙江教育出版社
（杭州市天目山路 40 号　电话：0571-85170300-80928）
图文制作：杭州万方图书有限公司
印　　刷：浙江海虹彩色印务有限公司

开　　本：710mm × 1000mm　1/16　　印　　张：15.25
字　　数：307 000　　插　　页：4
版　　次：2021 年 10 月第 1 版　　印　　次：2021 年 10 月第 1 次印刷
标准书号：ISBN 978-7-5722-2581-9　　定　　价：79.00 元